中国国家博物馆藏王处直墓武士彩绘浮雕之一（元钦／摄）

陕西宝鸡大唐秦王陵李茂贞坐像
（元钦／摄）

成都永陵王建坐像
（永陵博物馆）

杭州钱王祠内钱镠像（胡耀飞／摄）

福州闽王祠内王审知像（卢弘功/摄）

趣物博思 科学智识

王宏杰 著

Ⅰ 五代史三部曲

乱世人心

从晚唐到五代

四川人民出版社

图书在版编目（CIP）数据

乱世人心：从晚唐到五代／王宏杰著．—成都：
四川人民出版社，2023.7（重印）
（五代史三部曲；Ⅰ）
ISBN 978-7-220-13277-3

Ⅰ.①乱… Ⅱ.①王… Ⅲ.①中国历史-研究-五代
(907-960) Ⅳ.①K243.107

中国国家版本馆 CIP 数据核字(2023)第 092441 号

LUANSHI RENXIN CONG WANTANG DAO WUDAI（WUDAISHI SANBUQU Ⅰ）
乱世人心：从晚唐到五代（五代史三部曲Ⅰ）
王宏杰 著

出 版 人	黄立新
策划统筹	赵 静
责任编辑	赵 静
营销编辑	杨 婧
装帧设计	张 科
责任印制	周 奇
出版发行	四川人民出版社（成都市三色路238号）
网 址	http：//www.scpph.com
E-mail	scrmcbs@sina.com
新浪微博	@四川人民出版社
微博公众号	四川人民出版社
发行部业务电话	(028)86361653　86361656
防盗版举报电话	(028)86361653
排　　版	四川看熊猫杂志有限公司
印　　刷	成都东江印务有限公司
成品尺寸	145 mm×210 mm
印　　张	14.25
字　　数	303千
版　　次	2023年7月第1版
印　　次	2023年10月第3次印刷
书　　号	ISBN 978-7-220-13277-3
定　　价	98.00元

■版权所有·翻印必究

本书若出现印装质量问题，请与我社发行部联系调换
电话：(028)86361656

开篇语

五代十国，不足百年，军阀割据，天下大乱，英雄不论出处，帝王起于草莽。

乱世之中，谁能横刀立马、称霸天下？

风云激荡，多少枭雄并起、大浪淘沙？

生逢乱世，无论是贵族还是平民、文臣抑或武将，都无奈地面临种种选择，其中有杀戮、背叛、阴谋，也有忠义、气节、温情乃至浪漫。

乱世中的人生抉择，往往无关对错，但关生死，天堂地狱，咫尺天涯，而掩映其中千古不变的则是人心。

在旅美历史学者的细腻笔触下，一曲晚唐五代的血色悲歌徐徐奏响，于无声处，惊雷阵阵。

晚唐五代帝王世系表

皇　　帝	在位时间	年号起止
唐懿宗（833—873）	859—873	大中 859
		咸通 860—873
唐僖宗（862—888）	873—888	乾符 874—879
		广明 880—881
		中和 881—885
		光启 885—888
		文德 888
唐昭宗（867—904）	888—904	龙纪 889
		大顺 890—891
		景福 892—893
		乾宁 894—898
		光化 898—901
		天复 901—904
唐哀帝（892—908）	904—907	天佑 904—907
后梁太祖朱温（852—912）	907—912	开平 907—911
		乾化 911—912
废帝朱友珪（875—913）	912—913	凤历 912—913
末帝朱友贞（888—923）	913—923	乾化 913—915
		贞明 915—921
		龙德 921—923
后唐庄宗李存勖（885—926）	923—926	同光 923—926
明宗李嗣源（867—933）	926—933	天成 926—930
		长兴 930—933
闵帝李从厚（914—934）	933—934	应顺 933—934
废帝李从珂（886—937）	934—937	清泰 934—936
后晋高祖石敬瑭（892—942）	936—942	天福 936—942
出帝石重贵（914—974）	942—947	天福 942—944
		开运 944—947
*辽太宗耶律德光（902—947）	947	大同 947
后汉高祖刘知远（895—948）	947—948	天福 947
		乾佑 948
隐帝刘承佑（931—950）	948—950	乾佑 948—950
后周太祖郭威（904—954）	951—954	广顺 951—954
		显德 954
世宗柴荣（921—959）	954—959	显德 954—959
恭帝柴宗训（953—973）	959—960	显德 959—960

*947年契丹灭晋后曾短暂入主中原

目 录

引言：乱世与人心 001

裘甫与庞勋：大唐灭亡的种子 003

黄巢：天津桥上无人识 013

朱温：一代枭雄的多面人生 023
  枭雄起于草莽 024
  将军留步，送你一匹马 030
  弑君篡位者 038
  乱世枭雄的温情 043
  篡弑者死于篡弑 047
  "大恶人"的侧面 050

李克用：沙陀人的忠与奸 055
  谁是沙陀人？055
  上源驿的宿醉 058
  忠奸李克用 065
  李克用之箭 072

罗绍威：卿本诗人，奈何为王？077

王镕：天才少年的悲剧人生 089

王处直：惊天盗墓案背后的北平王 099
  义武军与北平王 101
  王处直之死 104
  曲阳与养子 108
  武士浮雕，海归天王 112
  古今盗墓贼 117
  尾声：历史里的山风 120

刘仁恭、刘守光：乱世父子皆奇葩 123

耶律阿保机：草原上的疾驰者 137

李茂贞：一碗岐山臊子面 151
  李茂贞凭什么？ 152
  三犯长安 155
  既生茂贞何生温？ 158
  谁是李茂贞？ 162

王建：草根逆袭的标准 167
  盗驴贼的豹变 168
  皇帝的枕头 171
  为什么是四川？ 173
  一个割据王国的诞生 176
  总揽英雄图霸业 180
  朱温他哥，皇帝八兄 185

荆南的三任主人 191

成汭：我要改名 192

赵氏兄弟的潇洒与忠义 196

高季兴的"无赖" 200

铁血柔情杨行密 211

大力士与飞毛腿 212

成功者的秘密 214

铁血与柔情 217

三个叛将 222

杨行密与朱温：一个修昔底德陷阱 228

滚滚长江里的失败者 235

杜洪：跟错大哥的悲剧 235

雷满：爱游泳的湖南人 239

钟传：少年打虎暮缘僧 243

危全讽的乐土 249

卢光稠与谭全播：二把手的秘密 256

马殷：请给我一杯茶 265

湖南之主不好当 266

马殷的成功之道 269

英雄迟暮的悲情 275

钱镠：不当皇帝又如何 279
　　自古英雄皆"无赖" 279
　　不当皇帝又如何 285
　　英雄自古是多情 292
　　两张面孔，谁是谁非？ 296

王审知：开发福建的河南人 305
　　一群河南固始人 306
　　开门节度使 310
　　福建响起读书声 317
　　福建人的河南根 323

刘䶮：一个庶子的岭南皇帝梦 327
　　一个地方家族的崛起 328
　　可怜白藤江边骨 332
　　偷偷摸摸做皇帝 338

乱世文人的执着与无奈 347
　　敬翔：被皇帝"赐妻"的宰相 348
　　欧阳彬：一个妓女的眼光 360
　　罗隐：运去英雄不自由 363
　　韦庄：洛阳才子他乡老 369

乱世武人的梦想与原罪 379
    李存孝："天下第一"的悲剧 380
    葛从周的蝴蝶 389
    王宗涤的红楼梦 396
    杨师厚的碑 402
    王彦章的豹皮 410

附　录 421
    唐末五代初主要割据势力（883—923） 421
    晚唐至五代初大事年表（859—923） 426
    相关古迹文博信息 431

后记：历史里的人 435

引言：乱世与人心

中国历史上从来不缺的就是乱世。

翻开一部中国通史，秦以前有春秋战国的纷争，秦确立帝制后，历次朝代更迭也几乎都在动荡与血雨腥风中完成。提起乱世，最为人熟知的恐怕就是汉末三国，其后还有混乱的东晋十六国及南北朝的对峙时期。其实在之后还有一段乱世，即从唐朝灭亡到北宋兴起，史称五代十国。遗憾的是，这段历史常常被人忽视，比如我们中学背诵的中国历史朝代歌里一句"唐宋元明清"，就把唐宋之间的五代十国丢得踪影全无。这样的历史叙述听起来好像唐宋元明清是连续的，但这种跳跃和省略实际却造成我们历史理解的断裂。

本书讲的就是这段经常被忽略的乱世。

五代十国，可以说是一段非常典型的乱世。从唐末黄巢起义开始，天下大乱，群雄并起，战祸相连，军阀割据，一直到十世纪后期才在新兴的北宋王朝统治下慢慢恢复和平与秩序。因此这段历史往往被史家认为是中国历史上的至暗时刻之一。宋人欧阳修在其《新五代史》中写"五代之乱极矣",每每提及这一"干戈贼乱之世",欧阳修总是禁不住大呼"呜呼哀哉",痛心疾首之状跃然纸上。

那么,什么是五代十国呢?所谓五代,是指唐朝至宋朝之间,在北方中原地区连续更迭的五个短命王朝,即梁、唐、晋、汉、周。为了区别历史上已经存在的同名朝代,后人一般称之为后梁、后唐、后晋、后汉和后周。所谓"十国",指的是除北方五代之外,同一历史时期内在中国其他地方发展起来的十个独立政权,其中有九个先后出现在南方,包括在四川的前蜀、后蜀,在江淮地区的吴、南唐,以及在浙江的吴越、在福建的闽、在湖南的楚、在岭南的南汉和在湖北中部的荆南(也叫南平),再算上北方山西地区的北汉,一共十个政权,统称十国。十国之中有的开国者建元称帝独霸一方,与中原王朝或战或和;有的则向中原王朝称臣纳贡,但仍然保持着政权的独立性。其实在唐末五代这一历史时期,出现的地方割据政权远不止这十个,只不过因为欧阳修的《新五代史》里特意选出这十个政权作《十国世家》,分卷叙述其事,"五代十国"这一提法也随着后来欧阳修所修《新五代史》的流行遂成定式。

五代十国这一段乱世由唐入宋,其实时间并不算短。表面上看,从907年五代第一个北方王朝后梁建立开始，到960年赵匡胤"陈桥兵变"建立北宋为止，算起来只有区区53年的历史。但是如果算上十国政权的话，这段乱世就一直要延续到979年的北汉灭亡了，在这一年，宋朝第二个皇帝宋太宗赵光义平定北汉，才基本完成了中国的统一（此时燕云十六州尚在契丹人手中），五代十国的政治分裂到此终结。那么五代十国前后一共72年的历史，长度还超过了三国时期。如果追根溯源，五代十国里大多数开国者都与黄巢起义有直接关联，所以要讨论五代乱世，就不得不从唐末讲起，如果从黄巢败亡的884年算起，这段乱世更是几近百年之久。

这近百年的晚唐五代乱世之所以经常被人忽视甚至遗忘，一是因为人们总是错误地认为它过于短暂倏忽，掐头去尾地抛开唐宋两头的历史演进不顾，只计算了前后53年；再一个是因为它过于凌乱，往往十几个大小政权并存，存在时间也经常交错重合，多边关系更是错综复杂，还有为数众多的历史人物活跃其间，有的历经几个朝代，也有人辗转于多个政权，再加上不同政权下不同时段中变来变去的地名，让这混乱繁杂的乱世图景更加烧脑，很多人就索性一跃而过直接从唐跳到宋了；第三个原因恐怕是历史书写的问题，从北宋以来，五代十国在史书里往往是黑暗残暴的"恶"之代表，用欧阳修的话说，就是"礼乐崩坏，三纲五常之道绝，而先王之制度文章扫地而尽"。既然"礼乐崩坏"，那后人当然不会重视这个乱世了。

但乱世亦有乱世的精彩和意义。

首先这是一个无与伦比的大混乱、大分裂时代，为无数枭雄和武人提供了机遇和舞台，上演了一幕幕政权更迭的大戏。尤其在北方中原地区，短短几十年间五个短命王朝走马灯一样变换，出现了十几位皇帝，你方唱罢他又登场，好不热闹。其间有太多的惊心动魄、血雨腥风，从大唐灭亡历经五代到宋初，中原就发生了十六次皇权更迭，其中有十一次是通过篡位、弑君、阴谋和战争完成的。在宋元话本《新编五代史平话》里，曾以一首诗描述五代政权的剧变：

龙争虎战几春秋，五代梁唐晋汉周。
兴废风灯明灭里，易君变国若传邮。

此诗说五代朝代更迭之易、之促，如同风中灯火明灭或快马传邮。韩裔日本学者金文京在他的名著《三国志的世界》中，曾用"华丽的乱世"来形容三国乱世，我觉得这个词用在晚唐五代也很贴切。乱世中注定有无数枭雄并起，演绎多少风云，在比三国还要混乱和血腥的晚唐五代乱世里，有更多的故事值得一读。

第二，这样的乱世也注定是一个历史大变革的年代。史学界一般都很认同一句关于五代的历史评价，说它"表面上乱，实则是变"。表面上看五代十国混乱不堪，但实际上它见证了中国历史上一个重要的转型期，即学界所谓的"唐宋转型期"（亦称"唐宋变革期"），就是说从唐到宋，中国在政治、经济、社会、文化思想等方方面面都经历了重要的历史变化。例如，从秦汉以来到唐朝，中国一直是贵族政治，世家大族占据政治权力核心，然而经过唐末五代的军阀混战，占据中原的传统士族遭受了残酷打压和屠戮，逐渐式微。旧贵族的消亡同时也伴随着新阶层的崛起，五代乱世中，绝大多数割据政权的开国君主都出身社会底层，有的起于盗贼流民，有的出身行伍，还有少数民族，所谓时代造就英雄。正如著名美剧《权力的游戏》里的野心家"小指头"所说的那样：对于一些人而言，"混乱并非深渊，而是阶梯（Chaos isn't pit, Chaos is a ladder）"。如果我们纵览中国几千年的历史，就会发现其中从唐到宋经历了一场波澜壮阔的社会大变革，世家大族逐步让位于新的社会阶层，以出身和血脉决定地位的旧体制逐渐被能力和学识标准取代，而这一转变的关键时期正是晚唐五代。再有，中国的经济重心也在唐宋之间逐步从北向南进行着转移，南方的农业、工商业、城市、文化教育和人口都迅速发展，最后逐步超越了北方。

第三，晚唐五代十国的意义，当然还在于对中国传统文化的传承与延续。尽管欧阳修慨叹五代"制度文章扫地而尽"，但实际上中国文化并未在乱世中断绝，而是得到维持和赓续。很多晚唐五代的人物可谓文采风流，最有名的例子就是大家熟知的南唐后主李煜，"问君能有几多愁,恰似一江春水向东流"这些千古绝唱,至今流传。

当然,从历史研究的角度出发,五代乱世的意义可能还有很多,但这些都不是本书所关注的重点。我在读这段晚唐五代史的时候,更关注的是那些具体的个人命运。我总禁不住想,在那样一个动荡和危险的乱世,不幸而生于其时的人们究竟要面对怎样的困惑与无奈,又要进行怎样的选择与挣扎?那些草莽枭雄,他们的冒险与拼杀、反抗与背叛、成功与失败的背后究竟有着怎样的秘密?那些文人书生,在战乱间仓皇奔波辗转各地以求生,偶尔夜深人静仰望残月之时,又是一种怎样的心境?还有无数没有名字的普通小民,在无尽的战乱中流离失所,背井离乡,扶老携幼,踽踽行走在异乡陌路之时,是否会频频回首遥望远方残破的家园?

本书重点观照的是从唐末黄巢起义至五代初期梁唐易代之间近四十年历史,在我看来,这一时段可以称为"五代乱世中的乱世"。我选取了在这动荡时代中一批极具特色的历史人物进行个案探讨,其中有帝王、流民、文臣、武将,有成功称霸者、失败的悲剧英雄,还有隐没于男权时代里柔弱却坚毅的女性。这些人物于乱世中各自的命运与抉择往往关联交织在一起,在共同演绎着纷繁历史变局的同时,也照见着千古不变的人性和人心。

晚唐五代是一个华丽而悲伤的乱世,而乱世中往往更能窥见的,正是人心。

五代史三部曲 Ⅰ
乱世人心：从晚唐到五代

时运消散的晚唐
血色升腾的五代

乱世立志　不论出身
横刀立马　大浪淘沙
逆天改命　贵贱陡转

在此史上至暗时刻
徐徐响起血色悲歌

裘　甫（？—860）

晚唐越州剡县（今浙江绍兴嵊州）人，出身贫苦之家，早年贩私盐为业，后在浙江发动动乱，后兵败被俘、送至长安处死。

庞　勋（？—869）

晚唐徐州兵，担管粮草之职，徐州兵因戍守桂林超过三年，思乡军士不堪忍受将官欺凌而集体兵变，庞勋被推为首领，后战死。

裘甫与庞勋：大唐灭亡的种子

我们常说，历史是一个过程，而不仅仅是结果，从唐朝的衰亡到五代十国的兴起，就是这样一个历史过程。唐王朝在"安史之乱"以后就已由盛转衰，到了九世纪的下半叶，曾经强盛的大唐王朝早已辉煌不再，逐渐从统一帝国走向分崩离析。经过黄巢起义的涤荡，最后在907年由朱温终结了大唐三百年基业。但其实在黄巢和朱温登上历史舞台之前，已经有两个人用行动撼动大唐的根基了。

第一个人叫裘甫。正是他在浙江发动的一场并不怎么为后人所关注的动乱，吹响了大唐王朝灭亡的序曲。

关于"裘甫之乱"，史料记载不多，今天我们一般借助《资治通鉴》和一些方志来还原这段历史。裘甫是浙江剡县（今绍兴嵊州）人，出身于贫苦农家，早年以贩卖私盐为业。这个职业背景值得一提。中国古代盐资源并不充足，内陆有些地方甚至十分奇缺，作为生活必需品，盐业一直有很大的利润空间。在中国历史上很多朝代都对食盐进行管控和专卖，用盐税来增加收入，所谓"盐者，国之大宝"，唐朝也不例外。《新唐书·食货志》上说"天下之赋，盐利居半，宫闱服御、军饷、百官俸禄，皆仰给焉"，足见盐利对于唐王朝的重要性。但是在政府垄断下盐价并不便宜，于是就有了私盐贩卖的行当，有人不惜铤而走险，贩卖私盐以谋利。因为要面对朝廷的严刑峻法，这些私盐贩子几乎都是些胆大勇毅之辈，拉帮结党，甚至武装对抗官军。这些人不安于现状，喜欢刺激和挑战，天生就具有冒险和抗争精神。在唐末五代崛起的军阀里，不少人都有贩私盐的背景。

唐大中十三年（859）冬天，裘甫盐帮在浙江沿海与地方官府发生冲突，之后裘甫索性率众占据象山县城。有唐一代，军事布防的重点多在北方和西北西南边境，东南州郡驻军不多，江南地区承平已久，军士长期未经阵仗，几乎不堪一击。史书上说"时二浙久安，人不习战，甲兵朽钝，见卒不满三百"，所以这样一个不满三百孱弱军卒的县城根本抵挡不了一群贩私盐的亡命徒。裘甫随后在浙江东部的宁波、绍兴一带攻城略地，人数发展至数千人，引发了整个浙东骚乱。

正是在裘甫搅乱浙东的这一年，颇有中兴之志的唐宣宗（847—859年在位）病死，其子即位，是为唐懿宗（859—873年在位）。懿宗皇帝在历史上的口碑并不好，纵情声色，游宴无度，聚敛挥霍，他在位的十四年里社会矛盾逐渐酝酿。860年懿宗改元咸通，取自其父宣宗时制《泰边陲乐曲词》中的"海岱晏咸通"之句，但这一年的东南大地却远未"咸通"平安。此时裘甫已经连败浙东官军，自称天下都知兵马使，还建了一个响亮的年号，"罗平"。这个年号似乎跟浙江地方的民间信仰有关，史书曾提到晚唐浙江有民谣云：

> 有罗平鸟主越人祸福，民间多图其形祷祠之。

裘甫利用这个年号应该是想获得更多的百姓支持。可惜，无论是唐懿宗的"咸通"还是裘甫的"罗平"，都没有为地方百姓带来任何安宁。

面对官军围剿，有谋士劝裘甫"据险自守，陆耕海渔，急则逃入海岛"，也有部下劝他积极向外发展，攻绍兴而进击浙西。在裘甫犹豫不决之际，朝廷增调的平叛大军在儒将王式（810—874）的率领下，已经包围过来，裘甫无奈只有退守嵊州家乡。王式带领的官军借助新招募的吐蕃和回鹘人组成的数百骑兵攻城，双方三天激战八十三次，最后裘甫兵败被俘，当年八月被送至长安处死。裘甫之乱，就这样宣告结束。

在这场裘甫之乱中，有几个小细节值得一提。当裘甫受困于孤城之时，之前劝他向外发展的部下抱怨说："向从吾谋入越州，宁有此困邪？"裘甫本就懊恼不已，一听此言竟迁怒于谋士，说："乱我谋者，此青虫也！"可怜这些身穿绿衣的文人，不但被骂作青虫，还被拖出去斩杀。乱世中选错边的文人，往往难逃替罪羊的命运。

在平定裘甫之乱中，蕃人骑兵的骁勇引人注目。这些人原本是在唐朝和吐蕃战争中的俘虏，被流放江南，备受歧视，生活困顿，他们被王式许以封赏募为骑兵，正是这几百蕃人骑兵在平叛中立下大功。在后来唐末五代的大动荡中，游牧民族的骑兵展示了惊人的战力，一度成为中原战场的主角，沙陀人和契丹人也都以骑兵之力入主过中原。

在裘甫困守危城之时，他的守军中还出现了妇女的身影。据说裘甫曾组织了一支女军上城作战，这些女兵用石块攻击官军，临战守城丝毫不露怯色。这些女兵很有可能来自裘甫及其手下盐贩们的家室，她们平日见惯了男人们刀头舔血，在家破城危、生死存亡之际，这些女兵在城头展示了惊人的果敢与无畏。当然，她们在兵败后也注定难逃悲惨的结局。

这场裘甫之乱虽然仅局限于浙东地区，历时也不过八个多月，但却敲响了唐王朝的丧钟，而此后更大规模的动乱也开始蔓延开来，直到帝国的最后崩盘。

裘甫之后，站出来挑战唐王朝的人叫庞勋，他的登场实际上也与裘甫之乱有着关联。

浙东平定两年后，朝廷任命在平叛中立下大功的王式为武宁军节度使。武宁军在今天江苏徐州一带，是唐德宗年间（780—805）设立的藩镇，用以护卫汴河漕运，位置紧要。武宁军麾下军队战力极强，"安史之乱"后，其在唐王朝与叛逆藩镇的角力中参加过不少平叛战斗，屡立功勋。

但唐后期因藩镇势力引发的骄兵悍将问题可以说是无处不在，武宁军也不例外。这支强悍军队里的主要兵源来自本地，兵卒往往同气连枝，一呼百应，极难管束。在九世纪初期，有位本地牙兵出身的节度使，曾招募两千勇悍之士，以银刀、门枪、挟马等为名组队，其中以银刀军作为侍卫亲兵，待遇优厚。这支骄兵部队里父子相袭，兄弟同军，逐渐骄纵难制，经常带着兵器坐在节度使大堂两边的帷幕之下，骄横无比，让那些朝廷委派的节度使头疼不已。史书上这样描述他们的霸道："稍不如意，相顾笑议于饮食之间，一夫号呼，众卒率和。"历任节度使要想坐稳位子，就不得不对他们厚加赐予，"犒赐之费，日以万计"，但银刀军却往往索求频频，"风雨寒暑，复加劳来，犹时喧哗，邀求不已"。朝廷任命的节度使一旦无法满足他们，银刀军士就会以兵变相威胁，甚至驱逐节度使。在九世纪里曾有数任武宁军节度使被骄兵赶走，让朝廷大丢颜面的同时，也更加担心这块战略要地的安危。

于是刚刚平定裘甫之乱的儒将王式被寄予厚望，出任武宁节度使。王式作为世家子弟，自负才华，曾经向朝廷自荐，自言有"文武才"。在裘甫搅乱浙江之时，有人推荐王式出讨，懿宗皇帝亲自召王式问对，王式自信满满地说："第假臣兵，寇不足平也"，后来的结果也的确证明了他的才干。这次上任武宁军，王式也是胸有成竹，早有设计，而当地的骄兵听说他来上任，"甚惧"。当王式带兵临近徐州时，故意缓缓而行，此时徐州的银刀军派三百人前来迎接，王式自己穿着随意，袒露着胳膊，气定神闲地接受了银刀军士的参拜。随后他却突然变脸，呼出早已埋伏好的手下，斩杀银刀军卒于当场。徐州城内的银刀军一时不知道前面发生了什么事，不断再派出人迎接，都被王式斩杀。随后王式入城，全城搜捕银刀军家属，骄横数十年的徐州银刀军就此团灭。

就在银刀军被王式诛灭的这一年，唐朝在西南方向的死敌南诏进击安南，还攻陷了交趾（今越南河内），进逼广西。朝廷四处调军驰援广西，其中一支军队就从徐州征调，有八百多人被派驻桂林。骄悍的银刀军虽然不在了，但徐州士卒不安分的传统却一点也没丢，这支戍边的徐州兵很快就惹出了乱子。

按照唐朝的制度，戍边士兵每三年可以轮换一次，可是这些徐州士兵在桂林一守就是六年。他们再三请求返乡，却屡屡被拒，上头命令他们再多驻守一年，思乡之情加上平日受将官欺凌的积怨就此爆发，愤怒的戍卒杀死了长官，推举了一个叫庞勋的小军官为首领，义无反顾地踏上了北上返乡之路。

这一年是咸通九年（868）。

乱兵要回家，就此一路向北，辗转向家乡徐州进发，但这条回家的路并不轻松。要知道从广西桂林到江苏徐州的直线距离就超过1500公里，在古代的道路条件下，一路还有官军的围追堵截，戍卒返乡谈何容易。

庞勋本是徐州兵里面管粮草的小军官，却因缘际会地在历史上留下了大名。庞勋进入湖南后，识破了官府赦免其罪实则张网以待的阴谋，率军沿江东下，绕道浙西进入淮南，一路上还吸纳了不少贫民和流亡的兵士，一些逃亡的银刀军士也加入进来，其兵力已然不可小视。沿途之内的地方官也都不愿招惹这支过路的乱兵，当时的淮南节度使令狐绹还给他们送来大米，有的地方刺史奉上宴席，甚至还派来伶人唱戏助兴，只求他们早早过境北去。这些可笑的场景尽显此时唐朝的虚弱。

终于庞勋他们临近了老家徐州。这时候庞勋对大家说：我们擅自北归，无非思念妻子儿女，听说上面有令要追杀我们，大丈夫与其自投罗网为天下人耻笑，不如同心协力赴汤蹈火，不但可以免祸，而且可求富贵。一番话道出了时势相催、官逼民反的无奈。众人听罢踊跃称好，跟着庞勋攻占了安徽宿州，再以劫掠的财货招募士兵，地方百姓纷纷加入，史书说"亡命者从乱如归"，甚至出现"父遣其子，妻勉其夫，皆断锄首而锐之，执以应募"的火爆从军场景。接着庞勋大军又在临近的汴水河大败官军，声威大振。此时徐州城就在起义军眼前，城内的百姓就是亲人，在城内与庞勋大军相呼应，还用草车引火烧了城门，于是徐州城很快被攻克。在随后的几个月里，庞勋所部先后攻占淮南十几个州，号称"拥众二十万"，这样大的规模已经远远超过几年前的裘甫之乱了。

庞勋之乱搅乱了整个淮南，东南输往长安的漕运通道被截断，这就动摇了朝廷根本。唐朝廷急忙调集中央的神策军会同各路人马进行围剿，还征召了沙陀等游牧部落的数千骑兵。这群锐利难当的游牧骑兵在沙陀首领朱邪赤心的率领下，成为决定战事的关键力量，多次作为先锋追击庞勋及其部众。

此时，庞勋大军内部也开始显露危机。暂时的成功让庞勋有些飘飘然，"勋益自骄，日事游宴"，同他一起在广西举兵的徐州将佐们也开始堕落，有的甚至夺人资财、掠人妇女。这样的一幕在中国历史上几乎所有的农民起义里都似曾相识，而他们的结局也大多类似。当时庞勋身边有谋士谏曰："自古骄满奢逸，得而复失，成而复败，多矣，况未得未成而为之者乎！"如此金玉良言，可惜却没有让庞勋警醒。咸通十年（869）九月，在徐州戍卒踏上回家之路的一年零二个月后，庞勋战死，死的时候都没人发现,"人莫之识",几天以后尸体才被确认。庞勋的起事终归失败,相比裘甫之乱的地方性,庞勋之乱无疑规模更大、波及更广,历史影响也更大。唐帝国的漕运通道数次被切断,朝廷倾力派出各路大军围剿,"罄国币以佐军",国力消耗巨大,大唐王朝可以说已经虚弱无比,风雨飘摇。《新唐书·南诏传》在总结唐朝灭亡的教训时,有一句话屡为后人引用:

唐亡于黄巢,而祸基于桂林。

可以说是庞勋这些戍守桂林的徐州乱兵和他们对家的向往,埋下了唐王朝灭亡的种子。对远离家乡多年的八百徐州戍卒来说,宁肯冒死也要踏上归途,那份对乡土和家人的思念让人感动。但我们应该看到,历史的偶然与必然往往紧密相关,八百戍卒之所以能搅动南方,引发了一场晚唐大动乱,表面诱因是徐州士卒回家的渴望,但背后却是唐王朝积淀已深的孱弱和衰败。

关于庞勋之乱,恐怕很少有人注意到这样一个有趣的事实:在动乱波及的淮河两岸,那时正有一群充满幻想、躁动难耐的年轻人,热切地期待着一个新时代的来临。一个叫朱温的大男孩那一年十七岁,后来成为北方的霸主,亲手埋葬了大唐王朝;而奉诏平乱的沙陀首领朱邪赤心身边,他的儿子正纵马疾驰,这个只有十三岁的沙陀少年,将会与朱温鏖战一生。还有一个年轻人叫杨行密,与朱温同岁,此时也许正在淮河以南的家乡舒展着他高挑的身躯,瞪大眼睛关注着经过家乡的乱兵,憧憬着有一天能建功立业,不负此生。与这些尚未成年的少年不同,那个后来建立了前蜀帝国的河南人王建,这时已经二十二岁了,正在贩私盐的路上体会着冒险的刺激。

此时距离大唐王朝的最终落幕已经不远了,而更多的乱世枭雄也将纷纷登场。

黄　巢（835—884）

晚唐曹州冤句人，出身盐商之家，善骑射、喜任侠，科举落榜后招纳人马，成为中国历史上著名的农民起义领袖之一，后兵败东逃、自杀身亡。

黄巢：天津桥上无人识

好不容易挺过裘甫之乱和庞勋之乱，步履蹒跚的唐王朝却很快又迎来致命一击。黄巢这个名字，今天已经成为无人不知的"农民起义领袖"，他的意义早被《新唐书》上那一句"唐亡于黄巢"揭示无疑。黄巢起义是唐末规模最大的一场全国性动乱，不仅让唐王朝名存实亡，也直接引发了唐亡之后五代十国的大分裂。

在九世纪最后的二十多年里，唐朝廷日渐困窘，外有异族虎视眈眈，内有藩镇拥兵自重，朝廷上文臣和宦官集团也纷争不已。咸通十四年（873），懿宗病死，他年仅十二岁的儿子李儇由宦官拥立即位，他就是晚唐历史上命运多舛的唐僖宗（874—888年在位）。这位刚继位的小皇帝爱玩且会玩，史书列出了一长串僖宗喜欢并擅长的活动：骑射、剑槊、法算、音律、蒲博（类似掷骰子赌博）、蹴鞠、斗鸡、赌鹅、打马球等，完全可以说是一个全能型娱乐帝王。僖宗曾对身边的伶人夸口，说如果进士考试也比赛马球的话，他要去考必中状元。可惜他的这身才艺在即将到来的动荡局势中毫无用处。

第二年僖宗改元乾符,但这一年并不平静。各地天灾不断,尤以中原地区最为严重,百姓生活困顿,却仍要面临政府催逼赋税,以至于"百姓流殍,无处控诉"。正所谓官逼民反,就在这一年,一个叫王仙芝的人聚众几千人,在河南山东交界的地方,揭竿而起。王仙芝跟裘甫一样,也是个私盐贩子,同样的职业背景,同样的胆大妄为。很快,王仙芝的队伍发展到几万人。

在王仙芝起事后的第二年,唐朝的掘墓人黄巢终于横空出世。黄巢在老家山东冤句(今山东曹县西北)聚起队伍,与王仙芝相呼应。有意思的是,黄巢也有着同样的贩私盐背景,但他跟王仙芝不太一样,家中世代以贩卖私盐为业,家境比较富足,受过教育,会写诗,还曾参加过科举考试,只不过没有考中。据宋人笔记记载,黄巢五岁时就在大人跟前谈论诗歌,他父亲怪他无礼还要揍他,在爷爷鼓励下,小黄巢吟出了那首史上著名的《题菊花》:

飒飒西风满院栽,蕊寒香冷蝶难来。
他年我若为青帝,报与桃花一处开。

黄巢对菊花似乎情有独钟,其才思与霸气在他另一首菊花诗中也显露无遗。据说,他在考进士失败后,写下了这首《不第后赋菊》:

待到秋来九月八,我花开后百花杀。

冲天香阵透长安，满城尽带黄金甲。

这两首菊花诗都隐隐透出帝王之气，这也许可以解释身家富足的黄巢为什么也要造反。史书上说黄巢"喜乱"，天生就不安分，从小喜欢骑马射箭，还招纳了一批亡命之徒。落第的郁闷也许更刺激了他躁动的心，一见动荡，趁势揭竿而起，说他天生就具有造反精神恐怕也不为过。黄巢的脾气想必比较暴烈，在他跟王仙芝合兵一处后，二人因为是否降唐发生激烈的冲突，暴怒的黄巢竟然冲上去打伤了王仙芝的头，最后两个人分道扬镳，各自为战。从这件事上也看得出黄巢这个人具有极强的领袖欲望，不肯居于人下。想想也是，不为"青帝"，如何敢令菊花春天盛开？

很快，朝廷调集各路军队围剿王、黄，王仙芝在878年战死后，黄巢成为起义军的唯一领袖，号称"冲天大将军"。但黄巢在北方感到了围剿压力，于是挥军南下，渡过长江，先后攻占杭州、福州等城市，最后一路打到了广州。我们可以脑补一下中国地图，黄巢大军一路从中原打到广州，几乎就是穿越了大半个中国，无论骑马还是步行，这样长的行程都令人惊叹。但黄巢的部下大多来自北方，在湿热的岭南水土不服，大批士兵染病，"死者十三四"。没奈何，黄巢再挥师北上，转战江淮，剑指中原。各地藩镇但求避敌自保，让黄巢轻松回到中原，在880年的年底，黄巢义军就攻下了东都洛阳，然后一路向西直扑唐王朝的政治中心长安。已经长大成人的僖宗皇帝在大太监田令孜和一群神策军的簇拥下，仓皇逃离长安，沿漫漫蜀道逃奔大西南的四川，而当时很多王公大臣竟然都不知皇帝去向。其实这一幕似曾相识，在一个多世纪之前的安史之乱中，唐玄宗也曾匆匆逃离长安，在奔蜀之路上留下多少无奈与凄凉。

这一年是广明元年（880），唐末历史上一个十分重要的年份。在这一年僖宗皇帝西逃，黄巢大军很快进了长安，就在太清宫含元殿上，昔日的盐贩子堂皇称帝，建号"大齐"。曾经富庶繁华的关中地区从此沦为战场，官军与黄巢所部开始了两年多的血战，结果是长安富庶不再，百姓流离失所，大批文人与士族或逃亡或被杀。唐末文人每每提及这段悲惨往事，多用"广明乱离"这个词，一个"乱"字，一个"离"字，道尽心酸。

唐朝廷传檄天下，征调各镇军队围剿黄巢，双方在长安地区反复争夺，各自死伤惨重。最后在中和三年（883）初夏，战败的黄巢不得不退出长安，向东逃走。能够击败黄巢收复长安，有两个人至关重要，他们也将是五代初期历史上叱咤中原的枭雄。

第一个人就是朱温，他本来是黄巢手下大将，但在与官军交战受挫后，索性投降了。当朱温降唐的消息传到僖宗那儿，皇帝大喜，立刻委以重任，还赐名"朱全忠"以示期许。新投入朝廷的朱温急于表现，在围剿旧主黄巢之战中十分卖力，立下不少战功。此时恐怕没有人能够想到，正是这位被皇帝期以"全忠"的功臣，很快就成为唐王朝的终结者。

第二个人是沙陀之主李克用。沙陀原是西突厥的一部，归附唐朝后被安置在山西北部。在南方庞勋之乱爆发时，沙陀首领朱邪赤心还被征召南下平乱，由于镇压庞勋有功，朱邪赤心被赐名李国昌，其子就是李克用。沙陀人反复无常，数年前还在山西作乱反唐，但急需兵力的唐朝廷无奈赦免沙陀，招李克用带兵前来帮助围剿黄巢。沙陀骑兵素来强悍，冲锋陷阵，勇猛异常，正是李克用的沙陀军第一个攻入长安，逼得黄巢匆忙撤离，逃奔河南。

中和三年（883），因为李克用在收复长安中立下首功，被僖宗封为河东节度使，朱温也在同年受封为宣武节度使，双双成为大唐落日余晖中崛起的新势力。两个人继续联手追击黄巢，而黄巢连战连败，一路又逃往山东，最后走投无路，在山东莱芜附近的狼虎谷自杀身亡。此时是中和四年（884），搅乱大唐天下的一代枭雄黄巢谢幕，黄巢的首级很快被献至成都天子所在。

在受俘仪式上，黄巢的嫔妃姬妾二三十人被带到皇帝面前，《资治通鉴》生动地记录了皇帝和这些女人的对话。僖宗问：你们都是显贵人家的子女，世代蒙受国家的恩惠，为什么跟从反贼呢？为首的女子义正词严地反问：乱贼逞凶，国家有几百万军队，那么多公卿大臣，结果皇帝你不还是逃到四川去了么，又凭什么责备我们这些女人呢？毫无疑问，等待这些女子的只有一死。行刑前，有人看这些女孩可怜，给他们酒喝，喝醉后受刑会减少点痛苦。女子们边哭边喝，然后一个个在醉卧中受死，而那个与僖宗对话的女子则不哭亦不醉，慨然赴死。众女醉中就戮的这一幕惨烈而悲壮，而随后绵延几十年的大动荡中，想来有更多女人亦曾陷此无助之境。

黄巢起义的影响无疑远超先前的裘甫或庞勋引发的地方性动乱。从北向南然后又由南而北，黄巢麾下数十万大军前后转战十二省，往返上万里，四渡长江，两渡黄河，短短几年内整个中原、江淮和关中地区都几乎被掳掠一空，唐朝最大的两个城市洛阳和长安都遭到巨大破坏。关于黄巢之众的残暴不绝于史，有史料记载，黄巢大军在攻占广州后，曾屠杀外国商人和平民十余万。在黄巢败退河南后曾围攻陈州（今河南淮阳县），大军缺粮，就以人肉为干粮，"贼俘人而食，日杀数千"，还把附近抓来的百姓塞进巨舂磨成肉糜，"掠人为粮，生投于碓，并骨食之"。有后人说黄巢"杀人八百万，血流三千里"，虽然这样的书写不无夸张之嫌，但这场全国性大动乱的破坏力惊人是无疑的。

在黄巢起义中，那些王室公卿、名门望族也损失惨重。《资治通鉴》说黄巢"杀唐宗室在长安者无遗类"，《新唐书》也说黄巢大军"捕得官吏悉斩之"，"宗室侯王屠之无类矣"。在关中动荡之时，很多衣冠士族都举族逃往南方，从而引发了唐宋之间一系列的社会结构变化和人口变迁。对于随后而至的五代十国而言，黄巢起义也成为一个重要准备期。在黄巢大军的打击下，唐朝廷权威不再，各地节度使纷纷各自为政。黄巢起义以后，全国也就只有江南、岭南和四川还听从唐政府的命令，大唐帝国已经名存实亡，而五代乱世的大幕也徐徐拉开。

其实众多的五代枭雄早已经在黄巢起义中亮相：除了灭亡大唐的朱温和他的死敌沙陀人李克用之外，还有建立前蜀的王建、割据浙江的钱镠、创立闽国的王审知兄弟等。所以《新唐书》说其时"株乱遍天下"的军阀武人"大氐皆巢党也"。这些枭雄们，在黄巢起义中要么是官军，要么是流寇，纷纷于乱世之中寻找着机会，等待破茧而出的时刻。

黄巢起义也在某种程度上影响了社会文化，如现在过端午节有"插艾草"的习俗，传说就与黄巢有关。民间相传，黄巢大军打到中原时，百姓纷纷逃亡。时值端午，一个女子带着一大一小两个孩子逃难，在路上遇到一个黄衣人。此人见这位母亲背着大孩子，却让小孩子在地上辛苦走路，就拦下她探问缘由。妇人解释说，大孩子是别人的孩子，父母双亡，而小孩子是自己亲生，她受人之托，要照顾别人家的孩子。黄衣人听后很感动，让她不必逃亡，回家在门上插艾草，可保无虞。在这个端午节插艾草的故事里，这个黄衣人就是黄巢。虽然这只是一个后世流行的传说，但也可看作是黄巢起义的一种民间历史记忆。这种民间的黄巢印象在《水浒传》中也可以看到——施耐庵在"浔阳楼宋江吟反诗"一回中写道，宋江在浔阳江畔酒楼独自喝酒，喝醉后"临风触目，感恨伤怀"，在墙上题诗一首：

心在山东身在吴，飘蓬江海谩嗟吁。
他时若遂凌云志，敢笑黄巢不丈夫！

　　黄巢对文人的态度也值得一提。作为一个科举考试的失败者，黄巢恐怕对这一套制度深恶痛绝，但他似乎又不自觉地艳羡那些有学问的文士。他的军队里一度流传着杀儒士会不利于军的话，在黄巢南下经过福建时，凡是俘虏自称儒士的一律释放。在黄巢带兵半夜路过莆田大儒黄璞门前时，他还特地下令熄掉火把静静通过。黄巢听说了福建名士周朴的大名，还千方百计寻访，想让他为自己出谋划策。周朴如是回答："我为处士，尚不屈天子，安能从贼？"于是黄巢怒而杀之。在黄巢占据长安后，还特地强征一群文人名士充任翰林学士，其中最有名的当属诗人皮日休。这位在晚唐颇有诗名的文人,曾被鲁迅赞为"一塌糊涂的泥塘里的光彩和锋芒",不幸被黄巢"劫以从军",最后竟不知所终,成为乱世中文人悲剧命运的一个经典例子。

《全唐诗》里录有三首黄巢诗作,除了前面所引两首为人熟知的菊花诗外,还有一首题为《自题像》。这首诗多被后世认为是伪作,因此也就很少为人所知。此诗来历与黄巢的结局相关,自宋朝以来曾流传一种说法,说黄巢当年在山东狼虎谷并未自杀,而是逃出生天隐姓埋名,最后削发为僧,浪迹天涯。

多年之后,垂垂老矣一副僧人打扮的黄巢又回到洛阳城。他登上洛河之上的天津桥,余晖晚映洛城,昔日繁华早已荡然无存,偶尔行人匆匆,却无人回头顾望一眼独倚桥头的老僧。这位落魄枭雄触景生情,遂为一诗:

记得当年草上飞,铁衣著尽著僧衣。
天津桥上无人识,独倚栏杆看落晖。

无论其事真假如何,黄巢起义已然落下帷幕,而更大的动荡才刚刚开始。

朱　温（852—912）

宋州砀山（今安徽砀山）人，唐末五代枭雄，曾为黄巢部将，降唐后被唐僖宗赐名朱全忠，出任宣武军节度使，907年废唐称帝，建立五代第一个北方王朝后梁。

朱温：一代枭雄的多面人生

黄巢起义就像一把大火，把唐末的中国大地彻底点燃。黄巢虽被剿灭，但更多的乱世枭雄却在他留下的废墟上纷纷崛起，中国也不可逆转地陷入了更大的动荡与分裂。

从唐末走向五代的历史进程中，最具历史影响力的人物非朱温（852—912）莫属。是他亲手埋葬了大唐王朝，建立起五代第一个中原王朝后梁，成为五代史上第一个皇帝。

但朱温的历史形象可以说是非常糟糕。自北宋起，几乎所有的正统史家在回顾这段乱世时，都痛骂朱温篡唐弑君、残暴荒淫，他的后梁政权也屡屡被贴上"伪"的标签，正统性不被承认。七百年后的清人王夫之在评价朱温时说："朱温起于群盗，凶狡如蛇虺，无尺寸之功于唐，而夺其三百年磐石之社稷。"今人学者也说："朱温的滥杀是历史上罕见的，朱温的荒淫，行同禽兽，即使在封建帝王中也罕有其匹。"

如此说来，放眼五代十国时期几十位称王称帝的枭雄，"第一大恶人"的名头非予以朱温不可。然而贴标签容易，看人难，人性往往复杂,一生角色多变,即使"恶"如朱温者,恐怕也有自己的多面人生。

枭雄起于草莽

几乎所有的王朝开创者,都在传统史书里有着近乎神异的起点。852年,朱温出生在宋州砀山一个叫午沟的小地方,在今天安徽河南两省交界处的砀山县内。朱温家世虽非富贵,但也算得上书香门第,父亲在当地教书为生,人称"朱五经",应该也颇受乡邻尊敬。传说朱温出生的那天晚上,天显异象,"所居庐舍之上,赤气上腾",很远的地方就能看到一片红光,以至于邻居都以为朱家失火了,纷纷跑来救火,来了才知道是朱家老三出生了。这段《旧五代史》里的描写,传统迷信色彩明显,应该是朱温称霸后御用史家编造的,这种为帝王诞生虚构神迹以示天命的写法在中国传统史书里屡见不鲜。

枭雄起于草莽,是唐末五代的一个明显特点。朱温虽然出自文人之家,但父亲在他很小的时候就去世了,家中贫困无以为继,朱温的母亲只好带着幼小的朱温和他两个哥哥,向东投奔百余里之外萧县一家大户,自己做佣人来养活三个儿子。寄人篱下的朱温从小顽劣,整天游手好闲、不务正业,乡邻都很讨厌他。小朱温经常嘴馋,就跑到野外抓鹿烤着吃,有一次还偷了主人家的锅,以至于差点遭到主人的鞭打惩戒。虽然身在乡野,但逐渐长大的朱温却自视颇高,"以雄勇自负",很难想象如果没有黄巢起义,他这样一个人会以怎样的结局终了此身。就是这么一个被乡邻视为流氓无赖的浪荡子，却在后来的唐末乱世中成就了一番霸业。

武人背景是五代枭雄的另一个共同特征，或为盗匪，或为官军，不少人初为盗匪而后入官军。朱温属于后者，兼具盗匪和官军的双重背景。黄巢起义掀起的晚唐动荡，为天生不安分的朱温带来了改变人生的机遇。乾符四年（877），黄巢军队在中原纵横驰骋之时，二十六岁的朱温和二哥朱存一起参加了黄巢大军。后来他二哥战死在岭南，朱温却一路屡立战功，最后随黄巢进入长安，成为黄巢军中一员大将。882年，在与官军交战不利后，朱温顺势降唐，尚在四川的唐僖宗听说朱温投降大喜过望，说了一句"天赐予也"，不仅委以重任，还赐名"全忠"。从此，朱温完成了从匪到官的转型。但僖宗皇帝此时绝不会想到，正是这位被他寄予厚望的朱全忠，最后亲手灭掉了大唐王朝。

收复长安后，朱温被封为宣武军节度使，这应该是他称霸路上最为关键的一步。节度使这一地方军职始于唐睿宗景云元年（710），初为加强边疆防务，渐渐总揽地方军、民、财政于一身，威权之重，无以复加，到了玄宗之时终酿成安史之乱。此后节度使林立，更有拥兵自重者屡屡割据为患，成为唐朝后半期中央最头疼的问题。节度使受命时赐旌节，得以军事专杀，行则建节，节度府树六纛，威仪极盛。黄巢起义后的唐朝廷失去了对大部分藩镇的控制，藩镇间以武力相互攻伐兼并，拥兵者自行占据城池，向朝廷索要旌节，朝廷往往无可奈何只能认可。五代十国所有的开国帝王，无一例外全部出自节度使。

能得到宣武军，朱温很幸运。不仅仅因为他的老家宋州就在宣武军辖区，让昔日的浪荡子可以衣锦还乡，更重要的是，宣武军极为重要的地理位置让朱温有了称雄的基础。宣武军以汴州（今河南开封）为中心，辖区主要在河南中南部并延伸至山东东部和安徽北部。宣武军雄踞北方中原的核心地带，汴河漕运从此通至洛阳和长安，在政治、经济和军事上都极为重要。在追剿黄巢军的过程里，朱温稳步经营着宣武军，军力不断增强。但在黄巢死后，朱温在河南却不得不面对一个更危险的敌人——秦宗权。

秦宗权作为黄巢余部首领，当时以蔡州为基地，势力遍及大半个河南。秦宗权异常残暴，经常纵兵四处劫掠，"所至屠残人物，燔烧郡邑，西至关内，东极青、齐，南出江淮，北至卫滑，鱼烂鸟散，人烟断绝，荆榛蔽野"。史书还多次记载了秦宗权部以人肉为干粮，征战时每每"车载盐尸以从"，给河南大地造成了巨大破坏，所过之处，"极目千里，无复烟火"。

秦宗权这个人在唐末五代史里是无法绕过的，他不但曾狂妄称帝，其部众的疯狂劫掠和扩张还引发了从中原到淮南的一系列政局变化。《新唐书》说：

> 凡宗权党散而为盗者，皆以酷烈相矜，时通名蔡贼。

为数众多的五代枭雄都与秦宗权有着或多或少的关联，有的就出自"蔡贼"，有的被其所迫而南下，有的则是一直与之交战的死敌。朱温属于后者，他与秦宗权大战五年，多次以少胜多，最终取得优势。

889 年，秦宗权兵败后被打断了腿骨，送至朱温处。朱温对秦宗权还挺客气，说我多次想找你谈，你要是早点悔改，也不会落到今天的下场啊。秦宗权的回答很有意思："仆若不死，公何以兴？天以仆霸公也。"其实这话说得不错，正是因为击败了秦宗权，朱温才在河南立住了脚，实力大增，随后以宣武军为中心，积极向四方扩展势力。

秦宗权的覆灭只是朱温扩张的开始。其后朱温"连兵十万，吞噬河南，兖、郓、青、徐之间，血战不解，唐祚以至于亡"。《旧唐书》的这句话其实指的是朱温的两场扩张战役，一个是吞并徐州，让朱温的势力伸向淮北，一个是占据兖州、郓州，从而获得鲁西南重要的兵粮资源。

朱温向东拓展是有原因的。黄巢起义后，曾经繁华的陕西关中在战乱中已经破败，而山西河东之地已经成为沙陀人李克用的大本营，河北地区几个传统强藩更是盘根错节、兵强马壮，往南的淮河流域水网密布难以拓展。在这样的形势下，朱温要想在宣武军这块四战之地向外发展，最方便的就是向东，顺黄河至下游一马平川，于是山东和淮北很自然就成为野心勃勃的朱温垂涎的第一块肥肉。

晚唐时期，徐州曾是武宁军驻地，但后来建制频频变动，在朱温瞄向徐州之时这里称为感化军。徐州北接齐鲁，南通江淮，历史上号称"北国锁钥""南国门户"，自古便是兵家必争之地。《三国演义》里有一出"三让徐州"，抗战时期大名鼎鼎的台儿庄大战也在此爆发，解放战争里的淮海战役也以徐州为中心展开。此时驻守徐州的感化军节度使是时溥，徐州本地人，在讨伐黄巢时立下大功,就是他把黄巢的人头献给天子,因此大获封赏。时溥本来和朱温也算盟友,二人曾经联手在河南剿杀黄巢余部,但很快这对昔日盟友就渐生龃龉。

887年,淮南大乱,朱温要求借道徐州进军淮南,被时溥拒绝,本来朱温就不满时溥贪功,这一次便借此缘由进攻徐州。双方在淮北对抗多年,直到893年朱温才取得最后胜利,兵败的时溥携全家自焚而死。从此以后,朱温获得了通往南方的门户。

在朱温攻打徐州的时候,时溥曾向山东天平军节度使朱瑄和泰宁军节度使朱瑾求救,但很快朱氏兄弟的地盘也成为朱温的囊中之物。在郓州(山东东平县)的朱瑄和他的堂弟朱瑾是朱温的老乡,也曾以贩私盐为业,后来二人在山东加入地方官军,朱瑄一路升到了天平军节度使。朱温与朱瑄地盘相邻,又是老乡,还都姓朱,最初二人关系很好,在朱温受到秦宗权势力威胁的时候,朱瑄还出兵帮他解过围,所以朱温呼朱瑄为兄,十分亲密。但在朱温击败秦宗权后,在中原实力大增,两个老乡的关系就迅速破裂。有史书说朱瑄曾在两人辖区边境用钱财引诱宣武军士兵加盟,这种挖墙脚的行径让朱温很生气。但《新唐书》则直言是朱温"内忌其雄",对这位大哥早有图谋。当朱温发兵攻打徐州时,朱瑄曾劝朱温停战,朱温当然拒绝,朱瑄一度发兵为时溥助阵,至此两人彻底决裂。等朱温收拾完了徐州的时溥,立刻全力开始进攻山东。

但山东之战的艰难远超徐州。朱瑄麾下有三万强兵,他的堂弟朱瑾更是英勇了得,武功高强,史书说朱瑾"勇冠三军""雄武绝伦",作为泰宁军节度使,坐镇兖州。朱瑾起家的经过却有点无耻：原兖州节度使听说朱瑾英雄，想把女儿嫁给他，朱瑾却在迎亲的车里藏了兵器，去兖州迎亲的时候，发动突袭，不仅娶了人家的女儿，还占了人家的地盘，自己成为泰宁军节度使。朱瑄、朱瑾兄弟两相呼应，联手对付朱温，双方大战六年多。朱温这边"凡十兴师，四败绩"，固然损失惨重，但朱瑄的兵力在消耗战中损失更大，只有固守。朱氏兄弟还向山西的李克用求援，但李克用的沙陀援兵要远从山西来援，受阻于河北，最后郓州陷落，朱瑄被杀。

朱温把朱瑄的人头扔到兖州城下，逼朱瑾投降。此时的朱瑾已经众叛亲离，连自己的哥哥朱琼也投降了。朱瑾假意请降，打开城门，一个人骑马立于吊桥之上，让自己的兄长过来拿印信，朱琼纵马上桥，朱瑾呼出埋伏在桥下的亲兵，将之杀死，以示固死一战的决心。但朱温大军的围城让朱瑾日益窘迫，缺兵少粮，最后朱瑾没有办法，只得向南渡过淮河，投奔了淮南军阀杨行密。朱瑾南逃活命，也让他与朱温之间的恩怨得以继续。这一年是乾宁四年（897），至此山东大部尽归朱温所有。

到901年，朱温身兼宣武、宣义、天平和护国四镇节度使，还通过亲信将领控制了一批藩属节镇，成为中原乃至全国范围内实力最强的军阀。此后数年内，他动辄率引四镇之师，持续扩张，周围实力不敌的藩镇要么被征服，要么委身投靠。就这样，以宣武军为起点，四镇为核心力量，朱温一步步走向巅峰，最后开国称帝。

将军留步，送你一匹马

一般史书上说起朱温，总是强调他的弑君篡位，渲染他的残暴荒淫，但却往往忽视他的统兵御众能力和领袖魅力，这未免有失公正。唐末残暴荒淫的军阀很多，大多如流星般闪过，又有几个是能像朱温那样在乱世中迅速崛起而终成霸业的呢？

自出任宣武节度使后，朱温以开封为中心，巩固河南，夺取淮北山东，积极渗透河北，在山西、陕西与沙陀李克用和凤翔李茂贞角力，最后称霸中原。在称帝前二十几年间的征战中，朱温展示出过人的军事领导才能，招揽了大批良将为其所用。北宋欧阳修在《新五代史》里把二十几位后梁人物写入《梁臣传》，其中除了宰相敬翔一人外，其余全为武将。可以说，朱温能够大战四方并屡获胜利，正是依靠着一支强悍的军队和一群能征善战的猛将。武力是朱温最终称霸中原的基础，也是五代乱世政权兴亡的密码。

朱温麾下将领按来源大致有三个群体，一批是很早就跟从他起家的元从将领，成为朱温经营宣武军早期的核心力量；一批是黄巢败亡时投入朱温帐下的黄巢降将；还有一批是在后来的征战过程中陆续归附的武人。这三类武将虽加入的时间不同，但都在朱温的扩张战中获得了展示才华的机会，也受到了朱温的器重。

在晚唐五代，任何一个军阀要割据一方，离不开手下武将的支持。反过来也是一样，那些勇武的军将要想在乱世中出人头地，也必须寻求英主提携，二者之间可以说是相互成就。在朱温起家之初，原河阳武将牛存节主动带领一群人前来投靠，牛存节对部下的解释说:"天下汹汹,当得英雄事之。"毫无疑问,朱温在他眼里就是个值得投身以博取富贵的英雄和明主。朱温对牛存节立刻委以重用,牛存节也一直为后梁效忠鞠躬尽瘁至死。临死前,牛存节还对儿子留下遗言"忠孝,吾子也",勉励儿子继续效忠朱氏。

朱温善于在战争中发现人才,可谓慧眼识英雄。黄巢降将张归厚,"为将善用槊,能以少击众",在一次战斗中他与敌将单打独斗于阵前,敌人力疲而退,朱温大军趁势掩杀,大败敌军。朱温"大悦,以为骑长"。张归厚在此后的徐州之战中继续展示其骁勇,他远远看到一名叛将在敌阵中,就"瞋目大骂,驰骑直往取之",还一箭射中了叛将左眼。

还有一个叫王檀的小校,在战斗中表现非常抢眼,"勇出诸将",立刻引起了朱温的关注,史书说"太祖奇之",破格提拔了他。这个王檀十分勇猛,多次在战场上俘获敌将,在朱温统一河南、兼并山东、大战河北等战役中屡立战功,一路从刺史升至节度使,后来还以功封王。王檀的履历完美演示了一条勇武者在乱世中的上升路径,亦可见朱温识人。

朱温用人往往不拘一格,他手下很多重要将领都是他击败对手后接纳的降将。后梁名将刘鄩就是朱温招揽敌将为己所用的一个好例子。刘鄩本是山东青州军阀王师范手下,"素好兵书,有机略",以足智多谋闻名当时。他在与朱温作战中,派探子以卖油郎的身份进入兖州,探得密道,以五百兵从城墙下排水口偷入城中,轻松夺取了兖州,并固守多日。刘鄩后来随王师范降了朱温,一个人穿着素服骑着驴去开封见朱温。朱温得到刘鄩大喜过望,立刻赐给冠带,为之摆酒,刘鄩推辞说自己酒量小不能饮,朱温开玩笑地说,你把我的兖州都抢去了,还敢说量小么?随后刘鄩被封为亲军将领,虽为降将却位在不少朱温旧将之上,这些功臣旧将见到刘鄩敬军礼,刘鄩也坦然受之,这也让朱温大为惊奇,更认为刘鄩不俗。刘鄩后来在梁军中地位很高,还一度成为梁军主帅与晋军战于河北。

朱温识才也爱才,即使在战场上看到敌阵中的良将,也千方百计招过来为己所用。大将王茂章,史书上说他"骁勇刚悍",原为朱温死敌淮南军阀杨行密的部下。在朱温攻打山东之时,杨行密曾派王茂章来救,在山东多次击败梁军,还在一次战斗中斩杀了朱温的侄子朱友宁。愤怒的朱温亲自带兵来战,聪明的王茂章却先示弱,带兵凭借栅栏抵挡,消耗梁军锐气,在朱温军队疲惫之际,王茂章突然上马带兵冲锋,如此反复多次,朱温虽然兵多也无计可施。王茂章在战场上挥洒自如,在冲锋间歇中还招诸将于栅栏后饮酒,饮罢再上马冲锋,在血雨腥风的战场上显得轻松写意。朱温在高处望见这一幕,对王茂章极为欣赏,感叹道:"使吾得此人为将,天下不足平也!"此役虽然朱温铩羽而归,但他却牢牢记住了王茂章。数年以后,王茂章在淮南权力更迭中无法立足,被迫逃亡,朱温听说后马上派人邀他北上,终获良将,得偿夙愿。

朱温帐下猛将如云,他对众多将领的各自特点都了如指掌,能够人尽其才。有个元从将军叫刘捍,"为人明敏有威仪",而且口才很好,朱温就任命他为主管接待的客将。每次朱温跟其他军阀谈判,都派刘捍去,刘捍经常单人匹马入城,以三寸不烂之舌成功招抚对方，达到不战而屈人之兵的效果。

朱温在治军统兵中也颇有手段和策略，锻造了一支战力强悍的军队。朱温御众极严，军纪可谓严苛。为了防止士兵逃亡，他下令在士兵脸上都刺上军号。他的军队里有一个叫"跋队斩"的惩罚传统，"将校有战没者，所部兵悉斩之"，即作战时如果主官战死，部下士卒一律处死。有时候，朱温的杀戮甚至有些随意。他攻打山东时，有一次俘虏了敌人几十员大将和三千士兵，这一天狂风骤起黄沙满天，朱温说了一句："天怒我杀人少邪？"竟然下令尽杀降卒，几十员敌将也几乎被全部杀光，仅留一人。这样的杀戮无疑过于疯狂，但朱温在军中确立了绝对权威，部下对他恐怕也是既敬且畏，甚至畏多于敬。

对手下忤逆自己不听命令的将领，朱温绝不放过。朱温手下曾有两员猛将，一个叫朱珍，很早就追随朱温，善于练兵；一个叫李唐宾，本为黄巢降将，骁勇过人。朱、李二人可以说是朱温征战中原之初的左膀右臂，他们在军事上珠联璧合，联手作战屡获大胜。但两人都性格暴烈，屡有争执，朱温爱惜二人才能，经常为之调解。直到有一天，朱、李二人在军营里又起冲突，朱珍拔剑而起，李唐宾毫不示弱，就冲着剑刃拂衣迎来。李唐宾本来以为朱珍不敢动他，谁知朱珍心头火起，一剑下去，真把李唐宾给杀了。当朱温听到消息，又惊又怒，亲自带人直奔朱珍大营，朱珍出来迎接，朱温立刻命令将其绑了。这时其他将军都跪下来求情，怒不可遏的朱温举起椅子摔在地上，说刚才朱珍杀李唐宾的时候你们怎么不救呢？于是下令勒死了朱珍。朱珍很早就"从梁太祖为盗"，一直跟随朱温左右，应该是朱温大军初创时期的第一功臣，但他未经请示擅杀大将，触及了朱温的御军底线，注定难逃一死。

除了严苛的纪律，朱温自然也明白封赏对获得属下忠诚的意义。有个将军叫寇彦卿，史书说他"身长八尺，隆准方面，语音如钟，工骑射，好书史"，堪称文武全才，英俊潇洒，不仅如此，他还懂得揣测朱温的心思，一言一行深得朱温喜爱，朱温还特地把自己的坐骑"一丈乌"赐给他。在一次战斗中，寇彦卿带队冲锋，威风凛凛，朱温看见了也禁不住说了一句："真神将也！"

张归霸，也是黄巢降将。在一次战斗中，敌人一箭射中他胸口，他忍痛把箭拔出来，用这支箭回射敌人，竟一箭将其毙命。这一幕被高处观战的朱温看见，"甚壮之，赏以金帛，并以其马赐之"。获赐战马的张归霸也没让朱温失望，很快伏击敌军，夺得数十匹马而归。其后张归霸随朱温先后灭秦宗权、败朱瑾、擒杀李克用之子落落、大破幽州刘仁恭，"功出诸将右"，成为朱温最信赖的将领之一，两个人还结为儿女亲家。

大将康怀英原为朱瑾部下，投降朱温后，随朱温征讨凤翔军阀李茂贞，在陕西武功县大败敌军。朱温闻之大喜，说此地叫武功，你立下的才是真正的武功！于是以名马赐康怀英。在随后的一场夜战中，康怀英奋战至黎明，击退敌人后，他身负十几处创伤。朱温的赏赐和褒奖，无疑起了巨大的激励作用。

常言说宝马配英雄，"人中吕布，马中赤兔"，英雄与宝马总是相得益彰。但古时汉地草场匮乏，良马更显珍贵，战将对马尤其钟爱，帝王也多爱送马给功臣名将以示恩宠。朱温在良马与良将之间，选择的无疑是后者，他一次次慷慨赠马与部下，对武将而言是莫大的恩赏和荣耀。

除了物质封赏，朱温也很擅于通过种种示恩举动，让部下感受到自己对他们的器重和关怀。910年，梁晋大战于河北，王茂章（此时已经改名为王景仁）作为梁军主师，在柏乡战役中被年轻的晋王李存勖击败，王茂章逃回开封。朱温却并没有太过责罚，反而宽慰他说，失利也许是其他将领不服从调度所致，让他不必自责。王茂章虽然暂时被解职，但很快就官复原职。王茂章以淮南降将的背景受朱温恩典，必心存感激，数年后在梁军攻打淮南战事不利之时，王茂章亲自断后，拼死力保梁军安全撤回，也算是报答朱温的知遇之恩了。

赐名给手下将领是一个惠而不费的示恩手段，曾获唐朝皇帝赐名"全忠"的朱温也深谙此道。大将牛存节在朱温刚当上宣武节度使的时候就前来投奔，而此时河南大地还是豪强并立，鹿死谁手尚未可知，所以朱温对此非常感动，就"赐之姓名"。所赐的名字"存节"也意义明显，勉励他保存气节、效忠于主，朱温的期待一目了然。将军徐琮，也是朱温麾下有名的骁将，史书上说他"勇于战阵""战必克捷"，朱温赐名为徐怀玉。说实话这名字改得颇有文采，如果是朱温自己所起而非手下文人捉刀的话，那倒也不枉他祖上的书香背景了。

当然，朱温的成功绝非仅凭好杀和恩赏，他在与部下的互动中表现出的领袖魅力，也让不少将领甘心为之卖命。有一次，朱温被敌军优势兵力包围，形势危急，此时骑将张归厚率骑兵力战阻敌。张归厚看到敌人越聚越多，就命手下骑兵护卫朱温先撤，而他自己的马却中箭倒毙，只好一路步行，孤身一人执槊在后面抵挡敌军。等到朱温顺利脱险后，派人带着马回去寻找张归厚，本来大家对于孤身困于敌阵且没了马的张归厚已经不抱生存希望了，没想到张归厚居然活着回来了，身中十余箭，血染盔甲。朱温一见之下，大哭着说："尔在，丧军何足计乎！"在朱温眼里，一个忠勇无比的张归厚要比损失的部队更重要。可以想见，朱温这番话的激励效果，绝不亚于刘备在长坂坡对赵云说的那句"为汝这孺子，几损我一员大将"。在《三国演义》里赵云的反应是连连泣拜，说"云虽肝脑涂地，不能报也"。可惜五代史书里并未记录张归厚当时做何反应，但他后来对朱温一直忠心耿耿，"与晋人屡战未尝屈"，后来病死在朱温之前，可以说是为朱温卖命一生。

相似的故事还发生在"威震邻敌"的猛将王重师身上。在濮州（今山东鄄城）之战中，敌人在城头点火防御，梁军进攻受阻，身在病中的王重师爬起来，用水浇在毛毯上避火，手持短刀带兵攻入城中。城破后，王重师已经身中八九处枪伤，最后被士兵背回了大营。朱温听说了，忙派去医生诊治，说了一句："奈何使我得濮州而失重师乎！"失去良将，得到城池又如何？能听到主帅如此褒扬，王重师的感动可以想见。朱温此语和刘备摔阿斗一样，异曲同工。

即使在功成之后，朱温也时常会感念手下，以至真情流露。大将霍存是朱温创业初期的重要人物，"为将骁勇，善骑射"。在进攻山东时，面对朱瑾的威猛，很多将领都劝朱温以围城来消耗敌人，但朱温相信霍存可以与之一战。最后霍存果然伏击朱瑾获胜，只可惜他后来在战场上意外中流箭身亡。朱温登基称帝后，在一次阅兵中，对手下将领们说了一句话："使霍存在，岂劳吾亲阅邪！诸君宁复思之乎？"第二天朱温又说了同样的话。很难想象这个征战一生见过无数死亡和血腥的一代枭雄，竟然还对牺牲多年的部下念念不忘。一代暴君，竟也会忽然如此温情。

上文提到的寇彦卿，朱温不但对他有知遇之恩，而且还一直十分优容。有次寇彦卿车驾过桥，有平民躲闪不及，被寇彦卿手下推撞触桥头石栏致死。面对御史弹劾，"太祖惜之"，最后也只是暂时降了寇的职务，不久又升为节度使。寇彦卿对朱温也感恩戴德、念念不忘，在朱温死后，寇彦卿每天都对着朱温的画像朝拜，每每提及朱温，"必涕泗交下"，哭得非常伤心。

一般认为五代乱世武人多以自身利益为出发点，朝秦暮楚、叛附反复。但即便是这样的乱世，也有如朱温这样成功的枭雄，以其非凡的御众手段和领袖魅力，赢得了手下将领的效忠与拥戴，而这种基于个人之间的忠诚纽带一旦形成，很难打破。所以我们说五代乱世里未必没有忠义在，只不过这种忠义并非是抽象的，而是非常具体的个人间的关系展现。军阀需要建立手下对自己的忠诚以成就霸业，而武人们也通过输送忠诚来赢得乱世中的荣华与富贵。

当然，朱温的残暴好杀和多疑猜忌，在统兵御众时也体现得淋漓尽致。尤其在他称帝以后，残暴多疑的一面更被放大。一旦认定手下有人怀有野心或二心，有可能威胁到他的统治，朱温也会随时翻脸、毫不留情。大将王重师有一次不等命令擅自发兵攻敌，惹得朱温发怒，当有人趁机诬陷王重师有二心时，朱温立刻将之无情赐死。晚年患病的朱温更是"喜怒难测"，"功臣宿将多以小过被诛"。

正如欧阳修在《新五代史》里所说:"五代兴亡以兵。"朱温的成功崛起离不开麾下的猛将与强兵,凭借军力他得以大战四方,一举称霸。只不过在后世的史评中,他的军事才能往往被其恶名掩盖。一千余年后,熟读历史而又精通军事的毛泽东注意到了朱温的帅才,他如是评价说:

> 朱温处四战之地,与曹操略同,而狡猾过之。

从井冈山星星之火一路跨越三大战役的伟人理解朱温崛起的不易,将之比作一代雄杰曹孟德,也可以算很高的评价了。

弑君篡位者

在四分五裂的唐末乱世,朱温第一个取大唐而代之,宣布称帝。后世史书早已给他贴上了标签:弑君篡位者。朱温这个五代第一帝来得并不容易,他的称帝之路充满血腥与杀戮。

黄巢起义以后的大唐王朝,早已名存实亡,各路军阀相互攻伐、各自为政,以至于"王室日卑,号令不出国门"。唐朝皇帝虽然已无法控制地方,但其政治影响尚在,割据一方的枭雄们仍然需要天子的册封使其权力获得正当性。毫无疑问,谁能够控制皇帝,谁就能在唐末的混乱中占据称霸的制高点。此时的朱温,正是通过仿效三国曹操故事,成功地挟天子令诸侯,一步步实现了自己的皇帝梦。

朱温所挟的天子并不是那位逃往成都的唐僖宗。公元888年，刚刚返回长安不久的唐僖宗病死，他的弟弟李晔即位，是为唐昭宗。昭宗即位时已经二十二岁，其才干与心气远超其兄。史书上说他"攻书好文，尤重儒术，神气雄俊"，虽然在唐室衰微之际上位，却有兴复大唐之志，"意在恢张旧业，号令天下"。即便是这样一位能干的皇帝，在大厦将倾之际，又能挽回什么呢？

上位之初的昭宗锐意进取，采取措施灭掉了曾权倾朝野的大宦官杨复恭，还募集了十万人的禁军部队。正当昭宗雄心勃勃想重树中央权威之时，却在与地方军阀的角力中败下阵来。在征讨沙陀李克用的战事中，"欲以武功胜天下"的昭宗不但损失了新建的禁军，还遭到长安附近几个军阀的轮番欺凌，威严扫地。凤翔节度使李茂贞还数次率军威逼长安，被迫出逃的昭宗还被另一个关中军阀韩建挟持了两年多。898年，唐昭宗终于回到长安，就在这一年，朱温控制了东都洛阳，开始积极参与长安政局，君主与未来的弑君者之间的命运交集很快来临。

发生在公元900年年底的一起宫廷政变给了朱温最好的机会。此时长安残余的宦官势力谋求废黜昭宗，朱温趁机西进，在第二年拥立昭宗复位。劫后余生的昭宗改元天复，这一年成为唐末历史上一个极为重要的时间节点。同一年以宰相崔胤（854—904）为首的朝臣与残余宦官势力冲突又起，崔胤得到朱温的支持，而宦官们则引李茂贞等陕西军阀为援。在朱温大军逼近长安时，宦官们劫持唐昭宗投奔凤翔，从而引发了一年多的凤翔围城战。最后凤翔粮草殆尽饿殍满城，困窘之下李茂贞只好交出了昭宗皇帝。此役朱温获得全胜，不但尽杀宦官，还解除了中央最后的禁军力量，从此彻底控制了命运多舛的昭宗皇帝。

903年春天，朱温将昭宗迎回长安，他亲自为天子执辔，边哭边走了十几里路，道旁百姓看见，都视朱温为大忠臣，昭宗也赏赐朱温"回天再造竭忠守正功臣"名号，封为梁王。

但昭宗不傻，不会幼稚地以为朱温会比李克用、李茂贞这些军阀更忠诚，但他已经毫无办法，只能任由摆布。很快，朱温就卸下了忠臣面具。904年，朱温杀掉了宰相崔胤等大臣，确定朝廷里不再有人反对自己，随即逼昭宗迁都洛阳。无可奈何的昭宗凄惨上路，车驾至华州，有民众夹道呼万岁，昭宗哭着说："勿呼万岁，朕不复为汝主矣！"前路漫漫，昭宗知道自己此去再也无法掌握自己的命运了，他哭着对手下说："朕今漂泊，不知竟落何所！"

走到半路，何皇后刚刚产子尚在月中，昭宗请求能拖延些日子，朱温担心夜长梦多，派亲信将领带兵催促昭宗上道，威逼昭宗"不可一日留也"。昭宗身边尚有两百多个"打球代奉内园小儿"这样的贴身侍从在左右，但朱温担心他们在皇上身边不利于己，就派人设帷幄置酒食，诱这些人进来一个个勒死，挖坑埋掉，再让自己人穿上他们的衣服继续侍奉皇帝。等到昭宗明白过来，身边已经连个能说话的自己人也没有了。

到了洛阳，这里离朱温的大本营开封只有200多公里，昭宗失去了一切自由，成为真正的孤家寡人。昭宗又不得不宣布改天复四年为天祐元年，以"庆贺"迁都，还在改元诏书上对朱温大加褒奖，说他"忠良尽瘁，克建再迁之业"云云。这一幕与汉末三国何其相似，昭宗已经沦为汉献帝，而朱温无疑成了第二个曹操。

朱温虽然天子在手,但挡不住天下议论纷纷,各方势力开始频频联络,以兴复皇室为号召联合反梁。西川节度使王建和淮南节度使杨行密都继续使用天复年号,视天祐年号为"伪",以示对朱温霸权的挑战。朱温知道昭宗并非庸碌之辈,也担心变故,开始筹划"害帝以绝人望"。昭宗此时也知道自己难逃一死,整日与皇后在内宫饮酒度日。904年的八月十一日夜,朱温手下几个将领带兵夜叩宫门,声称有军国大事,开门的妃子随即当场被杀。昭仪李渐荣大声喝道:你们要杀就杀我们,别伤皇上。沉醉中的昭宗闻声而起,只穿着一件单衣绕着柱子奔逃,一武将追上,李昭仪扑到昭宗身上想护君,结果双双被杀。

昭宗被弑时年仅三十八岁,可惜天纵英才却生不逢时,在位十六年间经历了王朝末路上几乎所有的劫难。《新唐书》对这位末代帝王的悲惨命运感慨而书:

> 自古亡国,未必皆愚庸暴虐之君也。其祸乱之来有渐积,及其大势已去,适丁斯时,故虽有智勇,有不能为者矣,可谓真不幸也,昭宗是已。

得知昭宗已死,朱温故作姿态假装震惊,大哭说:"奴辈负我,令我受恶名于万代!"为平息天下人议论,几个被朱温派去弑君的将领皆被诛杀。其中一人在临刑前愤愤不平地大喊:"卖我以塞天下人之谤,如鬼神何!行事如此,望有后乎!"数年以后,登上帝位的朱温也死在自己的儿子手中,可谓一语成谶。

昭宗被杀后，朱温立了个十三岁的小皇子为帝，史称唐哀帝。905年，朱温又对昭宗其他九个皇子大开杀戒，将他们一一灌醉，用绳子勒死，沉尸于洛阳九曲池中。而后发生在河南滑州白马驿的另一场屠杀中，三十几位大臣被朱温一夕诛杀，尸体都被投入黄河，史称"白马驿之祸"。

所有人都知道朱温称帝只是时间问题，关键是谁来捅破这层纸。河北魏博军节度使罗绍威一直怕朱温进攻自己，就主动大赞朱温的功绩，还承诺等朱温受禅称帝，自己会进献大礼，朱温"深感之"。当时有个御史大夫叫薛贻矩的，还跑到朱温跟前行臣礼，鼓动朱温运作禅让取唐而代之，朱温更是"心德之"。这两人的话都说到朱温心坎里去了，此时他已经急不可耐了。

古代奸臣篡位，一般仍然有一个过程，要经过封大国、加九锡等阶段，最后完成形式上的禅让。汉末曹操的儿子曹丕，当时也是让汉献帝禅位给他，但表面上仍然说自己不想当皇帝，故作推让，来来回回的禅让表演用了两年时间，可见历史上的政治流氓还是要一点脸面的。但朱温已经不愿意再等了，这时候竟还有几个不知好歹的手下，认为天下未定，受禅时机不成熟，都被朱温一一杀掉。

907年4月，朱温正式登基称帝，建都开封，国号"大梁"，朱温也被后世称为梁太祖。自此唐朝289年的历史宣告终结。禅位后的哀帝也没能善终，第二年就被朱温派人毒死。

乱世枭雄的温情

后世史家多聚焦于朱温的大奸大恶，关注的是战争与权谋、统治与杀戮，而往往忽视他作为具体个人的一面。其实历史上的每个人都是活生生多元角色的存在，不应该也不可能只有一张面孔、一种性格。人性总是复杂的，"恶"如朱温这样的枭雄，在面对至亲家人，也有温情的一面。

朱温的童年经历也算坎坷，父亲早亡后母亲独自抚养他们哥仨，付出的辛劳应该在朱温心中留有深刻印象。朱温随母寄居萧县富户刘崇家，长大后经常惹事，很不受人待见，史书上说他"壮而无赖，县中皆厌苦之"。主人刘崇因为朱温懒惰不干活，经常鞭笞责骂他，而刘崇的老母亲却对他青眼有加，总是维护他，时不时地帮他梳头，还对家里人说："朱三非常人也，汝辈当善待之。"老太太是最早发现朱温潜质的第一人，可谓目光如炬，识人很准。果不其然，朱温很快加入黄巢起义军，离开了家乡，从此开始了发迹之路。

从军数年后，昔日乡间无赖摇身一变，成为宣武军节度使。发达之后的朱温没有忘了尚在萧县的老母亲，他派人去接母亲到开封享福。车驾辚辚，朱母一个农村老妇，哪见过这等排场，吓得躲了起来，还对刘家老太太说："朱三落魄无行，作贼死矣，何以至此邪！"在母亲眼里，老三朱温还是那个儿时无赖，怎么也不敢相信他有朝一日能如此风光。来人好不容易让她明白这是发迹后的儿子前来接她，朱母才喜极而泣，感慨万千，最后和刘老太太一起乘车去了开封。不论历史上的朱温如何作恶多端，他发达后不忘老母，也没忘了当年给他梳头的老妪刘氏，可见他内心也有常人的亲情。

朱温对母亲颇有孝心。有一年在开封，朱温为母亲摆酒祝寿，其乐融融，席间他扬扬自得地说：我爹一辈子读书，也没混个一官半职，现在我当上了节度使，也算无愧祖先。听了此话朱母却"恻然良久"，好一会儿才说：儿子你混成今天这样，是不容易，但你如今行止未必就强过你爹。朱温愣了，不明白母亲的意思。老太太接着道出缘由：你二哥当年和你一起参军，结果战死南方，现在他几个儿子都还在砀山老家，"汝今富贵，独不念之乎"？朱温一听，恍然大悟，哭着谢罪，马上派人去接几个侄子来开封，提拔他们当了将军。朱母生性善良，经常劝诫儿子不要滥杀，从朱温刀下救出不少人。老太太久离故土，思乡生病，孝顺的朱温还特地请人来占卜吉凶，卜者说"宜还故乡"，无奈之下朱温只好送母亲返回老家颐养天年。

朱温亦有手足之情。朱温兄弟三人，二哥朱存战死南方，大哥朱全昱一直在老家照顾母亲，所以朱温对大哥总是心存感激。当上宣武节度使后，朱温也把大哥接过来同享富贵。二十几年后，这位朱大哥还亲眼见证了兄弟朱三登上了皇位。

在登基这一天，朱温穿戴整齐，端坐在大殿接受群臣参拜。这时候朱大哥过来了，瞪着朱温看，说了一句让朱温很郁闷的话："朱三，尔作得否？"大哥深知朱温为人，对这个从小就顽皮无赖的弟弟很是不屑。

朱温称帝后，哥俩还常在宫里一起耍令喝酒。有一次喝到兴起，大哥站起来，抓起骰子往盆里一丢，大叫说：

> 朱三，尔砀山一百姓，遭逢天子用汝为四镇节度使，于汝何负？而灭他唐家三百年社稷，吾将见汝赤其族矣，安用博为！

这番酒话说得正气凛然，让朱温听了很不高兴，但也无可奈何，大哥毕竟是大哥，就是骂他朱温也只能忍受。朱温对大哥依然恭恭敬敬，开封和砀山老家两地任由他住，还把大哥的三个儿子都封了王。后来朱温晚年卧病，大哥全昱还从老家赶来探望，兄弟一见"相持恸哭"。朱温虽然残暴，对兄弟的情谊也没说的。

朱温虽然无赖，但却有一位好妻子。朱温的原配夫人姓张，乃砀山本地一家富户之女。据史书说，朱温"少以妇聘之"，似乎两人的婚约在朱温离家参军前就定下了，但很难想象家境破落的朱家在讨食异地、母贫子贱的境况中，能够说下这一段好姻缘。从张氏之子朱友贞出生的时间较晚推测，恐怕朱温迎娶张氏是在出镇宣武前后。张氏聪慧善良，史书上说她"贤明精悍，动有礼法"，虽然朱温性格暴烈，却对张氏颇为敬重，甚至有点"惧内"。朱温对妻子这种既敬且畏的心态，当然也来自张氏的明德睿智。每次朱温在大事上拿不定主意时，都会来问张氏，而后者的判断常常被证明是对的。有一次朱温出兵打仗，走到半路了，在家里的张氏觉得不妥，马上派人去追朱温，不可一世的朱温收到夫人的信，立刻毫不犹豫地带兵返回。《新五代史》关于此事的描写非常生动：张氏"意以为不然，驰一介召之，如期而至"。好一个"一介召之，如期而至"！夫妇二人心有灵犀，配合堪称完美！因为张氏对朱温的影响巨大，很多将领犯错怕朱温惩罚，往往去求夫人则可获救。张氏的善良与朱温的残暴形成鲜明对比，而朱温的好杀也被张氏的慈心所平衡。

后世一般公认朱温好色，他称帝后据说有"嫔妾数百"。但张氏在世时，朱温却很少动过纳妾的念头。893年朱温击败时溥，曾一度占有时溥的美妾，但很快就把她赐给了手下。897年在朱温击败兖州的朱瑾后，看中了朱瑾的妻子，于是带着她一路返回汴州。张夫人得到消息，远远地亲自去迎接丈夫，尴尬的朱温只好如实相告。张夫人随后去见朱瑾之妻，后者急忙跪拜，张氏回礼，然后凄然流泪，说出了一段让人回味的话：你我的夫君因为小事而起干戈，以至于妹妹你沦落至此，假如这场战争最后是汴州失守，我也会落到跟你一样的境地。说罢二女相对大哭，一旁的朱温听罢也"为之感动，乃送瑾妻为尼"，对张氏更为敬重。天复元年春，朱温正带兵征战于河中，此时张氏病重的消息传到前线，朱温立刻退兵，奔回汴州陪伴。无论后世史书将朱温渲染得如何好色荒淫，但从这几件事上看，朱温一定对张氏感情深厚。

天祐元年（904），张氏病逝，痛失爱妻的朱温失去了贤内助，逐渐性情大变（当然也可能是失去束缚本性使然），在权力膨胀中走向了另一个极端。虽然张氏死后朱温一直没有再续娶正室，但"始为荒淫"。就在张氏死的这一年，朱温与陕西军阀杨崇本、李茂贞开战，有史书认为此战的起因在于朱温"渔色"，因为之前朱温曾击败过杨崇本，以其妻子为人质，"崇本妻美，全忠私焉"，导致崇本大怒，从而联合李茂贞与朱温开战。史书还记载，朱温在911年去洛阳避暑期间，住在河南尹张全义家中,"全义妻女皆迫淫之",让张全义的儿子无比愤怒,甚至想杀了朱温。也有史料说,朱温称帝后曾纳了上百名姬妾于后宫,还丧心病狂地召几个儿媳侍寝,秽乱宫闱,最终导致了他被儿子弑杀。

总而言之,张氏作为乱世中一位有见识的奇女子,她的死无疑对朱温个人乃至后梁命运都产生了巨大影响。倘若张氏不死,后世给朱温的标签也许会少了一个"好色荒淫"吧,至少后梁的皇权传承也应该不至于如此血腥和动荡。

篡弑者死于篡弑

中国历史上的开国帝王,大多都会面临传位困局。这些人以武功与智谋夺天下,英明神武,一世英雄,却每每在选择继承人的时候做出错误选择,从而引发政局动荡,有的政权甚至二世而亡,巅峰即结束。从秦二世胡亥即位的屠戮宗室,到南朝刘宋"前见子杀父,后见弟杀兄"的传位乱象,再到唐初的"玄武门之变",一部中华帝制史中皇位传承引发的血腥故事比比皆是。朱温以武力称霸中原,百战而建后梁,迟暮之际也一样无法逃出传位魔咒。

朱温子女众多,成年且有竞争力的皇子有好几位,其中长子朱友裕值得一提。朱友裕很早就随父征战,史书没有记载他的母亲,应该是庶出,史书说他"幼善骑射,从太祖征伐,能以宽厚得士卒心"。他的高明箭术也被史书所强调:在讨伐黄巢时,朱温和沙陀李克用曾合兵对敌,当时敌军在城头谩骂,李克用命令手下放箭，习于骑射的沙陀军却连射而不中，此时只见朱友裕张弓搭箭一发中的，军中齐声赞叹，连素来以箭法闻名的李克用也赞赏不已，还赠予朱友裕一把良弓和一百支箭以兹鼓励。

相对于精湛的射术，更难能可贵的是，朱友裕有着与以暴虐闻名的父亲截然相反的宽厚性格，在军中颇有人望。但作为庶出，朱友裕似乎在父亲心中的地位一直不高，而朱温对他也表现得过于严厉。景福元年（892）二月，朱温进击山东郓州的朱瑄，友裕为先锋，遭遇敌军夜袭，友裕撤走，但可能是信息传递脱节，跟进的朱温对前方形势毫不知情，结果与敌人正面遭遇。一场大战后朱温大败而逃，在前有大沟后有追兵的窘迫下，虽然最后幸运逃脱，"仅以身免"，大军损失惨重。此役之败，友裕责任不小。不久朱温用兵徐州，朱友裕奋力击败了来援的朱瑾，这本来是大功一件，但朱温却听信一个干儿子的谗言，认为朱友裕没有及时追击朱瑾，"太祖大怒"，派人夺了友裕的兵权。此次友裕有功却反获罪，应该也是朱温的成见所致，他宁可听信义子而怒对亲生儿子，也说明了朱友裕的尴尬地位。

这对冤家父子的故事还没完。丢了兵权的朱友裕怕父亲责罚，不敢回家，只好向继母张夫人求救。张氏让他立刻单骑回去向父亲谢罪，但朱温怒气未消，要杀儿子。这时候张夫人连鞋子都来不及穿就跑了出来，拉着友裕的手说：你能一个人回来请罪，不正证明了自己的清白么？这番话明显是说给朱温听的，朱温于是就饶了儿子。友裕后来历任刺史、节度使，在战乱中"招抚流散"，颇有政绩，可惜他命不长久，很快就病死任上，没能等到父亲称帝的那一刻，当然也躲过了其后的手足相残。

朱温的二儿子朱友珪才是皇位的最大觊觎者,史书说友珪"辩黠多智",可惜他也并非嫡出。据说是朱温在初镇宣武外出征战时与妇人"野合而生",这样的背景自然让友珪在皇位竞争中处于劣势。但友珪却一直没有放弃,最后甚至不惜弑父夺位。朱温晚年病重,对养子朱友文非常看重,友文"多才艺",老婆王氏漂亮,尤受朱温宠幸,还将玉玺交其保管,颇有传位给友文之意。一心想得位的朱友珪对此异常焦虑,他听说父亲要招友文交待后事而要把他调往外地,更是惶恐,决心武力夺位。

朱友珪作为控鹤都指挥使,负责皇宫警卫,这成为他政变的有利条件。乾化二年(912)六月一个夜晚,友珪带着五百亲兵潜入皇宫,半夜冲出来作乱。朱温从床上惊醒,见到谋反的是二儿子,愤怒无比,说:"我疑此贼久矣,恨不早杀之,逆贼忍杀父乎!"这时候友珪哪里还顾父子之情,命令自己的马夫冯廷谔"将老贼万段"。冯廷谔提剑追砍朱温,朱温跳起来绕着柱子跑,剑几次都劈到了柱子上。朱温身形臃胖,最后实在跑不动了,摔倒在床,腹部被剑洞穿,肠子流了一地,一代乱世枭雄终于毙命。

朱温死后,后梁乱局远未结束。朱友珪先杀了竞争对手朱友文,宣布继位。但仅仅过了八个月,朱温的三儿子朱友贞就打进了开封,走投无路的友珪被亲信冯廷谔刺死,父子两人就这样死在了同一把剑下。随后朱友贞即位,史称后梁末帝,但兄弟相残的大戏仍在继续。朱温的幼子朱友孜对皇位也充满热望,自以为是地认为自己"当为天子",于是在915年对其兄友贞进行刺杀,失败后被诛。经历了一系列兄弟相残相杀的朱友贞,自此对兄弟之情绝望,"遂疏弱宗室",直至败亡。

关于朱温之死及后梁宗室的自相残杀,欧阳修在《新五代史》里写道:

> 呜呼,梁之恶极矣!自其起盗贼,至于亡唐,其遗毒流于天下。天下豪杰,四面并起,孰不欲戡刃于胸,然卒不能少挫其锋以得志。梁之无敌于天下,可谓虎狼之强矣。及其败也,因于一二女子之娱,至于洞胸流肠,刲若羊豕,祸生父子之间,乃知女色之能败人矣。

很明显,欧阳修作为正统史家看重道德,认为朱温在乱世虽有"虎狼之强",但其奸邪好色、乱伦儿媳,最终导致父子相残、兄弟相杀。欧阳修强调儒家伦理与家庭秩序的重要性,认为朱温在选继承人问题上的一个大错误,就是置养子于亲子之上,导致"亲疏嫡庶乱矣",最后难逃败亡。

"大恶人"的侧面

自宋代起,后世史书大多持与欧阳修《新五代史》类似的态度,对朱温一贯大加鞭挞,而朱温也成了乱世帝王里残暴好色的代名词。

其实以往对朱温性情残暴的强调,似乎忽略了他在乱世战争条件下的亲民态度和施行的一些有利民生的积极举措。比如朱温在位时,比较重视农业发展,不许妄加征税。他大哥朱全昱的儿子朱友谅，即朱温的亲侄子，在宋州任上，曾经不顾当地水灾，不恤灾民，进献"一茎三穗"的瑞麦想拍叔叔的马屁。没想到朱温大为生气，史称："太祖怒曰：今年宋州大水，何用此为！"还因此罢了侄子的官。

宋人洪迈在其《容斋三笔》书中，曾载有《旧五代史》里一段失传的引文：

> 朱梁之恶，最为欧阳公《五代史记》所斥詈。然轻赋一事，旧史取之，而新书不为拈出。其语云：梁祖之开国也，属黄巢大乱之余，以夷门一镇，外严烽候，内辟污莱，厉以耕桑，薄其租赋，士虽苦战，民则乐输，二纪之间，俄成霸业。及末帝与庄宗对垒于河上，河南之民，虽困于辇运，亦未至流亡。其义无他，盖赋敛轻而丘园可恋故也。及庄宗平定梁室，任吏人孔谦为租庸使，峻法以剥下，厚敛以奉上，民产虽竭，军食尚亏，加之以兵革，因之以饥馑，不四三年，以致颠陨。其义无他，盖赋役重而寰区失望故也。予以事考之，此论诚然，有国有家者之龟鉴也。《资治通鉴》亦不载此一节。

如果此文所记确实，朱温治下的中原百姓在其轻赋利民的政策下，"未至于流亡"，这与后来战胜后梁并取而代之的后唐庄宗的厚敛于民便形成鲜明对照。但有意思的是，司马光的《资治通鉴》和欧阳修的《新五代史》都未引此文，堪称不约而同，这恐怕与当时史家对朱温篡唐的憎恶有关——既然后梁为僭伪，又怎么会轻徭薄赋、与民为利呢？但这样的正统史观对于朱温来说，未免不公。

提到晚唐五代的乱世，很多人会认为以武力相攻伐的军阀都无比残暴。但实际上很多枭雄一旦形成地方割据，往往会鼓励农业生产，重视发展经济，一方面为了军事需要，一方面也是为了维护其地方统治，不得不在上马打天下和下马治天下中寻求一个平衡。

朱温重农轻赋的政策，客观地促进了黄巢起义后北方经济的恢复和百姓生活的稳定。所以对朱温的历史评价，恐怕不能仅仅从道德角度出发，把他说得一无是处。二十世纪三十年代末，著名史学家吕思勉先生曾经在其《中国通史》中，对朱温有如下一段评价：

> 梁太祖的私德，是有些缺点的，所以从前的史家，对他的批评，多不大好。然而私德只是私德，社会的情形复杂了，论人的标准，自亦随之而复杂，政治和道德、伦理，岂能并为一谈？就篡弑，也是历代英雄的公罪，岂能偏责一人？老实说：当大局贴危之际，只要能保护国家、抗御外族、拯救人民的，就是有功的政治家。当一个政治家要尽他为国为民的责任，而前代的皇室成为其障碍物时，岂能守小信而忘大义？在唐、五代之际，梁太祖确是能定乱和恤民的。

吕先生写就此书时，正是上海沦为孤岛的抗战之际，似乎在以古论今、意有所指。但我读罢的体会是，评判一个历史人物，恐怕不应该脱离当时的历史情境，刻意给他们贴上好人、坏人的标签。历史上的"大恶人"如朱温者，其实跟所有人一样，也都有不同的侧面。

李克用（856—908）
唐末五代沙陀首领，能征善战，在平定黄巢起义中立下大功，出任河东节度使，受封晋王，与朱温争雄中原多年。

李克用：沙陀人的忠与奸

在唐朝最后的二十年里，朱温可以说是大杀四方，在中原难觅敌手，但终其一生也没能彻底击败他的死敌——沙陀人李克用。虽然最终李克用死在了朱温之前，但他的儿子李存勖却继承乃父遗志，最终战胜了后梁王朝并取而代之。

朱温和李克用就像是一对欢喜冤家，纠葛一生，缠斗一生，在唐末梁初北方大地上发生的每一场政治军事斗争中，几乎都可以看到他俩的身影。作为终生无解的对立者，他们之间一个人的存在似乎永远在彰示着另一个人的存在。晋王李克用的沙陀势力与朱温的后梁军事集团大战近四十年之久，这场旷日持久的梁晋争雄战，也成为理解唐末至五代初期这段混乱历史的关键线索。

如果没有李克用，朱温的称霸之路注定会是寂寞的。

谁是沙陀人？

在中国历史上，北方草原出现过一波又一波的游牧民族，他们擅于骑射，军力强悍，经常与长城以南的汉人政权或战或和。今天随便一个小学生应该都可以背出"秦时明月汉时关"和"不破楼兰终不还"这样的名句，我们的中小学历史课本里，从来不忘讲汉与匈奴、唐与突厥、宋与契丹、女真与蒙古千丝万缕的关系。虽然今天很多人不一定知道沙陀，但他们同样来自草原大漠，骁勇善战，也曾经成为唐末五代历史舞台上最活跃的主角。

作为唐初西突厥的一部，沙陀原以"处月"为名，生活在今天新疆地区的准噶尔盆地东南一带，因其所处之地沙丘遍布，所以被称作沙陀。沙陀人早年游荡在西北，大概八世纪末九世纪初沙陀部落向东进入大唐地域，后来在山西北部即所谓的代北地区站稳脚跟。沙陀人经常派兵帮助唐王朝打仗，史书说"其部落万骑，皆骁勇善骑射，号沙陀军"。在唐懿宗时期庞勋之乱爆发，沙陀首领朱邪赤心还带兵南下参与平乱，因功被朝廷赐名为李国昌，从此沙陀首领就以李为姓，沙陀人自此在唐末政治舞台登场亮相。沙陀人桀骜难驯，屡屡反叛，到了李国昌的儿子李克用这一代，更是杀官据命，"侵掠代北为边患矣"。

李克用和他的沙陀军很快成为唐末乱世里的主角之一。李克用自幼就跟着父亲南征北战，史书上说他"尤善骑射，能仰中双凫"，箭术可谓高超。据说有一次李克用故意炫耀箭法，于百步之外射中立于树枝上的马鞭，让众人"服以为神"，游牧民族历来服膺强者，年纪轻轻的李克用更被其部下视为神一样的存在。李克用打仗勇猛，军中人称"飞虎子"，因为征战中伤了一只眼，他也被人叫作"独眼龙"。其麾下的沙陀军士多穿黑衣，人称"鸦军"，于是李克用又得了"李鸦儿"的名号。箭神、飞虎子、李鸦儿,就这样李克用在唐末声名鹊起,"其威名盖于代北"。

面对剽悍的沙陀人,唐政府总是充满戒心,而沙陀军在李国昌父子率领下也不时于雁门一带拒命反叛,军力在与唐军的对战中逐渐发展起来。李克用的早期军事生涯里,"云州事件"无疑影响最大,也让他在后世史料中的忠奸善恶扑朔迷离。

乾符五年(878)二月,于云州(今山西大同)附近驻兵的李克用纵兵为乱,占据云州,还以残忍手段杀害了唐朝廷任命的大同防御使段文楚。段文楚等官员被押至城内的斗鸡台,"军人乱食其肉",惨死后尸骨还被李克用纵马践踏。此时唐朝廷已经面临黄巢起义,本想姑息安抚沙陀,但李国昌和李克用父子拒不听令,于是唐军进剿,沙陀军被唐军击溃后,向北逃亡。

李克用跟朱温一样,很快也成为黄巢起义的获益者,获得了重返中原的机会。881年,当黄巢大军占领长安后,唐政府急需兵力,就赦免了沙陀军的叛乱之罪,招其来帮着进剿黄巢。于是沙陀军在李克用的带领下,终于可以名正言顺地南下了。但要沙陀人成为勤王之兵而甘心为唐朝廷卖命却并非易事,在经过太原时,沙陀军讨要军费,面对地方官凑起来的"钱千缗,米千石",李克用嫌少而大怒,"纵兵大掠而还"。

直到第二年,李克用才同意再次南下。听到沙陀军到来的消息,黄巢部下惊恐不已,大呼"鸦儿军至矣"。很快沙陀军在征讨黄巢起义军之战中就展示了非凡的战斗力。中和三年(883),李克用的沙陀军在关中连败黄巢所部,良田坡之战更让其"横尸三十里",迫使黄巢军队败走退入长安。随后也是沙陀军乘胜追击,第一个攻入长安城,在收复长安的过程中立下头功,史书说

"克用年二十八，于诸将最少，而破黄巢，复长安，功第一，兵势最强，诸将皆畏之"。

就在当年，战功第一的李克用受封为河东节度使，从此以山西太原为中心，形成了沙陀势力的大本营。后来一次出兵河北的军事冒险行动，李克用遭到敌人偷袭，不得不躲入林中避险。敌兵四处搜索，逐渐迫近，据说，李克用抚着自己战马暗自祈祷："吾世有太原者马不嘶。"在如此危急之时，他以太原为祈愿，足见太原在其心目中的意义。最后幸运的是"马偶不嘶以免"，李克用安全撤回太原。

从浪迹草原的游牧酋长到唐廷讨伐的叛将逆臣，如今摇身一变成为功震天下的一方节帅，李克用就此完成了人生最重要的一次转变。十几年以后，李克用又进封晋王，成为唐末主要割据势力里最早封王的军阀。

然而终其一生，桀骜骁勇的李克用却不得不面对另外一个军阀的屡屡打压。这个宿敌正是朱温。

上源驿的宿醉

李克用和朱温，可以说是剿灭黄巢起义中作用最大的两人，但恰恰就是这两人，在黄巢起义以后势同水火、刀兵相见，终生难解。那么，这两人的宿仇是如何结下的呢？

正是中和四年（884）发生在河南开封（当时的汴州）城内的一场未遂谋杀，导致二人结下死仇，也引发了唐末至五代初两大军事集团长达四十年之久的大对抗。

黄巢退出长安后，向东进入河南，李克用带兵五万一路追击，连败黄巢残部。黄巢逃入山东后，沙陀军又渡过黄河继续追之，"一日夜驰二百里"，但最后因为军队粮草不足，李克用才引兵折返河南。

这时是中和四年五月，李克用回师路过开封城下，这里正是宣武军节度使朱温的大本营。李克用在进入河南后曾与朱温联手杀敌，所以面对朱温的盛情邀请，李克用毫无戒心欣然赴宴。他把大军驻扎在城外，只带了三百亲兵进城。让他没有想到的是，这场安排在城内上源驿的宴席，竟然是一场鸿门宴，成为随后持续四十年之久的梁晋战争的导火索。

很难想象，这两个"平乱"功臣，一个是在四战之地冉冉升起的政治新星，一个是叱咤风云如日中天的沙陀主帅，在黄巢余部尚未彻底消灭之时，却在一场本该把酒言欢的酒宴中埋下怨仇的种子。朱温为什么要请李克用喝酒呢？是想增进友谊，还是另有企图？他对沙陀人的谋杀行动是早有预谋，还是临时起意？

《新五代史》对上源驿事件的记载，极其简洁：

> 朱全忠飨克用于上源驿。夜，酒罢，克用醉卧，伏兵发，火起。侍者郭景铢灭烛，匿克用床下，以水醒面而告以难。会大雨灭火，克用得从者薛铁山、贺回鹘等，随电光，縋尉氏门出还军中。

虽然惜墨如金、语焉不详，但欧阳修的字里行间似乎有着朱温蓄谋已久的味道。

从《旧五代史》和《资治通鉴》的叙述中，我们则可以还原更多的历史细节：

> 是月，班师过汴，汴帅迎劳于封禅寺，请武皇休于府第，乃以从官三百人及监军使陈景思馆于上源驿。是夜，张乐陈宴席，汴帅自佐飨，出珍币侑劝。武皇酒酣，戏诸侍妓，与汴帅握手，叙破贼事以为乐。汴帅素忌武皇，乃与其将杨彦洪密谋窃发，彦洪于巷陌连车树栅，以扼奔窜之路。时武皇之从官皆醉，俄而伏兵窜发，来攻传舍。武皇方大醉，噪声动地，从官十余人捍贼。侍人郭景铢灭烛扶武皇，以茵幕裹之，匿于床下，以水洒面，徐曰："汴帅谋害司空！"武皇方张目而起，引弓抗贼。有顷，烟火四合，复大雨震电，武皇得从者薛铁山、贺回鹘等数人而去。雨水如澍，不辨人物，随电光登尉氏门，缒城而出，得还本营。监军陈景思、大将史敬思并遇害。

这里描述的宴会场景可谓栩栩如生。当天在上源驿里，朱温大摆宴席，犒劳李克用，宾主痛饮，朱温还亲自给李克用夹菜并安排了歌妓陪酒。李克用显然非常尽兴，甚至有些得意忘形，开始调戏侍酒的歌妓，一度还拉着朱温的手，大谈自己"杀贼"的功绩。可能言语之间对原是黄巢降将的朱温有些轻蔑，于是引发了主人的不快。

这场宴席从中午一直喝到傍晚，李克用手下也都酩酊大醉，殊不知离席之后的朱温与部将杨彦洪开始密谋，打算趁机除去李克用。考虑到当时朱温身处四战之地的艰难形势，我很难相信此时他在强敌环绕下会如此深谋远虑，把李克用视作未来的威胁就此拔除，因"素忌"而杀人恐怕不合逻辑。也许预谋杀人并非朱温本意，毕竟此时谋害沙陀之主会招致城外数万沙陀军的攻击，朱温虽然残暴但绝不愚蠢。所以很有可能这次行动仅是一次冲动的报复，朱温的暴虐脾气又怎能容忍别人对他的奚落。只是当时没有人能想到这场谋杀会以失败告终，最后形成连锁反应，甚至左右了唐末政局的走向。

被李克用激怒的朱温在酒席上隐忍不发，当天晚上与部将杨彦洪定下谋害沙陀人于城内的计划。这一夜，杨彦洪带兵把上源驿团团围住，还用栅栏等隔断了驿站周围的道路，然后四面放火，开始围攻上源驿。很快四处起火、喊杀震天，李克用随行的沙陀亲兵匆忙抵抗，而此时的李克用却醉酒未醒，根本不知道杀身之祸就在眼前。身边的亲信拿帘布裹住李克用藏到床下，用水洒在他脸上，李克用才悠悠醒来。得知朱温要谋害自己，李克用毫无惧色，"张目而起，引弓抗贼"。正在这危急关头，天公作美，忽然大雨倾盆、雷电交加，不但浇灭了大火，而且"雨水如澍（注），不辨人物"。趁此机会，李克用在几个亲信的掩护下，利用闪电的瞬息光芒，冲出了上源驿，夺马向城门奔去。

此时外面指挥围攻的杨彦洪对朱温说："胡人急则乘马，见乘马者则射之"，下令手下放箭。但这个杨彦洪运气实在太差，当时天降大雨，敌我不分，他自己贪功心切，骑着马去追李克用，而随后的朱温也看不清是敌是友，一箭射出，却正好射中了

李克用：沙陀人的忠与奸 | 061

杨彦洪。这个杨彦洪害人不成，反而被主人误杀，便出现了这一颇为滑稽的一幕，点缀着如此惊心动魄的历史。

当时城门紧闭，李克用跟几个手下趁乱跑到了城墙上，只能用绳子一个个缒着下到城外。城内上源驿方向浓烟四起，杀声震天，除了几个亲随外，李克用带进城的几百兵将全都死在了上源驿。

这就是唐末历史上著名的"上源驿事件"。

李克用历经艰险终于逃出生天，回到城外沙陀军大营，本想立刻带兵与朱温决一死战。这时候，他的夫人刘氏劝住了怒气冲冲的李克用。这位刘夫人出身代北，应该也是边疆民族血统，史书上说她"为人明敏多智略，颇习兵机"。刘夫人文武双全，平日还教身边侍女学习骑射，辅佐丈夫不遗余力，跟随丈夫出兵平乱一路至此。

这一晚李克用城内遇袭，有先逃回来的亲兵向夫人告急，但刘夫人却表现出大将风范，神色不变，下令斩了逃归的亲兵以安军心，而她实际上已经暗自召集营中大将做好了带兵返回山西的准备。刘夫人深知此时慌乱不但救不了丈夫，也会让沙陀军遭受灭顶之灾，能保住有生力量以待日后复仇才是最明智的。

在李克用归来想立刻反击时，刘夫人劝他说：

> 公比为国讨贼，救东诸侯之急，今汴人不道，乃谋害公，自当诉之朝廷。若擅举兵相攻，则天下孰能辨其曲直！

言下之意，与其贸然举兵与朱温厮杀，在人家地盘上不仅难以占到便宜，还会让天下人误会此事的来龙去脉，从而失去道义制高点。李克用深以为然，强按怒火，引军返回了太原。不难看出，这位刘夫人与朱温的妻子张氏在辅佐丈夫上，颇有异曲同工之智，所以家有贤妻应该也是朱、李二人一个有意思的共同点。

回到山西的李克用派人送信责难朱温，此时朱温在谋杀失败后也不想立刻就与沙陀人刀兵相见，索性把罪责推给了死去的杨彦洪，还不忘推出朝廷揽责。他回信给李克用解释说："窃发之夜，非仆本心，是朝廷遣天使与牙将杨彦洪同谋也。"

李克用还上表僖宗皇帝，请求讨伐朱温，这让刚刚结束流亡生涯的唐僖宗无比焦虑。好不容易这边刚平定了黄巢，现在战力最强的两个节度使又要开打，"朝廷大恐"。但此时的朝廷又无力制止，只好从中调和，僖宗派人给李克用传谕旨，称"吾深知卿冤，方事之殷，姑存大体"，一边加封李克用为陇西郡王来安抚他，同时也没敢治朱温的罪。朝廷在此事件中的无力表现，让更多的藩镇看明白了时局。《资治通鉴》说：

> 时藩镇相攻者，朝廷不复为之辨曲直。由是互相吞噬，惟力是视，皆无所禀畏矣。

上源驿事件对于唐末政局影响深远，它标志着在平定黄巢起义中曾联手的两大军阀分道扬镳，进而在中国北方形成了两大敌对派系。朱温一方以河南为中心，李克用的沙陀一方以山西为基地，后来朱温被封为梁王，李克用受封晋王，梁、晋双方近四十年的争雄战就此展开。此后中原军事政治变动和各方势力错综复杂的互动，基本都与二者的对抗息息相关，唐末到五代初期的历史也基本以梁晋争雄为主线。

这里大致概括一下梁晋争雄的几个阶段，以帮助我们理清唐末至梁亡这一段的历史脉络，作为本书人物活动的历史背景：

梁晋争雄第一个阶段从884年上源驿事件开始，到907年朱温建立后梁，双方最初互有攻守，但朱温势力迅速发展，逐渐在梁晋战争中占据了主动。朱温进攻山东时，李克用还曾派军队经河北去救朱瑄、朱瑾两兄弟。随后的几年，双方围绕河北展开大战，河北几个藩镇在梁、晋两大势力之间，不断变换阵营，最后朱温控制了河北南部，李克用处于劣势。朱温在907年称帝后，其势力达到顶点。

第二个阶段从908年李克用去世到915年，双方主要在河北展开争夺，在李克用之子李存勖的天才指挥下，晋军逐渐获得主动权。912年朱温被弑，后梁政权内部出现动荡，新登基的梁末帝朱友贞继续在河北与晋军激战，但此后战争的天平逐渐向晋军倾斜，到了915年李存勖基本控制了河北，梁晋势力开始发生不可抗的逆转。

最后的阶段从915年李存勖控制河北一直到923年，成为梁晋争雄的最后决战。经过数年的夹河苦战，923年李存勖在河北魏州称帝，建立后唐后很快发动奇袭直捣开封，后梁灭亡。这场四十年之久的梁晋争雄战，最终以沙陀人的胜利而告终。

军事上的最终获胜，也让后唐获得了历史书写的话语权。李克用从沙陀之主、河东节度使和老晋王，又成为史书里的后唐

"武皇",俨然成为欲挽狂澜扶救大唐于将倾的忠臣义士。

忠奸李克用

李克用其人的真实历史形象究竟怎样,时人对这位沙陀主帅又是如何评价的呢?现有史料里,有关李克用的叙述和评价很多,但却往往充满矛盾,他既有"兴复大功",收复长安,又数次祸乱京师,威胁天子。李克用的忠义与奸逆就这样在历史书写中并存,成为乱世背景下历史人物多变与复杂的典型案例。

唐朝廷对李克用的态度一直很矛盾。无论是僖宗、昭宗两代皇帝,还是朝中大臣,一方面认为沙陀"非我族类,其心必异",对李克用并无真正信任;但另一方面沙陀人军力强大,总逼得朝廷很是无奈,屡屡在讨伐失败后不得不对其封赏安抚。

光启元年(885),河中节度使王重荣不满朝廷调他移镇,就伪造诏书,说僖宗皇帝命令他诛杀李克用,还挑拨李克用说这是朱温的阴谋。本来就对上源驿之事耿耿于怀的李克用更加激愤,八次上表请求讨伐朱温。此时刚刚从四川返回长安的僖宗惊魂未定,绝无可能敢去得罪在中原风生水起的朱温。最后李克用趁关中几个军阀争斗,引兵而来,在长安附近纵火劫掠,逼得僖宗皇帝只好再度南奔逃往汉中。

890年,成功统一河南的朱温自认为拥有足够击败李克用的实力,上表朝廷请求讨伐李克用。刚刚登基不久的昭宗皇帝并不愿意讨伐,下令大臣讨论。本来多数人都明白这场仗打不得,"议者多言不可",但朱温贿赂宰相张浚力主讨伐,昭宗无奈只好同意。唐军攻入河东，朱温也派大将葛从周占据山西东南门户潞州（亦称上党，今山西长治）遥相呼应，结果李克用派出最勇武的假子李存孝迎战，沙陀军连战连捷，大败唐军，又在潞州击退了朱温部队。这次朝廷用兵沙陀的后果很严重，李克用纵兵"大掠晋绛，至于河中，赤地千里"，他还给昭宗上表，"其辞慢侮"。这份上表，《资治通鉴》上有所引用：

> 臣父子三代，受恩四朝，破庞勋，翦黄巢，黜襄王，存易定，致陛下今日冠通天之冠，佩白玉之玺，未必非臣之力也。若以攻云州为臣罪，则拓跋思恭之取鄜延，朱全忠之侵徐、郓，何独不讨？赏彼诛此，臣岂无辞！且朝廷当阽危之时，则誉臣为韩、彭、伊、吕；及既安之后，则骂臣为戎、羯、胡、夷。今天下握兵立功之人，独不惧陛下他日之骂乎！……已集蕃、汉兵五十万，欲直抵蒲、潼，与浚格斗；若其不胜，甘从削夺。不然，方且轻骑叩阍，顿首丹陛……

李克用先是摆功，说皇帝你能安然上位，都是我的功劳啊；再有你不能双标，把我和朱温区别对待，我犯错就是罪，朱温出兵山东为什么不讨伐呢？皇帝你更不能过河拆桥啊，危难之际需要我帮忙了，就把我夸成一朵花，等安全了，就骂我是胡人杂种；最后李克用更是发狠威胁，说打就打谁怕谁，我输了任你处置，我要是赢了，咱就长安见吧。这么一篇汪洋恣肆、有理有据、文采飞扬的上表，应该出自李克用掌书记李袭吉的手笔，绝对是深得李克用之心，语气语意和气势都是惟妙惟肖，像足了这位桀骜不驯的沙陀之主。昭宗皇帝见到此地步，也只好委曲求全，"优诏答之"。

乾宁二年（895），一场围绕河中节度使的继位人选之争，再次引爆唐末政局，也成为李克用再度进军关中的借口。这一年河中节度使王重盈病死，他的儿子王珙和养子王珂（原为其弟之子，后过继为子）激烈争夺节度使之位。王珂因是李克用的女婿，所以自然获得了沙陀人的支持，最后在竞争中胜出，成功获得昭宗任命。但这个任命却引来支持王珙的另外几个军阀不满，凤翔节度使李茂贞、静难节度使王行瑜和镇国军节度使韩建上演了三帅逼宫，兵犯京师，害得昭宗皇帝不得不逃离长安。被逼无奈的昭宗只好向李克用求援，沙陀人当然不会放过这个"勤王"的机会，他再度率军前来，只是这一回扮演了救驾者的形象，轻松击败叛军。返回长安的昭宗封李克用为晋王以示感激，还授以"忠正平难功臣"名号。这时候有人劝李克用借机进入长安，一个叫盖寓的手下劝止说，这样会使百姓恐慌，"勤王而已，何必朝哉"？李克用不由得笑了，说连你都不信我，何况天下人呢，于是还师。时人对李克用的不信任可见一斑，而李克用也尚有自知之明，不以忠义自居，他心里应该也明白这只是一场权力的游戏。

十年间连续三次在与朝廷和关中军阀的角力中占据上风，让李克用无比自负，他凭借强大军力，更不把朝廷放在眼里。乾宁三年（896），昭宗本来想要再度启用张浚为宰相，但李克用没有忘记六年前张浚曾与朱温联手与他为敌，认为这是朱温的阴谋，还上表公然威胁朝廷，说："若陛下朝以浚为相，则臣将暮至阙廷！"沙陀人赤裸裸的军事威胁起了作用，一度引发长安民众的恐慌，昭宗只好作罢。

然而随着朱温的崛起，唐末政局形势也发生剧变，李克用的直接对手也从昭宗和关中军阀变成了朱温，随之改变的还有李克用的历史形象。从898年起到朱温灭唐的数年间，李克用在与朱温的对抗中屡屡败北，他的女婿王珂也被朱温活捉。901年朱温大举攻晋，六路大军从几个方向攻入山西，幸亏天降大雨梁兵多病，李克用才逃过一劫。第二年朱温再度大举攻晋，一直打到李克用的老巢太原，面对梁军包围，李克用第一次感到了恐惧，还打算向北逃亡大漠。只能说天佑沙陀，这一次朱温部队里爆发了瘟疫，只得撤兵。遭到两次严重打击的沙陀人萎靡不振，"自是克用不敢与全忠争者累年"。

与朱温之间难以化解的私仇让李克用成为朱温的死敌，这也成全了他在史书上的忠义形象。既然朱温弑君篡位成为历史公敌，李克用的反抗也就是正义的了。在朱温谋杀了唐昭宗后，李克用坚决反对朱温，多次发起勤王行动，而且在河东辖地坚持不改唐昭宗的天复年号，实则是不承认朱温操纵的唐朝廷的合法性。

907年，当朱温废唐称帝的消息传来，各方割据势力态度不尽相同。不少军阀纷纷在名义上臣服后梁，务实地接受了朱温的册封，但李克用坚决高举抗梁大旗，还与淮南的杨行密和蜀地的王建等遥相呼应，计划联合讨伐朱温。当然南方的军阀山高水远，各怀心思，大多就是摇旗呐喊而已，而真正在正面抗击朱温的也就只有李克用了。很快占据蜀地的军阀王建也步朱温后尘称帝，还写信给李克用，建议大家"各帝一方"，此时已在病中的李克用却回信表明自己对大唐的忠心："誓于此生，靡敢失节"。

908年，五十三岁的李克用病逝于太原。他这一生充满了矛盾，早年数次反叛大唐，却在剿灭黄巢中立下大功，而后又多次威胁长安、欺凌皇帝，但到暮年之时又表现得无比忠义。李克用矛盾的一生让时人和后世史家无所适从，对其书写也矛盾重重。

《资治通鉴》褒扬"李克用有复唐社稷之功"；《新唐书》借忠臣杨复光之口说"我世与李克用共忧患，其人忠不顾难，死义如己"，令李克用的忠义形象高大无比。《新唐书》在为沙陀作传后评论道：

> 卒亡朱氏为唐涤耻者，沙陀也。使克用稍知古今，能如齐桓、晋文，唐遽亡乎哉？

这是把沙陀视作为唐报仇的正义之师，感慨李克用与齐桓公、晋文公这样的英雄擦肩而过。

对李克用的忠义渲染最多的文本，莫过于其墓志。二十世纪八十年代李克用墓在今山西代县西南阳明堡镇七里铺村被发现，出土的墓志如此描摹了这位沙陀首领对唐朝廷的忠心："傑立于世，亦不擅己自任，必禀命而行"，在各方诸侯纷纷割据自立的唐末乱世，李克用还坚持上表请示后才任命属下官员。最后，墓志中用"命世英雄"来总结了李克用传奇的一生。

然而，同样是出土墓志史料，李克用的形象也许会截然相反。2004年10月，洛阳北邙山的孟津县南陈庄出土了一方唐代墓志，墓主支谟为晚唐西北地区重臣，曾在代北与沙陀人交战多年。这方支谟墓志应该代表了唐朝廷在黄巢起义前对沙陀人的态度："于时沙陀恃带微功，常难姑息，逞其骄暴，肆毒北方。"墓志中李国昌、李克用父子被称为"二凶"，而年轻的李克用更是"桀逆有素，狯顽叵当"，沙陀边患使得"太原屡陈警急，雁门不足防"。

这两方墓志对李克用的相异评价，似乎不难理解。支谟死于879年，其时朝廷尚未赦免李克用叛逆之罪，在时人眼中，李克用就是狡诈残暴的沙陀逆虏。但李克用墓志为其后人所作，乃时梁晋双方尚在苦战之时，沙陀一方仍以效忠大唐为号召，刚刚去世的李克用与篡逆的朱温血战一生，自然算得上是壮志未酬的"命世英雄"。

但对于李克用的继任者而言，更大的难点是如何在后期历史书写中淡化甚至掩盖李克用早期的叛逆形象。923年，李克用之子李存勖称帝，史称后唐庄宗，其继任者是李克用的假子李嗣源，史称后唐明宗。在后唐一朝的史书编纂中，不仅黜朱温的后梁为"伪朝"，李克用的早期不光彩经历也有了新叙述。

前面提过的云州斗鸡台事件就是一个很好的例子。原本李克用的叛乱，无论是缘由还是时间都变得模糊起来。细节记录最多的《旧五代史·康君立传》里说，事变起因是代北饥荒，而朝廷命官段文楚"稍削军人储给，戍兵咨怨"，将校找到李克用带兵起事，如此一来，李克用的行为就是反抗暴政的正义之举。

不仅如此，史料中对于云州事件发生的时间也众说纷纭。

《资治通鉴》记录为乾符五年（878），而《旧五代史》和《新唐书》都记为乾符三年（876），提前了两年。最有意思的是《旧唐书》和《新五代史》的时间却是咸通十三年，即872年，又提前了四年！诸多史书对同一事件的记录竟然有如此大的分歧，非常诡异。本来学者们对此问题也是众说纷纭，直到近年段文楚墓志出土，明白无误地记载着其被杀的时间为乾符五年二月七日，此问题才得以最终解决。

现在我们已经知道后世一众史料的基本来源，皆出自后唐史官张昭远之手，这也就不难理解李克用云州事件的记载会如此纷乱。张昭远作为后唐史官，不单负责李克用、李存勖父子俩的官修实录，后来还负责编写《旧唐书》。张昭远在928年给当时的后唐皇帝明宗李嗣源上书，请求为李克用父子修实录，更是如此评价李克用："自咸通后来，勤王勠力，剪平多难，频立大功"，"一百战之艰难，声起汉祖，三十年之征伐，系比曹公"。他把李克用比作汉高祖刘邦和魏武帝曹操，都是乱世中的英雄。

张昭远作为官方史家，有责任和义务维护朝廷的脸面，通过书写历史，塑造正统。首先段文楚被塑造为贪婪无能、盘剥军士的朝廷命官形象，这就为李克用的反叛提供了合法性，虐杀段文楚无论如何惨烈也就具备了正当性。关于发生时间，在878年李克用已经二十二岁了，按今天的话说就得负完全刑事责任。而改到876年的话，那时候李克用也到二十岁了，恐怕还不够稳妥。但如果再提前四年，改到872年，其时李克用才仅仅十六岁，正是懵懂年纪。如若其然，十六岁的李克用对斗鸡台上段文楚的惨死，就不应该负主要责任，毕竟身边还有诸多沙陀将领呢。以后唐实录为基础的《旧五代史》里说，康君立等沙陀将领正是渴求"功名富贵"才夜见李克用，要"共除虐帅"，而李克用则表现得极为克制，结果"众因聚噪"，挟裹克用而去。于是，一个清纯无辜的花季少年形象就呼之欲出了。

历史就这样被篡改了。福柯说过"话语即权力"。奥威尔说："谁掌握了过去，谁就掌握了未来；谁掌握了现在，谁就掌握过去。"后唐建国后掌握了话语权，通过重新书写历史，获得历史合法性，张昭远篡改斗鸡台事件就是一个很好的例子。

当然，李克用的"忠义"无疑是历史的和具体的，只能置于具体的历史情境中去考量，无论是他早期的叛逆，还是中期的侵凌长安，一直到后期的"靡敢失节"，恐怕也都不能简单地被定义为一个忠与不忠的道义问题。他与朱温难解的宿仇只是一直推动他与朱温抗争的起因，而他自己的生存利益与割据才是他每一步行动的根本考量。

李克用之箭

李克用的箭术一直被后人演义并不断神话，元杂剧里有《李克用箭射双雕》一出；托名罗贯中著的《残唐五代史演义》里也有类似"李克用箭服周德威"的故事，说的是当年李克用讨伐黄巢，兵至珠帘寨，遇见周德威挡住去路，二人打赌比箭，最后李克用箭射飞雕，顺利收服周德威。周后来成为沙陀军里数一数二的名将，多次率军与梁军大战，917年坚守幽州时，契丹大军围攻多日也无法破城。在如此神勇的周德威衬托下，李克用的武功更显不凡。

威名赫赫的李克用,其独眼龙形象总引起时人的好奇。史料中记载了一个故事:淮南军阀杨行密虽然跟李克用一起联合对抗朱温多年,却山高水远从未谋面,他很想知道这位沙陀首领的模样,于是派了一个画师,假扮商人潜入山西,想暗中观望偷画出李克用的样子。结果画师被当作奸细抓获,得知缘由,李克用索性让画师给自己画像。史书说李克用"初讳眇,人无敢犯者",知道沙陀首领的忌讳,所以画师小心翼翼、费尽心思画出一幅肖像来,画中李克用手拿扇子,而扇子正好挡住了李克用那只失明的眼睛,也算掩饰巧妙。但画师自作聪明的饰美却引得李克用大怒,斥其刻意诏媚,命其重画。画师只好冥思苦想又创作出第二幅画。这次画的是李克用张弓射箭,一眼微眯,不但巧妙地掩饰了李克用的独眼缺陷,也暗示了他的高明箭术。李克用见画大喜,重赏了画师,不知道杨行密见了此画作何感想。

史书还记载了一个"晋王三矢"的故事。李克用临死前曾以三支箭赋予李存勖,对儿子留下遗言:

> 一矢讨刘仁恭,汝不先下幽州,河南未可图也。一矢击契丹,且曰阿保机与我把臂而盟,结为兄弟,誓复唐家社稷,今背约附贼,汝必伐之。一矢灭朱温。汝能成吾志,死无恨矣。

后来其子李存勖果然不负父亲遗志,先后擒杀刘仁恭,击败契丹,最后灭亡后梁。后人提及李克用、李存勖父子的英雄与霸业时，总会引用三垂冈的故事。《新五代史》载：

> 初，克用破孟方立于邢州，还军上党，置酒三垂冈，伶人奏百年歌。

《百年歌》是西晋文人陆机写的乐府组诗，一共十首，从人生十岁写起，每十年一首，至百岁而止。当伶人唱到"至于衰老之际，声甚悲，坐上皆凄怆"，而此时李克用也忽生感慨，指着儿子李存勖说："吾行老矣，此奇儿也，后二十年，其能代我战于此乎！"其实当时的李克用并不老，征讨邢州之役发生在龙纪元年（889），他不过才三十四岁，而随其出征的李存勖年仅五岁。能让时值壮年的李克用闻曲生情，忽发百岁之叹，更多的可能是来自对儿子的信心与期许。

李克用没有看错儿子。十九年后，其子李存勖在潞州大破梁军，一战成名。这一年李克用去世，刚刚继位的李存勖带兵出征，"行至三垂冈，叹曰：此先王置酒处也"！天意冥冥，一个小小的三垂冈见证了沙陀父子、两代晋王的霸业传承。从此三垂冈名垂青史，每每为后人传诵。金代诗人李俊民（1176—1260）就曾在李克用墓前赋诗云：

> 雄名凛凛振沙陀，为国功深奈老何。
> 多少三垂冈上恨，伶人哪进百年歌。

清人刘翰曾作《李克用置酒三垂冈赋》，其中有几句读来令人爽快：

> 快马健儿，是何意态！平沙落日，无限悲凉。
> 听百年之歌曲，玩五岁之雏郎……
> 回忆一门豪杰，韵事如新；剧怜五季干戈，忱怀欲写。
> 茫茫百感，问英雄今安在哉！

以三垂冈故事入诗最有名的当推清人严遂成，其人"长于咏古"，其诗"格高调响，逼近唐音"。他所作的《三垂冈》一诗，因为曾被伟人毛泽东提及而闻名于世。1964年冬，毛主席写信给秘书田家英，说："近读五代史后唐庄宗传三垂冈战役，记起了年轻时曾读过一首咏史诗，忘记了是何代何人所作。请你一查，告我为盼！"很快田家英就查出此诗为清人严遂成所作，并报知主席。毛泽东即挥毫录之于纸，其诗苍凉远阔：

> 英雄立马起沙陀，奈此朱梁跋扈何。
> 只手难扶唐社稷，连城犹拥晋山河。
> 风云帐下奇儿在，鼓角灯前老泪多。
> 萧瑟三垂冈下路，至今人唱百年歌。

罗绍威（877—910）

魏州贵乡（今河北大名）人，唐末五代魏博军节度使，擅长文章，在唐末乱局中投入朱温阵营，诛杀魏博牙兵八千人，朱温称帝后封其为中书令。

罗绍威：卿本诗人，奈何为王？

在今天的中国，河北掩映于京津光芒之下，存在感有所降低，但如果回到晚唐五代，河北却意义非凡，对于中原政局的影响更是举足轻重。自安史之乱以后，在河北地区形成了所谓的"河朔三镇"，开启了中晚唐藩镇为患的历史。从唐末到五代初期，长达近四十年的梁晋争雄战争，其实在很长一段时间内都以河北为主战场。朱温与李克用父子的对抗中，河北藩镇的向背对于战局影响重大，其中尤以魏博军最为关键。在朱温走向称霸的道路上，魏博节度使罗绍威作为最先投靠的北方藩镇之一，成为朱温最核心的政治军事盟友。

唐代历史上所谓的"河朔三镇"，即燕蓟、成德和魏博三镇。燕蓟也叫范阳或卢龙（在五代时人多以其治所幽州称之），所辖在今日河北北部和辽宁南部；成德军在晚唐五代一般被称为赵，是因成德节度使王镕曾受封为赵王，其辖区在河北中部，与山西相接；魏博军也叫天雄军，主要控制河北南部。另外，晚唐五代时期，河北定县和易县地区还存在着一个小藩镇，即义武军，是唐德宗年间从成德军分出来的。所以在晚唐五代时期尤其在梁晋之间纵横捭阖的河北藩镇，其实是河北四镇。

中晚唐时期河北地区的藩镇节帅往往世代相袭，或由本地骄兵悍将自行推举，不受唐政府控制，还经常与朝廷刀兵相见。一直到唐灭亡为止，河朔三镇先后五十七任节度使里，只有四人是由中央王朝任命。三镇实际上形成割据，自立节度使也成了惯例，即所谓的"河北故事"。陈寅恪在他的《唐代政治史述论稿》中有一句很有名的论断：唐代自安史乱后，"虽号称一朝，实成为二国"，也就是说河北藩镇在政治、军事、财政都比较独立，也形成了比较鲜明的地域文化和精神属性。

河北藩镇历来兵强马壮，军力强大，所辖地广人多，物资丰沛，武力和财力成为其割据的基础。唐人杜牧在其《战论》一文中，对此写道：

> 河北视天下，犹珠玑也；天下视河北，犹四支也。河北气俗浑厚，果于战耕，加以土息健马，便于驰敌，是以出则胜，处则饶，不窥天下之产，自可封殖。

这里说的，就是河北割据的先天条件。河北大地自古民风强悍且盛产良马，要知道在冷兵器时代，骑兵相比步兵而言优势巨大，即如唐人所言，河北之地"产健马，下者日驰二百里，所以兵常当天下"。以魏博为例，史书说其第一任节度使田承嗣"带甲十万"，他又"选其骁健者万人自卫，谓之牙兵"，成为节度使麾下的精锐亲军，"不胜骄宠"，是其割据的核心军事力量。

兵锋强劲的河北藩镇在割据之下，同样也面临着骄兵问题。军士们为索求封赏，经常作乱，那些藩镇节帅们不得不姑息纵容。史书上说河北的魏博牙军，多来自本地，往往"父子相袭，亲党胶固，姻党盘户"。即便是节度使威胁到牙兵利益，也会遭到牙军驱逐或斩杀，然后牙兵自行推举将校为节帅，"变易主帅，有同儿戏"。唐朝廷鞭长莫及也无能为力，往往只能事后确认牙军拥立的新帅。当时人所谓"长安天子，魏府牙军"，可见魏博牙军的嚣张。

然而，随着晚唐历史的发展，尤其在黄巢起义之后，中原大地上逐步形成了朱温和李克用为首的两大军事集团，河北藩镇的势力和影响也开始逐渐下降。宋人尹源曾对河北在中晚唐的历史角色有一精彩评判："唐之弱，以河北之强也；唐之亡，以河北之弱也。"河北藩镇在唐末乱世中已经无法对抗梁晋这样的新势力了，所以朱温能够顺利灭唐而代之。

但在梁晋争雄格局下，河北藩镇的重要性仍然不言而喻。一方面朱温和李克用父子都需要拉拢和扶持河北军阀为己所用，另一方面，河北藩镇也不得不在梁晋两大势力之间选边站队，于夹缝中谋求生存。朱温最初与河北的多数藩镇结盟，得以在梁晋争雄中占得先机，但后来李克用之子李存勖也凭借着占据河北，最终击败了后梁。从某种意义上说，对于梁晋任何一方，都是以先得到河北进而独霸中原。

在唐末的河北四镇里，魏博军的地位最为重要。魏博军即天雄军，所辖魏州、相州、博州、卫州、贝州、澶州共六州四十三县，以魏州（今河北省邯郸市大名县东北）为治所，东南靠着黄河，南与河南相接，地理位置非常关键。魏博在安史之乱后作为河北藩镇领袖，经常联合中原藩镇对抗唐王朝。自古得河北未必得天下，但失去河北肯定无法称霸天下。故唐人杜牧如是说：

> 山东，王者不得，不可为王；霸者不得，不可为霸；猾贼得之，是以致天下不安。

唐人所谓的山东是指太行山以东，而魏博正在中心。

朱温崛起后，魏博与朱温控制的河南相邻，受其影响最大，也成为九世纪末梁晋双方角力中的参与者。如果李克用想进入山东或者从北进攻朱温，必经魏博；而朱温要想专心对付沙陀，也必须掌握魏博，从而河南、河北形成头肩之势。在唐末和五代初期，朱温正是因为与魏博结盟，才顺利登基称帝，而最后他的对手李存勖也是在魏州称帝，然后挥师南下灭梁的。可以说五代最初的两个政权后梁和后唐的建立，都跟魏博直接相关。

在梁晋双雄崛起的唐末之时，魏博也迎来了新任节度使。888年魏博发生兵乱，群龙无首，谁来当节度使呢？这时有一人站出来，主动要当节度使，大家一看，此人"状貌奇怪，面色青黑"，原来是负责管理马匹的小校罗弘信。容貌独特的罗弘信令"军中异之"，顺利被奉为节度使，也很快获得了昭宗皇帝的认可。《旧五代史》还记载了一个颇有神话色彩的故事，说罗弘信曾经遇见一个白胡子老头，说他以后会成为这块土地的主人——当大家要找人当节度使的时候，罗弘信就说，早有老神仙说我可以当你们的头了，于是魏博牙兵纷纷拥立。这个故事极有可能是罗弘信自己编出来的，他从底层上位，以神话来给自己增加光环，也是非常可以理解的。

罗弘信刚上位，就不得不面对来自河南朱温和山西李克用的双重压力。他先是收到朱温的来信，要他提供军粮，尚未认清形势的罗弘信直接拒绝。结果朱温大军很快杀到魏博，连夺数县，魏博军"五战五败"，最后罗弘信害怕了，乖乖求和，同意与朱温结盟。

最初罗弘信还想在梁晋之间摇摆，以谋求魏博利益的最大化。但896年发生的一件事，却让罗弘信不得不彻底倒向朱温。这一年，朱温派兵攻打山东的朱瑄、朱瑾兄弟，朱氏兄弟向太原的李克用求救。沙陀军由从山西派兵去救，不得不途经河北，借道魏博。本来罗弘信答应了，但军纪败坏的沙陀军在魏博地界祸乱乡里，这让罗弘信非常不满。正在此时，他又收到了朱温来信，警告他说："太原志吞河朔，回戈之日，贵道堪忧。"朱温这个沙陀军有可能假途灭虢的提醒让罗弘信警惕起来，出兵三万击退了过路的沙陀军。李克用大怒，亲自带兵进攻魏博，结果被罗弘信和朱温联军打败，连李克用的大儿子落落也被朱温手下俘虏。狡猾的朱温把落落送到魏博，让罗弘信杀了他。这一招借刀杀人非常高明，杀子之仇使李克用和罗弘信彻底结成了死敌，魏博也从此被绑在朱温的战车之上。

朱温非常重视与魏博的联盟，他深知魏博对于他在经营中原大业中的意义。所以朱温经常给罗弘信送礼，还尊罗弘信为兄。每次魏博使者送礼物来开封，朱温都会恭恭敬敬对着北方拜受，说："六兄于我有倍年之长，吾何敢慢之。"素来孤傲的朱温如此谦恭，让罗弘信非常高兴，于是死心塌地追随朱温。在魏博的鼎力支持下，朱温势力迅速膨胀，于梁晋之争中取得优势。所以史书写朱温"往来燕赵之间，卒有河北者，魏不为之患也"。

但对近在肘腋的魏博，朱温在重视之余却也不得不有所顾忌和防范，毕竟魏博的牙兵势力根深蒂固且积习骄狂，趁乱自荐上位的罗弘信恐怕也不能真正控制。898年，罗弘信病死，其子罗绍威继位，朱温毫不犹豫地继续强化双方的同盟关系，把自己的长女（死后封安阳公主）嫁给了罗绍威的长子罗廷规。要知道朱温本来与罗弘信兄弟相称，罗绍威应该算晚辈，但朱温甘愿自降辈分，与小他二十多岁的罗绍威结为儿女亲家，足见魏博在朱温心中的地位之重。

才二十出头的罗绍威青出于蓝，史书说他"为人精悍明敏，通习吏事，为政有威严"。他刚刚上位，就遭到幽州军阀刘仁恭的入侵，所幸在朱温的大力帮助下击败了敌人，这让罗绍威对朱温非常感激。但面对骄纵的牙兵，罗绍威仍然感到了压力。

不出朱温所料，905年，魏博果然发生兵变。罗绍威再度向亲家朱温求援，朱温收信后大喜，这对他来说是一个扫除魏博牙兵威胁的好机会，于是朱温决定亲率大军进入河北。此时朱温嫁出去的女儿刚刚病死，借此机会，梁军精锐长直军一千人装扮为挑夫，打着奔丧的旗号进入魏州城，朱温大军随后跟进。到了半夜，入城的梁军和罗绍威的亲信一起，将留在城内的近千牙兵和八千家牙兵家属全部杀死，史书说"皆赤其族，州城为之一空"。在外的魏博军队听到消息纷纷作乱，但很快都被拥有优势兵力而且准备充分的朱温大军一一剿灭。

这次大屠杀一举解决了魏博的牙兵问题，但对于节度使罗绍威来说，此事件带来的后果却并不尽如其愿。牙兵威胁虽然消除，但魏博也从此军力大损，彻底丧失了自立的本钱。另外罗绍威还不得不负担朱温部队的粮草补给，仅牛羊供应就近七十万头，加上百万钱的犒军费用，整个魏博的积蓄为之一空。经此一役，魏博财力、军力俱衰，要想在强藩环绕的河北生存，只有依附于朱温。但事已至此，罗绍威也只有紧跟朱温一条路可走，在随后朱温攻伐沧州的战役中，魏博为后梁大军提供了几乎全部军需，而罗绍威也"以此重困"。面对如此境地，罗绍威十分懊悔，对左右说："合六州四十三县铁，不能为此错也！"

实力大减的罗绍威不得不放弃一切幻想，彻底倒向朱温阵营，但他还是一方诸侯，对魏博领地还拥有着统治权。他害怕朱温有朝一日对自己动手，彻底吞并魏博，只得对朱温毕恭毕敬，有求必应，甚至有些谄媚。为了体现自己的忠诚，他甚至鼓动朱温取大唐而代之，说："今四方称兵，为梁患者，以唐在故也，唐家天命已去，不如早自取之。"也许罗绍威仅仅是想做个姿态而已，但没想到朱温听了他的话大喜，很快就真的称帝，建立后梁。

就这样，罗绍威成了支持朱温称帝的第一个唐末藩镇，被赐予"扶天启运竭节功臣"之号，而他也只好继续表现着自己的"忠诚"。朱温要营建宫殿，罗绍威就早早备好上等木料，运至京师。朱温大加赞赏，感叹说：我听说汉代的萧何曾经为汉造未央宫，如今罗绍威"越千里而为此，若神化然，功过萧何远矣"！罗绍威还搜罗了几十个流落在河北的前唐宦官，给朱温送过去，说这都是皇上用的,我们这些人臣怎么可以用太监呢。朱温欣然笑纳,也忘了自己之前诛杀宦官的事。另外,每年罗绍威还进贡给开封几百万担粮食,对连年征战耗费巨大的后梁经济的稳定贡献良多。

朱温对"忠心耿耿"的罗绍威也表现得非常信任。《新五代史》说朱温"每有大事,多遣使者问之"。朱温派人去向罗绍威问询事情,而罗绍威往往同时派人来见朱温,双方使者在半路遇见一聊,原来两个人要说的是一件事!这一方面说明朱温对罗绍威的信任,也足以说明罗绍威心思缜密,对朱温所思所想认识深刻。

朱温在称帝前就与罗绍威联姻,把长女安阳公主嫁给了罗绍威的长子,安阳公主病故后,朱温又把另一个女儿金华公主嫁过来。连续嫁女到罗家,足见朱温对这一盟友无比重视。与魏博联姻不仅会巩固双方关系,恐怕也是朱温对罗绍威的一种表态,以这样一种示恩方式安抚魏博。如果从罗绍威的年纪推算,他的长子罗廷规结亲时年龄应该不大,可能也就只有十几岁,可惜罗廷规很早去世,留下金华公主独守,二人应该也未有子嗣。罗廷规死后,朱温并没有让女儿改嫁,而是命她出家为尼,为丈夫守节。这两个女儿可以说都成了朱温称霸之路上的牺牲品。

909年冬,罗绍威患了很严重的痛风病,上表朱温说:"魏故大镇,多外兵,愿得有功重臣镇之,臣乞骸骨归第。"听到盟友病中仍不忘忠心,朱温"闻之抚案动容",非常伤感,对魏博使者说:"亟行语而主,为我强饭,如有不可讳,当世世贵尔子孙以相报也。"用白话文说就是,就算为了我你也要多吃点,如果真有不测，也请放心，我会保你子孙世代富贵，来回报你的忠诚。第二年罗绍威病死，年仅三十四岁，死讯传来，朱温下令辍朝三日，追封罗绍威为尚书令，这是对大臣极高的尊礼。

魏博的故事并没有随着罗绍威之死而结束。最初罗绍威的次子罗周翰承袭父位，后来还迎娶了朱温之子朱友贞的女儿寿春公主，双方的战略同盟在第二代身上继续得以维系。但在朱温遇弑的912年，后梁大将杨师厚利用驻军河北的机会占据了魏博，赶走了罗周翰，罗氏家族对魏博的三代统治宣告终结。魏博虽然易主，但它的重要性却并没有消失。在杨师厚统治下，旧时的牙兵问题重新出现，而后梁朝廷在削藩问题上处置失当，引发魏博兵变，从此魏博倒向了晋，很快后梁崩盘，这是后话。欧阳修在《新五代史》上有一句话说得好，"唐能破梁而得天下者，以先得魏而尽有河北兵也"，对魏博在梁晋争雄格局下的军事意义可谓一语中的。

关于罗绍威这个人值得多说一下，他坐拥魏博重镇而不好战，我们恐怕很难将之称作乱世"枭雄"。但他绝对称得上是唐末梁初最具文人气质的割据者。《旧五代史》说他"形貌魁伟，有英杰气，攻笔劄，晓音律，性复精悍明敏，服膺儒术，明达吏理"，不但人长得帅，而且擅长诗文、音乐和儒术。《新五代史》也说他"好学，工书，颇知属文"。罗绍威喜欢读书，还开学馆、置书楼，收集了几万册图书，招纳了大批文人在身边。

罗绍威骨子里是个诗人。他经常与宾客一起喝酒对诗，"每花朝月夕，与宾佐赋咏，甚有情致"。他非常崇拜闻名于当时的大诗人罗隐。罗隐的名句众多，如"采得百花成蜜后，为谁辛苦为谁甜",还有"今朝有酒今朝醉,明日愁来明日愁",至今仍脍炙人口。因为罗隐是浙江人,于是罗绍威就把自己的诗集命名为《偷江东集》。《五代史补》记载了这样一个故事,罗隐游学至河北,投书求见罗绍威,信中自述家世,自称是罗绍威的叔叔。魏博幕僚都很生气,认为罗隐一介布衣,竟敢冒充节度使的叔叔,实在无礼。但罗绍威听说罗隐来见,大喜过望,说罗隐名满天下,他让我做他的侄子,这是我的荣幸啊,于是出城迎接,一见到罗隐就行晚辈之礼相拜。

罗绍威文笔很好,史书说他在"当时藩牧之中,最获文章之誉"。有很多公文书信,本来都由秘书起草,但罗绍威看了总不满意,撕碎丢掉,自己亲自"下笔成文","幕客多所不及"。在唐末五代能自己动手写公文的割据者,想必应该只有罗绍威一人而已。

那罗绍威的文采到底如何呢?《旧五代史》上记了罗绍威被时人称道的诗句,"帘前淡泊云头日,座上萧骚雨脚风"。《全唐诗》里也录有罗绍威两首诗,其中一首咏柳诗,写得倒也颇有意境:

妆点青春更有谁,青春常许占先知。
亚夫营畔风轻处,元亮门前日暖时。
花密宛如飘六出,叶繁何惜借双眉。
交情别绪论多少,好向仁人赠一枝。

不得不说,在晚唐五代的乱世里,像罗绍威这样有风雅、有情调的割据者,实在是太少见了。如果不是继承了魏博重镇之任,十七年间辛劳忧虑,也许五代历史上就少了一个无奈的节度使,多了一个落魄的诗人。

王　镕（873—921）

唐末五代成德军节度使，受封赵王，年少继位，周旋于梁晋两大势力之间。晚年好左道求长生，为乱兵所杀。

王镕：天才少年的悲剧人生

在遍地枭雄起于草根的晚唐江湖，位于河北中部的成德军节度使王镕是个另类。靠着家族传承，他十岁就继位当上了河北重镇成德军的节度使，后来受封为赵王。面对唐末乱局和随之而来的梁晋争雄，这位天资聪慧的权力继承人，就这样开始了夹缝中的生存，见证着这乱世的无常。

王镕祖上是回鹘人，安史之乱时其先辈在镇州（今河北正定）任骑将，并获得了当时成德军节度使王武俊的赏识，被收为假子，以王五哥名之，从此其后人以王为姓。在河朔三镇长期对抗唐朝的历史中，骄兵悍将往往自立节帅，形成了所谓"河北故事"。王家在镇州世代为将，经过半个多世纪的势力累积，终于在一次牙兵逐帅的事变中，成功迎来了第一位节度使，朝廷无力制约，只能按照传统予以承认。后来王镕的曾祖王元逵在与朝廷的互动中，表现得非常温和恭敬，获得当时文宗皇帝的好感，甚至还娶到了文宗的女儿寿安公主，让其家族的血统一下子高贵起来。

由于有了皇亲血统，王家在以镇州为中心的成德军稳固发展，几代节度使都与朝廷交好。王镕的父亲王景崇是大唐寿安公主的孙子，备受朝廷恩宠。他在主政成德军时，还曾派军队南下，参加了对庞勋之乱的征讨。其祖母寿安公主薨时，王景崇尊礼法为之隆重服丧，受到朝野交口称赞。在王景崇的节度使生涯里，经历了十三次升迁，官职越来越高，几乎得到了朝廷所有的荣誉官衔。当黄巢的农民军以摧枯拉朽之势攻占长安后，北方大地几乎一半的节度使都在名义上投降了黄巢。但作为带有皇亲血统的王景崇却深知他的富贵根基在于大唐朝廷，一损俱损，于是坚拒黄巢，还把前来招安的黄巢使者枭首于市。王景崇不但积极派兵参与勤王，还经常派使者远赴四川向逃难中的唐僖宗敬献礼物。据说每次谈及朝廷播迁于乱世，王景崇总是痛哭不已，倍显忠义。883年初，王景崇去世，儿子王镕继位，开启了王氏家族第五代镇州节度使的新篇章。

  年仅十岁的王镕，虽然"自幼聪悟"，但他面对的是一个更为复杂混乱的中原局势：一方面黄巢很快兵败长安，余部一路退向中原，让河北压力倍增；另一方面则是"平乱"过程中各路军阀纷纷自立，相互间又争斗不已，即将返回长安的僖宗皇帝再也无力挽回中央权威。然而，"承祖父百年之业"的小王镕也拥有自己的重要优势，除了成德军"士马强而畜积富"的实力和王氏百年余荫的家族威望，更重要的是他与皇室的亲戚关系。这样一种皇室姻亲背景在变乱丛生、处处草莽的唐末，绝对是一种稀缺资源，毕竟那些军阀新贵们即使割据自立，也仍然需要走通朝廷的官方认可，被赐予所谓"长安本色"的藩镇旌节，从而获得权力的正当性。于是周围那些在变乱中崛起的新军阀往往会求王镕帮忙，通过他上表向朝廷求得正式任命，"有请于唐者，皆因镕以闻"。这样一来，王镕年纪虽小，却颇受各方重视，在"四面豪杰并起而交争"的残酷环境下，左右逢源，顺利保住了祖上传下的基业，成德军也成为北方重要的地方势力。

但一个懵懂少年身居重镇，受到周围野心家的垂涎几乎是必然的，危险很快来临。

在朱温和李克用崛起后，处于河南和山西两大军事集团间的河北藩镇之影响力迅速衰落。成德军处于梁晋势力交会处，地理位置极为敏感，这就迫使王镕不得不在梁晋之间左右摇摆，艰难地谋求生存，一招不慎，就会遭至灭亡。王镕一开始的策略是利用各方矛盾，借力打力，谋求自保，避免与梁晋任何一方结盟。他会利用各种机会向强藩示好，如他在李克用征讨邢州孟方立的时候，"常奉以刍粮"，供应粮草。但李克用在取胜后还是挥师向赵，王镕的努力在野心勃勃的沙陀人面前毫无用处。

从景福元年（892）起，面对晋军数次攻击，王镕都向北边的幽州节度使李匡威求救才算暂时度过危险，故他对李匡威很是感激。后来幽州发生内乱，李匡威被自己的弟弟驱逐，无家可归，王镕就邀请恩人到镇州好吃好喝地招待，甚至"以父事之"。

但毫无心机的小王镕没有想到，这个他对之如父般供着的李匡威对他却图谋不轨，想取而代之。有一天，李匡威谎称是自己家族忌日，引诱王镕前来祭奠，结果王镕刚坐下就被李匡威埋伏的卫士劫持。聪明的王镕马上明白怎么回事了，但他不慌不忙，镇静地说："吾国赖公而存，诚无以报厚德，今日之事，是所甘心。"说自己愿意跟着一起回府里取节度使印信，顺便跟手下官员交代清楚。李匡威一直以王镕年幼而轻视他，听了这话很高兴，于是带着王镕一起上路去取印。王镕当然另有想法，试想王家在镇州上百年的经营，手下那些兵将怎么会轻易答应易帅呢？但王镕的获救却是以一种非常传奇的方式实现的。

李匡威与王镕并辔而行，身边甲士环绕。就当他们走到镇州城东门的成德军亲兵营时，士兵见状拒不开门，全营上下沸腾鼓噪。这时，忽然天降大雨，雷电交加，狂风大作，飞沙走石，史书上对这场突如其来的暴风也描写得非常传神，"暴风拔木，屋瓦皆飞"。

其时，恰好街上走过来一个人，长得"眉目棱岸，肌肤若铁"，有史书说此人本"鼓刀之士"，也就是屠夫。这个人浑身漆黑却力大无比，他见此情形，有心要救王镕，就趁着暴风雨冲过去打倒了李匡威的卫士，一把夹住王镕的头把他从马上拽下来，背起来一跃跳上临街的屋顶，飞奔回了王府。获救的王镕惊魂未定，问救命恩人叫什么名字，那人说：我名字不好记，你就记"砚中之物"吧。所谓"砚中之物"就是黑墨，而这个人的名字就叫墨君和。

这位立下大功的屠夫也是有来历的，他与幼时的王镕曾有过一面之缘。据《太平广记》记载，墨君和是一个"昆仑奴"，即唐时对在中土黑种人的称呼。小王镕刚继任节度使时，曾经召见过他，还很好奇地问道："此中何得昆仑奴儿也？"当知道其姓后，王镕就称他为墨昆仑，还赏赐黑衣给他。但这段笔记记载并没有被正史采用，也许正史编修者们并不认为年少聪慧的王镕会不记得相貌如此与众不同的昆仑奴吧。

唐代的昆仑奴其实并非来自非洲，大多来自东南亚及南亚地区。《旧唐书》里曾如此定义"昆仑"："在林邑以南，皆卷发黑身，通号昆仑。"林邑位于现在的越南中部，往南边的扶南相当于现柬埔寨及老挝南部、越南南部和泰国东南一带，史书上提到的婆利国位于今印度尼西亚境内，这些地区的人普遍具有卷发黑肤等特点。所以这些被唐人称作"昆仑奴"的南海黑人并不是非洲尼格罗人种，而应该是尼格利陀人，又叫矮黑人。在今天很多出土的唐代墓葬里，也有不少昆仑奴的陶俑，唐代画家阎立本的《职贡图》里也曾描绘了林邑等国在贞观年间前来中国朝贡的景象，画中那些扛象牙、举华盖、持孔雀扇的赤足卷发黑肤色的仆役，应该就是与墨君和一样的昆仑奴。唐朝的昆仑奴有随朝贡使团来到中土的，但大多数是被商人经海路贩卖过来，被高官巨富之家收为家奴。在当时的长安和洛阳有"昆仑奴，新罗婢"的说法，身体健壮、性情温良的昆仑奴和来自新罗（在今朝鲜半岛）的乖巧婢女一样，流行于官宦之家。王镕见到的屠夫墨君和，很有可能就是晚唐动荡中从都城流落到河北的。

很快成德军的军队就击杀了李匡威，王镕成功度过了这次危难。他找到了恩人墨君和，赏给他千金、巨宅和万亩良田，还上奏朝廷授给他光禄大夫的头衔。但这次事变对王镕和他的成德军也造成了两个直接影响：一是王镕从此落下了偏头痛的后遗症，这是因为墨君和力气太大，当时情急之下夹着王镕下马时使劲过猛；另一个就是成德军从此失去了幽州的外援，当李克用的沙陀军再度来袭时，王镕再也无法保持中立，不得不依附于晋。

在梁、晋争雄的格局之下，依附于晋就意味着成为朱温的敌人。而对于已经获得河北南部的魏博军支持的朱温来说，向北吞并成德军是其势力拓展的重要一步。朱温曾经多次写信给王镕，要他支持自己，而王镕却一直犹豫不决。在一次梁、晋交战中，朱温缴获了王镕写给太原的信件，其中多次提到朱温的信息，这就让朱温有了攻打成德军的借口。朱温派爱将葛从周为先锋兵临镇州城下，但葛从周却意外中流矢受伤，朱温大怒，亲自带兵猛攻镇州。

王镕这下慌了神，正好他手下有一个叫周式的谋士，与朱温有旧，自告奋勇前往朱温大营说和。朱温一见周式就说：我写了那么多信招王镕他都拒绝，现在我都到这了，他才派你来做说客，晚了！周式回答：大梁就只想着夺取一个镇州，还是想成就霸业统一天下呢？现在天子还在长安，各地诸侯守土安民，为什么要战乱呢？而且王氏五代六任节度使经营此地，难道身边就没有死士么？周式还用汉末曹操的故事来劝说朱温："昔曹公破袁绍，得魏将吏与绍书，悉焚之，此英雄之事乎！"

朱温对周式把他比作曹操很满意，他当然知道见好就收的道理，就客气地牵着周式的衣角说，我刚才是在开玩笑呢。于是双方议和罢兵，王镕被迫让自己的长子王昭祚随朱温去开封做了人质，朱温也顺势把一个女儿嫁给了昭祚，双方以结亲家的方式结束了这场战争，也宣告了同盟关系的建立。之前朱温也曾嫁了两个女儿给魏博节度使罗绍威的儿子，见于史料的朱温之女有五个，三个嫁到了河北，足见河北在朱温心目中的重要性。

朱温称帝以后，封王镕为赵王。但基于成德军的敏感位置，王镕不想过度依附一方而冒险承受另一方的军事威胁，于是私下里仍然和晋国暗通款曲。910年，王镕的祖母去世，各地藩镇都来吊唁，朱温的使者在驿馆里恰好撞见了晋国的使者，回去就报告了朱温，这让朱温开始怀疑王镕的忠心。这一年，魏博的罗绍威病死，朱温顺势派大军北上，占据魏博后，梁军继续前进，很明显朱温希望顺道也解决了王镕。王镕只好求救于晋，年轻的晋王李存勖亲率大军来救，梁、晋双方激战于河北柏乡。在这场著名的"柏乡之战"中，李存勖大破梁军，从此王镕再度投入晋国阵营，重新改用唐朝正朔，与朱温的后梁决裂。

第二年夏天，王镕亲自去山西拜会李存勖。二人都曾以少年才俊继位，都有着非凡的传奇经历，相谈甚欢。这一年李存勖二十六岁，而王镕也才不过三十八岁，应该有不少共同语言。李存勖对于王镕的加盟也非常看重，对他极为尊重，把他当作父亲的老朋友来礼敬。在酒宴上，喝醉了的李存勖为王镕唱歌，还拔刀割下衣角，当场与王镕盟誓。有意思的是，李存勖主动许诺要把自己的女儿嫁给王镕的小儿子，其实彼时这两个孩子年纪尚小，这个联姻的政治目的再明显不过了。在晚唐五代与梁、晋双方都有姻亲关系的，王镕应该是唯一的一个。从此王镕更加坚定地依附于晋了，《旧五代史》说"因兹坚附于庄宗矣"。

王镕性格比较柔和，这与很多起于草莽的五代枭雄不同，史书上说他"为人仁而不武，未尝敢为兵先"。他似乎从来不过问军旅之事，打仗的时候也从来不亲自带兵。幸运的是，他治下的成德军虽然弱小，但借助梁、晋矛盾，却一直得以自立，在唐末和五代初期的大混乱中，倒也一度获得了比较难得的安定，"当是时，诸镇相弊于战争，而赵独安"。

但所谓"生于忧患,死于安乐",安于现状的王镕到了晚年却开始生活腐化,骄奢淫逸,史书说他"自恃累世镇成德,得赵人心,生长富贵,雍容自逸,治府第园沼,极一时之盛"。他还喜欢旁门左道和炼丹,追求长生不老,经常在辖区内四处游山玩水,寻访神仙道士,自己懒得爬山就让宫女用绸子牵着他往上走。王镕每次出行,都会带大批随从士兵,经常数月在外不归,无论是地方百姓还是亲兵随从,都被折腾得疲惫不堪。他经常数月不归,大小事务都委托给宦官,"阉人秉权,出纳决断,悉听所为"。有一个叫石希蒙的宦官倍受宠幸,成为王镕男宠,与之同吃同睡。此时的王镕就跟历史上那些被宦官环绕的皇帝一样,已经很难控制自己的日常了。

所有的平静在乱世中都注定短暂,致命的危机也终于到来。921年冬天,年近半百的王镕再度出游,他想回府的念头被身边的宦官亲信石希蒙屡屡打消。这时候有人劝王镕说:"今晋王自暴露以亲矢石,而大王竭军国之用为游畋之资,开城空宫,逾月不返,使一夫闭门不纳从者,大王欲何归乎?"王镕从来没想要自比李存勖,在战场上冲锋陷阵,但城内可能兵变的警告让他开始担心。他催促回城,却再次被石希蒙劝止,这就点燃了随从亲兵的愤怒。一名亲军将领带兵冲进大帐,大喊"军士劳矣,愿从王归"。有人劝王镕杀了石希蒙以安抚军士,但王镕始终沉默不语,于是乱兵冲上来砍下石希蒙的头,丢在王镕面前,惊恐的王镕这才马上答应打道回府。

但回城的王镕并没有吸取兵变的教训,反而记恨那些杀了自己宠臣的亲兵,下令逮捕了所有参与兵变的人,反复拷打追责。

如此一来，所有的亲兵都开始惶恐了，他们发动了兵变。夜半时分，乱兵翻墙进宫，此时的王镕还在与道士们一起焚香画符，乱兵斩下王镕的头，四处纵火，王镕几百个姬妾都死于宫中，王氏家族也尽被乱兵杀死。晋王李存勖听说王镕被杀，十分悲痛，派人寻觅王镕遗骨，好不容易才在灰烬中找到了一点残骸并收拢起来安葬。

王镕有个儿子叫王昭诲，这时候才十岁，就是数年前被李存勖许婚的王镕幼子。当乱兵冲进宫中时，这个孩子被人藏到地洞里，有幸逃过一劫。第二天兵乱暂平，昭诲被剃光头发、穿上僧衣，藏在一个湖南茶商的大茶篓里，偷偷逃出了河北，辗转来到湖南。王昭诲后来在衡山隐姓埋名当了和尚，法名崇隐。数年以后，长大了的王昭诲思念家乡，于是重返北方。此时大梁已亡，而本可以当他岳父的后唐庄宗李存勖也已死于变乱。河北大地，物是人非，不知他面对熟悉的故乡，作何感想。

王镕的一生，令人感慨。这样一个天才少年，依赖家世传承，继位于乱世，周旋于大国之间，幸运保得成德军近四十年安宁，而到晚年却昏聩如此，最后尸骨全无。王镕十岁登上节度使之位，不得不忐忑面对乱世危局，巧合的是，他的幼子昭诲也是在十岁时经逢家道遽变，颠沛流离，身如浮萍。一部晚唐五代的无常乱世，在王镕父子二人身上体现得淋漓尽致。

王镕曾经写过一首七律诗，似为悼念一高僧所作，笔调凄怆。其中一句如是写道："纵是了然云外客，每瞻瓶几泪还流。"他在写就此诗时一定不曾想到，自己的儿子也会有一天被迫削发为僧，流落他乡，每每朝着北方的故国家园顾望，黯然神伤。

王处直（863—923）

长安（今陕西西安）人氏，唐末五代义武军节度使，受迫投入朱温阵营，受封北平王，晚年被养子王都所杀，其墓位于河北省曲阳县。

王处直：惊天盗墓案背后的北平王

1994年六月底的一天，河北省保定市曲阳县灵山镇西燕川村有村民夜间听到村西大山里传出声响，村里狗吠不止。天亮后村民们进山查看，很快就在山坳处发现了一个洞口，直径一米左右，旁边炸翻的碎石和泥土溅落一地，几块雕着图案的白石板东倒西歪横在洞边。这座小山被当地人称作"坟山"，因为祖辈相传山上有古坟，但谁也没见过。十几年前曾经有专业考古人员进山考察过，确认了这里埋藏着一座古墓。看来这是有人盗墓，村里马上报了警。

谁也没想到，一座千年大墓就这样以被盗的方式横空出世。

1995年，河北省考古部门对该墓进行了为期四个月的发掘清理，古墓的真实面目和被盗文物终于清晰起来。

整个古墓分为前室和两侧的东、西两个耳室以及后室三部分。在前室的墙壁上，共有八幅以云鹤为题材的精美壁画，每幅壁画之间还有壁龛，里面供有汉白玉浮雕。从幸存的浮雕来看，每一件浮雕都由人像和生肖组成。人物造型为一位位头戴进贤冠的儒士，身穿交领阔袖袍，脚穿岐头履，腰系绦带，一缕短髯飘在身前，有的持笏、有的拿笏、有的持梃、有的双手合抱，每位儒士身边有一只生肖动物。除了云鹤图和生肖浮雕，前室墙上还绘满壁画，有山水、各种花卉和男女侍从。墓室的顶部绘着银河和二十八星宿。两侧耳室墙上也有壁画，内容除了侍从和花卉外，还绘有桌案，上面摆放着帽架、幞头、储物盒、瓷碗等物品，应该是存放墓主随葬品的地方，但可惜早已空无一物。后室东西两面墙上嵌有两大块汉白玉人物群雕，一为侍女图，一为散乐图。侍女群图上十三位少女分三排而立，都内着长裙，外穿短襦，肩披帔巾，腰系绦带，手捧壶、盏、扇、盒、拂尘等物，个个体态丰腴，颇有大唐风韵。散乐图上一位男子引领着一支十五人的伎女乐队，前后排列，演奏着箜篌、古筝、琵琶、拍板、座鼓、古笙、方响、腊鼓、竽篥、横笛等乐器。

  遗憾的是，这座古墓已经遭到多次劫掠。此次发掘证明了早在八百多年前的金代，盗墓贼就曾打洞进入过后室，盗走了后室的随葬品。但因前后两室之间有石砖墙相隔，加上壁画遮盖，早期盗墓者并未发现前室，这种设计应该是陵墓设计者为防盗而有意为之。可惜前室还是未能逃脱魔手，这次盗墓贼炸开的正是前室。

  由于古墓被盗情况严重，考古人员发掘出的文物不多。经过清点，墓内共嵌有大小不等的十八块石刻彩绘浮雕，墓门处应为两块守护武士像，前室门内侧两块应为文吏或供养人像，前室四壁有十二块生肖像，加上后室东西两壁上两块大型女乐、服侍像。如今前室的十二生肖像仅存六件，有四件留在壁龛中，分别为鼠，龙，马，鸡，其中鼠位于北壁中龛，龙位于东壁南部，马位于南壁中龛，鸡位于西壁中龛。还有两块在墓外草丛中被发现，分别是蛇和羊。如此算来此次盗墓贼一共盗走了十块浮雕，包括两文两武和六块生肖像。

后室棺床上的棺椁早已不知去向，地上淤土上散落着几具尸体的骨骼残骸，其中一具为成年男性，应为墓主，年龄大概在六十岁。随后墓内发掘出的青石墓志终于揭开了墓主的真实身份，这方近两千字的墓志题首写道：

大唐故兴国推忠保定功臣义武军节度易定祁等州观察处置北平军等使开府仪同三司检校太师兼中书令北平王食邑五千户食实封三百户太原王公墓志铭。

大唐，义武军节度，北平王。
至此，一段五代史上父子相残的故事走出千年的尘封。

义武军与北平王

曲阳被盗墓中这位大唐义武军节度使的墓主，名叫王处直，生于唐懿宗咸通四年（863），卒于后梁龙德三年（923），是晚唐至五代初期河北政坛上的一位风云人物。他长期担任位于河北之义武军节度使，在梁、晋两大军事集团的对峙中，也有过重要影响。

王处直的故事，还要先从他的父亲和哥哥说起。

王处直本为陕西长安人氏，其家族世代供职于唐朝神策军。其父王宗，善于经商，《新五代史》说他"善殖财货，富拟王侯"；《旧唐书》在描述其家豪奢时说"侯服玉食，僮奴万指"，说他家有奴仆万人。这恐怕过于夸张，但即使是《新唐书》所记的"僮千人"，这样的大富之家在有唐一朝也是很少见的。如此惊人的家族财力也让王宗的长子王处存官运亨通，在乾符六年（879年）就出任义武军节度使，成为一方藩镇节帅。应该自此时起，十六七岁的王处直就跟随兄长来到河北，从此开启了他在河北的人生。

义武军是个小藩镇，本不在"河北三镇"之列，唐德宗年间（779—805）为抑制河北割据势力，从成德军分出定州、易州和沧州三州而设立义武军，以定州为治所。后来义武军只辖定州和易州两州，都在今天河北中部的保定地区，因此史书也称之为易定节度。义武军从九世纪初就一直接受朝廷任命，多次参与讨伐河北三镇叛乱。

新官上任的富二代王处存很快就借着黄巢起义的机会，向世人证明了他成为节度使并不只是靠拼爹。

黄巢攻陷长安后，王处存立刻号召天下勤王，并亲自带兵入关讨伐，为各地藩镇做出表率。传统史书中如此描述他的忠心，说他"每言及时事，未尝不暗鸣流涕"。在征讨黄巢和随后收复长安的过程中，王处存被公认立有大功，史书说"收城击贼，李克用为第一；勤王倡义，处存第一"。

也正是在这次远征中，王处存与收复长安的沙陀首领李克用结下了深厚的友谊。史载王处存曾经十次派使者力劝李克用派兵勤王，二人还共通"婚好"，结成儿女亲家——王处存的儿子王郜娶了李克用的女儿。当然，这层姻亲关系后来也为其弟王处直埋下了一系列政治困境的种子。

王处存能在平定黄巢起义中立下大功，绝非偶然，随后的十年里，他在义武军任上展示出非凡的领导才能，史书说他"临事通便宜，有大将风"。面对军阀并起相互攻伐的唐末乱世，身处幽州和成德两大强藩之间，王处存以区区二州之地，对外联络沙陀势力，对内练兵讲武、招纳贤才，竟然能够"与诸镇抗，无能侵轧者"，足见其能力。

895 年，王处存病死，而此时遭受黄巢起义打击的唐王朝已无力干涉义武军的人事安排了。王处存之子王郜被部下推为新任节度使，义武军的军事则由其弟王处直掌控。这一年，王处直三十二岁。无论是年轻的领导层，还是变动的时局，都注定了义武军在随后的岁月里平静不再，山雨欲来。

当时宣武节度使朱温四处攻伐，连续兼并了河南和山东等地多个藩镇，在与李克用的对抗中取得了优势。九世纪末，朱温的势力开始深入河北，南部的魏博军彻底倒向朱温，成德军也左右摇摆，试图在梁晋间谋取平衡。义武军因为与李克用的姻亲关系，继续维持着与沙陀人的同盟，同时也与北边的幽州关系不错。这也就是为什么当朱温大军在光化三年（900）进攻幽州时，王处直被节度使侄子派去救援。这场战事对于弱小的义武军而言无异于以卵击石，王处直损兵折将，败军奔回定州，很快朱温大军就兵临城下。年轻的节度使王郜仓皇逃往山西，投奔了李克用，他的叔叔王处直则被拥立为义武军新帅。

这一年王处直三十七岁，一上位就不得不直面兵败围城的困局。

面对城外如狼似虎的朱温大军，王处直作为节度使的首秀也算中规中矩。《新唐书》和《旧唐书》以相似的口吻，记载了一段王处直与朱温使者在定州城头的对话。虽然形势危急，王处直面对强敌的质问却也显得不卑不亢："敝邑于朝廷未尝不忠，于藩邻未尝失礼，不虞君之涉吾地，何也？"朱温派人传回的话很简单："何以附太原而弱邻道？"言下之意，小小的义武军只能在朱温和李克用之间做一个选择。王处直的解释倒也合情合理："吾兄与太原同时立勋王室，地又亲邻，修好往来，常道也。"他把义武军与李克用的同盟解释为家族渊源，但他的转向则是非常痛快："请从此改图！"还答应献出十万匹绢来犒劳朱温大军。

朱温乐得接受王处直的归附。此后的十年间，义武军一直听命于朱温，后者控制下的朝廷则加封王处直为太原郡王。几年以后朱温篡唐称帝，又封王处直为北平王。这个新头衔一直沿用到王处直死去的那一天，最后被刻在他的墓志上。

王处直之死

十世纪初期的北方政治版图上，基本是以河南朱温与山西李克用沙陀势力之间的对抗为主要矛盾，梁、晋争雄绵延近四十年，裹挟着其他小藩镇形成梁、晋两大军事集团相互攻伐。随着双方军力消长和战事变化，深陷其中的北方藩镇不得不经常变换阵营，以谋求自保。

这正是王处直和他的义武军所面临的境况。

之前王处直被迫与朱温结下城下之盟，但形势发展却让他不得不再次做出抉择。910年，野心勃勃的朱温试图吞并赵王王镕的成德军，作为成德军近邻的王处直也感到了威胁。此时李克用已死，其子李存勖即位晋王，王镕向李存勖求救，很快王处直也宣布倒向太原集团。这看似一场赌博，但王处直的抉择背后其实是对朱温威胁的忧虑和对少年英才李存勖的信心。

在第二年爆发的梁晋柏乡大战中，义武军派出五千军队为晋军助战，最后李存勖果然大败梁军。此后的十几年间，王处直的义武军紧密追随李存勖，《新五代史》说"晋北破燕，南取魏博，与梁战河上，十余年，处直未尝不以兵从"。王处直明智地变换阵营使得义武军又赢得了十几年的外部安全，但真正的危机却来自义武军内部。

王处直平日非常迷信，《新五代史》说他"好巫"，还记载了几个例子：有一次在定州城的牌楼内出现了一条大黄蛇，王处直认定是天降神龙，还把蛇供养在祠堂里；还有一次定州城外出现了几百只喜鹊，一起在麦田里筑巢，这又让王处直欣喜不已，认为是天降祥瑞在褒奖他的德政。但义武军的百姓可不这么看，认为这些异象并非祥兆："蛇穴山泽，而处人室，鹊巢乌，降而田居，小人窃位，而在上者失其所居之象也。"

小人窃位之象？那么谁是这个将要窃位的小人呢？

王处直有一个养子叫王都，此人来历与王处直宠幸的一个叫李应之的巫师有关。有一次王处直生病，被李应之用旁门左道治好了，这使得王处直对其极为崇拜，视之如神，甚至把军国大事都委托给他。李应之收有一个养子叫刘云郎,转送给王处直并说"此子生而有异",对此王处直深信不疑。从此刘云郎更名为王都,从一个来历不明的小子一跃成为王府养子。

李应之荐子有功,更加肆无忌惮,还建立新军,到处提拔安插自己的亲信。义武军部下都认为"其必为患",忍无可忍,最后发动兵谏,杀死了李应之,还请王处直杀王都以绝后患。王处直看到李应之已死,也无可奈何,但却坚持不肯杀养子,事后还记下所有闹事军官的名字,找借口一一将其处死。王处直顶住乱兵压力,拒杀养子,足见他对王都的信任和喜爱。史书说王都"为人狡佞多谋",很快被王处直任命为节度副使,渐渐控制了军权。

小人窃位,义武军真正的危险终于来临。

921年,河北成德军发生兵变,晋王李存勖派兵讨伐,却让王处直忧虑重重。在他看来,成德军和义武军唇亡齿寒,如果借梁晋争雄而声势渐起的李存勖进入河北,灭了成德军,那么义武军恐怕也再难独存。于是王处直写信给当年跟着侄子王郜逃亡到太原的大儿子王郁,让他去联络契丹出兵来牵制李存勖。王郁并不是王处直正室所生,所以也希望借此机会立功,有朝一日返回义武军继承大位。但这位亲生儿子回归的可能性却威胁到了养子王都的地位,于是当年冬天王都发动兵变,囚禁了养父王处直,并杀死了所有王氏子孙和王处直的亲信,从此大权独揽。

有意思的是,这段一定血腥无比的义武军权力更迭,在王处直的墓志上却被写得温情脉脉:

> 吾虽操剸未退，但情神已阑，况当耳顺之年，正好心闲之日。若俟眸昏齿落，方期避位悬车，虑废立之间，安危是患。即五湖之上，范蠡岂遂于遨游；三杰之中，留侯不闻于独步。成其堂构，袭以门风，勉而敬之，斯言不再。

这段以王处直第一人称的表述，把一位耳顺之年的慈祥长者形象刻画得十足，以暮年之沧桑口吻退位让贤，颐养天年。而接位的养子王都呢，则"感其严诲，涕泗交流，虽欲劳谦，诚难拒命，其年遂立"，谦虚、谨慎、惶恐受命的形象呼之欲出。

但在真实的历史记录中，这对养父子之间的交锋却鲜血淋淋。《新五代史》写道：

> 明年正月朔旦，都拜处直于西宅，处直奋起揕其胸而呼曰：逆贼！吾何负尔？然左右无兵，遂欲啮其鼻，都掣袖而走，处直遂见杀。

由此可见，王都夺权后仍然没有忘记囚禁中的养父，还在第二年的大年初一惺惺作态地前来探望。结果愤怒的王处直冲过来抓着王都的胸口大骂逆贼，还张口去咬王都的鼻子，王都挣脱逃走，从此不敢再来。

第二年王处直在囚禁中去世，死因不明。

关于王处直之死，正史记录不一。《新五代史》只简要说了一句"处直遂见杀"，说明作者欧阳修相信王处直是被王都所杀。

《旧唐书》则用了一个很中性的词，"寻卒"，说他不久就死了，未提死因。《资治通鉴》描述了养父子二人在新年里的激烈冲突，紧接着又说"未几，处直忧愤而卒"，认为王处直是不堪受辱而气死的。我们有理由相信，王处直即使不被养子谋杀，失去自由而垂垂老矣的他也难以抵住懊悔与忧愤的折磨。

据西燕川村出土的王处直墓志记载，王处直死于后梁龙德三年（923）正月十八，次年即后唐同光元年（924年）二月初五下葬，终年六十一岁。

曲阳与养子

曲阳出土的王处直墓，无论是墓室规模还是浮雕精美程度，都足以让后人遥想一千多年前下葬时，何等风光。

那么，王都为什么要如此铺张地安排养父的葬事呢？

其实，这位养子王都对艺术似乎颇有兴趣。作为一个地方军阀，王都也算得上是一个文艺青年。《旧五代史》说他"好聚图书"，在发兵扩展地盘的同时，还不忘"以得为务，不择贵贱，书至三万卷，名画乐器各数百，皆四方之精妙者，萃于其府"。有这样的文艺范军阀主持，精选石料、雇佣名匠，为养父王处直打造一座精美的大墓当然不在话下。

但王都如此尽心尽力为养父建墓，当然更有深意。王处直一家两代三人统治义武军四十余年，人望在当地深入人心，王都通过兵变手段夺权，名不正言不顺，所以他急需借助养父的余威，确立权力传承的合法性。这应该就是王都最初对养父只囚不杀，逢年过节还去问安的原因。无论是建造墓穴的煞费苦心,还是制作精良的浮雕和壁画,都和墓志上所编造的温馨和睦的父子间权力交接一样,为新任节度使王都的统治提供正当性。

那为什么王处直会被安葬在曲阳呢?

河北曲阳的建置可以追溯到秦代,至唐时隶属于定州,辖地大致未变,绵延至今。地理位置上看,曲阳位于华北平原西部,太行山东麓,东南方向与义武军治所定州的直线距离不到三十公里。曲阳全县地势西北高、东南低,自西北向东南依次为低山、丘陵、平原,俗有"六山一水三分田"之说。从墓葬选址角度看,这里是义武军境内离定州最近的理想场所,风水极佳。

西燕川村旁的"坟山"就是王处直墓志中提到的"仰盘山",即王处直墓所在地。其地西接太行山,山陵纵横,富含石英砂岩等各类石材,自古以来就以盛产石料闻名,这也是该地在隋文帝开皇六年(586)被改名为石邑县的原因。丰富的石材催生了发达的石雕产业,自隋唐以来一直到今天,曲阳一直盛行石雕文化,保留着丰富的各代石雕遗存。如今的曲阳当地从事石雕加工行业的有近三万人,拥有上百名省级以上雕刻大师。1995年,曲阳还被国务院命名为"中国雕刻之乡"。

方便的位置,丰富的石料,闻名天下的石雕技术,这些应该都是王都把养父墓址选在曲阳的原因。从王处直墓里出土的精美绝伦的汉白玉浮雕看,这个篡位的养子为建造墓室,确实颇费心机。从王处直去世到最后安葬于曲阳,前后耗时整整一年之久。

曲阳在历史上也以陶器、瓷器闻名。唐代便有白瓷生产,到北宋时期达到鼎盛,是宋代五大名窑之一定窑所在地。定窑白瓷素来以胎质洁白细腻、釉色匀净、薄而坚硬闻名宇内，而定窑的主要产地就在曲阳县的涧磁村及东燕川村、西燕川村一带。虽然在晚唐五代时定窑仍为民窑，还未达到宋时的辉煌，但可以推测王处直墓中最初应该有不少瓷器陪葬品，这从两个耳室壁画里所绘的器物可见端倪。可惜的是，墓室遭盗严重，并未发现有价值的完整瓷器。

　　王都为养父建墓曲阳，可能还有一个原因——这里在历史上曾是北岳恒山的祭祀地。五岳闻名天下，历代帝王多往祭祀。五岳制度始于汉代，但从西汉到明初，历代史书都明确记载北岳恒山所指乃曲阳县西北之山，主峰大茂山，又名神仙山（位于今河北阜平县和唐县交界）。北魏时为祭祀北岳恒山之神，在曲阳建北岳安天元圣帝庙，后称北岳庙，于唐朝贞观年间（627—649）重建，开元二十三年（735）扩建。至今北岳庙内仍有"大唐定州北岳恒山灵庙之碑""大唐北岳祠碑"和"大唐北岳神之碑"等碑刻，而主殿德宁殿东西两壁上还有唐朝吴道子画的《天宫图》，东壁为《云行雨施》，西壁为《万国咸宁》，足以令人想见昔日风采。最为关键的是，北岳庙内至今仍保存有一块五代时期所立的《重修北岳庙碑》，碑文清晰地揭示了王处直曾在任内重修北岳庙之事，并描述了工程之浩大及庙宇之巍峨，说明王处直执政义武军时也一直对曲阳的北岳地位极其看重。直到明代中后期出现了"恒山"之争，世人渐以山西浑源的玄武山为恒山，到了清初才改祭北岳于山西浑源，曲阳恒山遂渐渐被人淡忘。

　　在王都安葬王处直之时，曲阳祭祀北岳之俗仍在。只是时值乱世，王处直下葬的 924 年后梁与后唐的最后决战刚刚结束不久。之前无论是身处危机中的梁末帝朱友贞，还是忙于战事的后唐庄宗李存勖，都不可能有闲心去顾及什么北岳祭神。而刚刚上位的义武军新主王都则不可能忽视曲阳北岳庙的存在，甚至也极有可能参与过养父王处直主持的对北岳庙的重修。虽然没有史料可以证明王都继位后曾在此祭祀北岳，但他应该十分清楚曲阳对其承继义武军统治的政治与宗教意义，甚至王都自己都有可能在这里为自己挑选过墓地。2011年5月，在曲阳西南羊平镇田庄村发现一座大型古墓，专家推测有可能就是王都之墓，不过目前仍未定论。

曲阳当地还有一特产，曲阳枣儿酒，它的来历传说与曲阳当地的历史名人蔺相如有关。战国时期的赵国名相蔺相如，乃曲阳人，曾持"和氏璧"出使秦国，最后不辱使命，成为"完璧归赵"故事的主角，大名流传至今。传说蔺相如年轻时从曲阳出发，赴赵国都城邯郸谋职，却在曲阳的大山中迷了路，又累又饿，昏倒在一个水坑边。当他醒来后，发现水坑里散发出枣香，捧水入口，味道醇美，立即浑身畅快，精神倍增。于是他装满了一囊水带到邯郸，拜见赵王，并献上取自曲阳大山中的神水，赵王饮之大喜，赐名"枣香玉液"，这就是后来枣儿酒的来历。传说归传说，但曲阳在晚唐五代时期也许就已经有了此酿，王都和李存勖的会面酒宴是否出现过此酒，也未可知。

921年王处直引契丹为援，直接引发了养子王都兵变。但南下的契丹大军并未占到任何便宜，史书载晋王李存勖大败契丹于河北，又在第二年春天追击敌人经过定州。识时务的王都亲自迎奉李存勖到府邸宴饮，表达忠心。王都的热情和谄媚似乎让李存勖这个北方新霸主十分享受，席间还与王都约定儿女婚约，答应自己的儿子继笈将来迎娶王都的爱女。李存勖的许婚策略应该是在效仿其父当年与义武军前任节度使王处存的通婚之举，意在加强与义武军的同盟关系。

两年以后，李存勖在河北魏州称帝，王都去朝见，庄宗不但"赐与巨万"，还因为两人之前的儿女婚约关系，"待都甚厚，所请无不从"。然而此一时彼一时，五代时期的权力更迭速度之快，让王都猝不及防。两年后李存勖迅速败亡，明宗李嗣源上位，新皇帝"颇恶都为人"，加上后唐军队频繁往来河北，也消耗了义武军大量的物资，这些让王都开始不安起来。

928年，王都终于兴兵反叛，并引契丹为援。契丹当然愿意借机南下，只可惜曲阳一战，后唐军队大败契丹和义武联军，王都只好守城不出。因为要依赖契丹兵帮他守城，王都对契丹将领极尽逢迎，部下有想出降的也都被他杀了。为了退敌解围，王都还想出一个点子，他找来庄宗李存勖的一个养子，让他穿上天子的衣服站在城头，对后唐军队说"此庄宗太子也"。结果被人识破，适得其反，王都被后唐人马耻笑不已。

王都最后的下场，也并不比他那悲愤而死的养父好多少。第二年后唐军队攻破定州，王都举火自焚，全家皆死。

武士浮雕，海归天王

转眼千年已过，北平王的风光早成过眼云烟，只剩下一座大墓静静地卧在曲阳山中。墓边的枣花开了又谢，谢了又开，山风阵阵，墓室呜咽，千年壁画仍在，但被盗的十块浮雕仍不知所踪。它们究竟去了何方呢？

2000年2月的一天，一个越洋电话打到了河北省文物局，告知美国纽约惊现一块浮雕，疑似王处直墓被盗文物。打电话的是中国画家袁运生，此时正在纽约访学，他在纽约佳士得拍卖行偶然翻阅待拍文物图录时，意外看到一块汉白玉石彩绘浮雕，上面一位武士身着戎装，怒目圆睁，脚踏牛身，肩头卧凤，手握宝剑，剑尖指向脚下卧牛口中那朵绽放的荷花。

六年了，这块石雕真的来自曲阳么？

说起这位袁运生，也曾是中国画界的风云人物。他毕业于中央美术学院，1979年参与创作了首都机场大型壁画《泼水节——生命的赞歌》。这幅壁画意义非凡，直到今天应该还有不少老北京人记忆犹新，毫不夸张地说，它足以载入中国现代绘画史。壁画大胆绘入三个裸体沐浴的傣家女子，这在乍暖还寒的改革之初，引发巨大的争议，据说甚至经过了当时中央领导人的首肯才得以展出。在壁画刚面世的第一个月里，首都机场门前停满了大巴，满载着特意前来看壁画的人。海外媒体曾对此评论说："中国在公共场所的墙壁上出现了女人裸体，预示了真正意义上的改革开放。"国内也有艺术评论家将机场壁画与董希文的油画巨制《开国大典》并称为新中国成立后最重要的两件艺术品。令人遗憾的是，在当时的气氛下，关于壁画裸体艺术的争论一度上升到政治层面，为平息矛盾，壁画被蒙上一层薄薄的细纱，参观的人们只能朦胧地欣赏此画。再后来，壁画前又立起一堵假墙，将画中的人体部分彻底遮住。直到1990年，假墙才被拆除，裸女像也重见天日。但时至今日,由于航站楼装修,壁画受到遮挡,昔日引发轰动的浴女壁画和它的作者一起,逐渐淡出了人们的视野。然而,2000年这个越洋电话,让袁运生用另一种方式重返焦点。

袁运生精研壁画多年,他对几年前曲阳出土的壁画也有所关注,所以在第一眼看到浮雕照片时,立刻就想到了王处直墓。该浮雕标号为209,估价40万至50万美元。袁运生先通知了中国大使馆,然后拨通越洋电话与河北文物局取得了直接联系。2000年3月2日,国家文物局照会美国驻华使馆,希望阻止此次拍卖,并要求返还被盗文物,公安部也向国际刑警组织美国局发出通报,请求给予合作。与此同时,中国驻美使馆官员紧急约见了美国海关总署纽约中心局高级官员,表明了中国政府立场。

一周后,美方回复,他们将根据联合国教科文组织的规定处理,但中方需提供必要的法律文件和被盗证据。中国各相关部门以最快的速度完成了所有材料,两天后加急发往中国驻美大使馆和驻纽约总领馆,相关物证则被直接空运至纽约。

收到中国提供的证据后,纽约州南区美国地方法院于3月21日通知佳士得拍卖行,立即停止对拍品209号的拍卖。经法院查明,该文物在1999年7月25日经由大韩航空公司运入美国,当时报关标价是十四万美元,后于1999年12月委托佳士得拍卖。很快,美国法院下达了民事没收令,授权美国海关总署纽约中心局没收武士浮雕。

然而事情却又一波三折,武士浮雕被查扣后,作为拍品委托人的香港画廊辩称该浮雕为祖传文物。对此,河北方面出示了浮雕与被盗现场遗留痕迹对比证据，并出具了考古专家证明予以驳斥。不甘损失的香港文物商再次提出两点质疑：第一，武士像与王处直墓出土的散乐和奉侍浮雕风格不同，前者威武而后者婉约；第二，武士像与上述两块浮雕色泽不同，前者鲜明如新而后者颜色迷漫不清。对此，河北文物部门指出，武士与散乐、奉侍浮雕风格不同是因为二者功能不同使然，武士用以镇邪、护卫主人，因而横眉立目、造型夸张，而散乐和奉侍图反映的是主人宴乐情景，因而造型亲切轻松；散乐和奉侍像色淡是因为墓室曾于金代被盗，导致雨水流入墓穴后室造成浸泡，而当时石墙阻隔，盗贼并未发现前室，所以前室无恙，浮雕完整。河北方面还提取了王处直墓周围土样，并配合美国海关要求进一步补充了证据。经过化验，王处直墓土样与武士浮雕身上的土样完全一致。铁证如山，香港文物商最终无言以对。

随后中美双方开始就文物返还事宜展开磋商，其国际法依据是1970年11月14日联合国教科文组织颁布的《关于禁止和防止非法进出口文化财产和非法转让其所有权的方法的公约》，简称《巴黎公约》。凡加入此公约的国家，如果发生文物被盗，无论被盗文物流落到哪个国家，国际刑警组织都有权追回，并追究走私分子的法律责任。中国1998年11月28日加入公约，而美国则是缔约国之一，按照《巴黎公约》的相关规定，美国有责任和义务将浮雕归还中国。

2001年5月23日，在纽约世贸大厦，美国海关正式把浮雕移交给中方。四天以后，武士浮雕被运回祖国。

此次文物追讨，从袁运生的那个电话算起，到世贸大厦归还仪式为止，一共历时 15 个月之久。这是中国政府首次从境外无偿成功追回被盗文物，堪称新中国成立后被盗文物回归第一案。

有意思的是，在这块浮雕归还中国的前一年，即 2000 年 6 月 26 日，一架大型运输机悄然降落在北京首都机场，随机抵达的也是一块汉白玉武士浮雕。这块浮雕一样的色泽鲜艳，上有一武士，肩头藏龙，足踏卧鹿，双手持剑，剑指莲花。除了龙和鹿不同，其他与中国政府追讨中的被盗浮雕别无二致。这块同样来自纽约的宝贝，其实是王处直墓被盗的另一块武士浮雕。

原来，在中国政府与美方积极交涉王处直墓被盗文物的时候，各国媒体都纷纷跟进报道了这一案件，美国有报纸甚至还以"佳士得的耻辱"为题呼吁归还浮雕给中国。这些报道引起了美国纽约一位收藏家的关注，此人叫 Robert Hatfield Ellsworth，中文名为安思远。他曾在香港古玩市场购入一块武士浮雕，风格和色彩与佳士得拍卖的浮雕惊人一致。安思远主动与中国文物部门联系，并将彩色照片寄到中国，请求验证。

经比对，安思远所藏浮雕的雕刻手法、彩绘及石料加工与佳士得拍品一样，应该同出王处直墓无疑，是王处直墓甬道处另外一块被盗浮雕。这两块浮雕应该并立于前室甬道入口两侧，其形象正是唐太宗时期的大将秦叔宝和尉迟恭，即中国民间流行的门神。确定无疑后，安思远愿意将这件文物无偿返还中国。

安思远，1929 年出生于纽约曼哈顿，一生酷爱中国艺术，收藏了大量中国文物。1996 年，安思远携其收藏的《淳化阁帖》四卷到北京故宫博物院展出，经启功先生和国内其他专家鉴定是宋刻宋拓，为现存最早的各家书法墨迹集帖，号称"法帖之祖"。

七年以后，安思远拒绝了日本人1100万美元的求购价，而以450万美元的低价转让给了上海博物馆，说此帖是中国宝物，还是让它回归故里吧。在这之前，他还将一件西周青铜器"归父敦"送还中国，现藏于中国国家博物馆。此次归还王处直墓武士浮雕，安思远再次获得中国人赞赏。2014年，安思远辞世，享年85岁。

至此，两块王处直墓被盗的武士浮雕双双归国。很快，"盘龙踏鹿"与"栖凤踏牛"这两块浮雕，一起出现在中国国家博物馆展厅。这两件武士彩绘浮雕，以其极高的文物价值和离奇的归国经历，被人戏称为"海归天王"。

古今盗墓贼

那么，到底是谁盗掘了王处直墓，又是谁让被盗浮雕流落海外的呢？此案至今未破。

我们只知道，这是一群陕西口音的盗墓贼。能够在短短几天内炸开盗洞，盗走十块重量不轻的石雕，可见他们训练有素，装备精良。其实王处直墓被盗案，仅仅是发生在中国大地上，成百上千盗墓案中的一起而已。

曾几何时，中国文学界和影视界掀起了一股盗墓题材风。无论是网络小说《盗墓笔记》和《鬼吹灯》，还是电影《寻龙诀》和《九层妖塔》，都引发了无数国人追捧，从文艺青年到中年大叔，无不梦想着有朝一日体验一下盗墓的浪漫与传奇：

发丘印，摸金符，搬山卸岭寻龙诀；

> 人点烛，鬼吹灯，勘舆倒斗觅星峰。

每个人也都会来上几句寻墓口诀：

> 寻龙千万看缠山，一重缠是一重关，
> 关门如有八重险，不出阴阳八卦形。

然而真实的盗墓却充满暴力和血腥、贪婪和丑恶，还有对历史文物的巨大破坏。

中国的盗墓史和墓葬史同样悠久，如影随形。《吕氏春秋》记载，春秋战国就有盗墓之风，当时一些盗墓贼"视名丘大墓葬之厚者，求舍便居，以徽柏之，日夜不休，必得所利，相与分之"。两汉时期盗墓日盛，据《三国志》载，董卓曾派吕布遍掘东汉帝陵与公卿陵墓，取其金银珠宝以充军饷。曹操也因军费困难，设置"发丘中郎将"和"摸金校尉"的官职，专事盗墓。

王处直身处的晚唐五代乱世，盗墓贼更多。最有名的莫过于后梁静胜军节度使温韬，被时人骂为"劫陵贼"，《新五代史》载，"韬在镇七年，唐诸陵在其境内者，悉发掘之，取其所藏金宝"。温韬曾挖开唐太宗李世民的昭陵，偷宝无数，他还带兵五万试图盗掘高宗和武则天的乾陵，最后遇风雨而止。

宋元以降，虽然惩罚严厉，但盗墓有增无减。一直到民国，军阀孙殿英盗掘慈禧太后和乾隆陵墓，人尽皆知。据说孙为逃罪，还以所盗珍宝贿赂宋美龄等人。有不少古墓还曾被历代盗墓贼反复盗掘，已经千疮百孔。王处直墓的后室就曾在800多年前被盗掘过，盗墓贼掠走陪葬品后，还把王处直和妻妾的骨骸弃之于地。

20世纪80年代以来，利欲熏心的文物贩子和盗墓贼在中国大地上大肆盗掘，河南、陕西和山西都一度成为重灾区。盗墓之风在八十年代末和九十年代初形成高潮，仅1989年至1990年一年多的时间里，全国就有四万多座古墓被盗。与此同时，文物走私也呈爆发式增长，中国海关从1991年至1994年的四年里，就截获走私文物46000件之多。王处直墓也正是在此期间遭盗掘的。

中国政府从来没有停止对盗墓的打击。《中华人民共和国文物保护法》在1982年就已经出台，并在后来六次修订，其中五次是在2000年以后。该法第六十四条第一款规定：盗掘古文化遗址、古墓葬的，构成犯罪的，依法追究刑事责任。在多重政策严厉打击下，中国盗墓乱象终于有所消退。然而在巨大利益驱使下，盗墓也经常死灰复燃，随着全球收藏市场对中国文物的需求激增，盗墓现象往往卷土重来。2016年，中国国家文物局就通报了103起墓葬被盗和文物失窃案件，未被发现的案件可能更多。《纽约时报》2017年的一篇报道曾将之称作"危险的诱惑"。

绝大部分被盗古墓文物最后都是以走私方式流失海外，或成为拍卖行标的或被私人收购。不少被盗文物经香港流入美国，最后在加州或纽约成为富豪们书房里的点缀。

王处直墓的两件武士浮雕仅仅是沧海一粟罢了。

尾声：历史里的山风

928年6月11日，就在王都埋葬养父的曲阳，一场战斗惨烈异常。一方是王都的义武军队与来援的契丹兵马，另一方则是前来征讨的后唐大军。结果王都大败，逃归定州。《旧五代史》如是写道，"都遂大败，自曲阳至定州，横尸弃甲六十余里"。

不知道仓皇奔逃的王都在途径曲阳大山的那一刻，是否曾回望一眼那座他为养父倾心打造的大墓。其时坟上也许已遍布荆棘，山风拂过，枣花摇曳。

刘仁恭（？—914）

唐末五代幽州节度使，骄奢淫逸，厚敛其民，后为其子刘守光所囚。晋军灭幽州后俘而杀之。

刘守光（？—914）

刘仁恭之子，残暴自大，夺父位自立，911年称帝建立大燕，史称桀燕，后为晋军所灭。

刘仁恭、刘守光：乱世父子皆奇葩

从唐末至五代初期，河北幽州一直有一股存在感极强的地方势力。它的统治者刘仁恭和刘守光父子在此地经营近二十年，与当时北方的两大势力相交相杀，成为梁、晋争雄格局中一个举足轻重的搅局者。但出于种种考量，北宋欧阳修在写《新五代史》的时候，却没有把幽州归入所谓的"十国"之中。其中缘由后人尽可以作出种种分析，但有一个因素应该无法否认，那就是这对父子的为人为政实在是太奇葩了。

幽州作为古燕国之地，世人多以"燕"或"幽燕"称之，毛主席诗词中也有"大雨落幽燕"一句，慷慨悲凉之气尽在句中。幽州镇在唐朝也叫卢龙或者范阳，是当年安史之乱中安禄山的大本营，安禄山当年起兵称帝，国号就叫大燕。五代之初，时任幽州节度使的刘守光也自行称帝，国号仍为大燕。所以，在五代史的书写中，史家一般也径称幽州政权为燕。

虽然同在河北，但幽州与其他河北藩镇（如王镕的成德军和罗绍威的魏博军）还是有区别的：第一，它的地理位置偏北，所以在梁、晋争雄格局里所受到的大国威胁，相对来说没有那么直接，有其他几个藩镇作为缓冲，幽州相对安全一些；第二，幽州控制的地盘在河北诸镇里是最大的——以今天的北京为中心，包括河北北部、辽宁南部，甚至内蒙古自治区一些地方，加上燕地盛产马匹且"自古多慷慨悲歌之士"，在唐末乱世中以兵强马壮而雄踞北方，是当时任何势力都无法忽视的，这足以让它游刃有余、待价而沽；第三，幽州地处中原边域，向北跨过长城就是日渐崛起的契丹，所以经常不得不同时直面梁、晋和契丹三大势力。但有意思的是，幽州这种"风暴眼"的位置虽然看似凶险，却也让它更容易在大国矛盾中立足。这三个因素叠加在一起，就导致幽州的统治者刘仁恭和刘守光父子经常过于自负，从而又形成了它的第四个特点，即幽州是河北藩镇里唯一建元开国的一个，刘守光也成为十世纪初期北方除朱、李两家外唯一称帝的一个。

但这一切，都不及幽州两代统治者刘氏父子的奇葩故事让人印象深刻。

我们先说奇葩父亲刘仁恭。刘仁恭本来就是河北人，其父曾在幽州做军官，家世一般，但多年以后据其后人称，刘家祖上为西汉皇族——这也许是唐末五代乱世中草莽英雄常用的自我"贴金"套路，但想想当年汉室中山靖王之后的刘备也曾发迹于河北地界，刘仁恭家族把自己这个姓往汉代刘氏皇族上靠，倒也算不太离谱。

刘仁恭子承父业，很早就在幽州军队混。此时的刘仁恭应该也算是"年轻有为"，正史里对早期刘仁恭的评价也都不低：《新唐书》说他"为人豪纵,多智数,有大志",《新五代史》说他"为人有勇""多智诈,善事人",《旧五代史》也说他"幼多机智,数陈力于军中"。有一次他随幽州军攻城,敌军据城而守"累月不能拔",刘仁恭却另辟蹊径,挖地道钻入城中,顺利破城。他也因此得了一个"刘窟头"的绰号,获得升迁。

但年轻的刘仁恭也有明显缺点,就是"好大言",总是喜欢口无遮拦、自吹自擂。有一次他说自己"梦大幡出指端,年四十九,当秉旄节",宣称自己梦见异端,预示着他四十九岁就能当上节度使。虽然只是一个梦,但看得出刘仁恭是有点野心的。结果这话被传了出去,让当时的幽州节度使李匡威很有些忌惮,一度把他贬出军营,派往地方做县令,又外派戍边。后来幽州发生权斗,节度使被驱逐,刘仁恭利用戍兵的思归愤怨情绪,在混乱之际带兵攻幽州城。但他这次充满野心的冒险很快失败,只好举家逃往山西,投奔了李克用。

刚刚在剿灭黄巢起义军中大出风头的李克用正在用人之际,对来投效的刘仁恭青眼有加,"遇之甚厚",还送他宅子和田地,任为镇将。刘仁恭却对幽州念念不忘,经常劝李克用攻打幽州。他善于讨好人的一面派上了用场,和李克用的亲信爱将盖寓交往密切,经常跟盖寓哭着痛说家史,想通过盖寓说服李克用,借沙陀大军夺取幽州。

李克用当然乐得扩充地盘,在894年年底,李克用亲自带兵进攻幽州。此役中,刘仁恭表现亮眼,不仅作为先锋冲进幽州城,还封存了城内财物恭候李克用入城。不但如此,他还把俘获的前任幽州节度使的妻子,献给恩人李克用为妾。这一切都让李克用对他非常信任，第二年上表朝廷让刘仁恭做了幽州节度使。

就这样，刘仁恭终于实现了当年的梦想。但李克用很快就发现自己看错了人。

昔日寄人篱下，今朝坐拥大镇，随着地位变化，刘仁恭与李克用的关系变得微妙起来。在李克用看来，他有恩于刘仁恭，刘仁恭就应该有所回报。896年，李克用攻打魏博，让刘仁恭出兵帮忙，但刘仁恭以要防备契丹为由不肯发兵。第二年李克用为救被朱温围攻的山东朱瑄、朱瑾兄弟，不惜千里派兵借道河北南下，再次征兵幽州。但一连几十次派出使者去幽州，刘仁恭总是一副事不关己的态度，拒绝出兵，还语出不逊。李克用很恼火，写信责备这位昔日小弟，刘仁恭见信大怒，绑了晋国使者，又下令抓了所有留在幽州的晋人。不仅如此，刘仁恭还重金诱惑李克用麾下将领，引得不少人来投。

面对刘仁恭的忘恩负义，李克用的愤怒可想而知，897年深秋，他亲自带兵讨伐幽州。凭借着在唐末几乎所向披靡的沙陀军，李克用从骨子里就看不起刘仁恭，但这一次过于轻敌的独眼龙却尝到了苦果。大军进入河北后，李克用竟在战前喝得大醉，两军在河北蔚县附近的木瓜涧遭遇，当时天降大雾，刘仁恭的女婿单可及率领燕军骑兵很快冲到晋军跟前。当属下报告敌人已至时，醉酒的李克用问："仁恭何在？"属下回答说只看到了单可及，于是李克用圆睁着独眼怒道："可及辈何足为敌！"踉跄着下令迎敌。但毫无准备的沙陀军在迷雾中辨不清方向，遭遇大败，"死伤大半"。还有不少沙陀兵被俘，最后都被刘仁恭当作投名状，献给了李克用的宿敌朱温。

木瓜涧一役是李克用军事生涯中为数不多的大败，他一直把这件事当成奇耻大辱。多年后李克用临终之际，还特意留给儿子李存勖三支箭，代表三个死敌，其中一支就是指刘仁恭，让儿子一定为他报仇。

经此一役，颇具野心的刘仁恭摆脱了李克用的控制，开始厉兵秣马，积极扩充地盘。在898年占了沧州后，他让自己的大儿子刘守文当节度使。唐末混乱之际虽然大唐皇帝有名无实，但节度使仍需要经过朝廷正式任命，以获得象征节帅权力的旌节。刘仁恭为儿子上表请旌节，但昭宗皇帝大概是不想得罪李克用，拒绝了他的请求。刘仁恭大怒，说了一句："旌节吾自有，但要长安本色尔，何屡求而不得邪？"此语应该是在五代史上足以排进前五的名言，直揭唐末朝廷的惨态。是啊，地方人家都占了，你承认了起码还能保留点帝王残存的面子，最后唐昭宗面对既成事实，只好同意。

此时的刘仁恭更加膨胀，以两镇之兵雄踞河北，四处扩张，史书说他"兵锋益盛，每战多捷，以为天赞，遂有吞噬河朔之志"。899年刘仁恭率十万大军，号称三十万，进攻魏博的罗绍威，在攻占贝州（今河北清河县）后，制造了一起大屠杀，史书说"无少长皆屠之，清水为之不流"。罗绍威向朱温求救，刚刚与罗结为姻亲的朱温当然要表现一下，派出大将李思安和葛从周带兵北上。刘仁恭对梁军不屑一顾，跟大儿子刘守文说："李思安怯懦，汝之智勇，比之十倍，当先殄此鼠辈，次掳绍威。"鼓励儿子本是好事，但看不清形势就太愚蠢了。梁军设下埋伏，诱敌深入，大败燕军，连刘仁恭的女婿单可及也丢了性命。此战刘仁恭损失惨重，最后不得不烧营而逃，一路"僵尸蔽地，败旗折戟，累累于路"。

此后数年，刘仁恭不得不承受梁、晋两大势力的挤压，困难重重，"垂翅不振者累年"。906年，朱温亲自带兵大举进攻沧州。刘仁恭当然反击，他强征全境十五岁以上、七十岁以下的男子入伍，凑成二十万人，还在他们面上刺上"定霸都"字样，又在胳膊上也刺上"一心事主"。可惜这样的强制手段根本无法真正凝聚人心、提升战力，反而迫使不少幽州百姓越境逃亡。最后燕军无法打破梁军封锁，沧州城内粮尽，甚至出现"人相食"的惨状。危在旦夕的刘仁恭面对梁军的攻势，只好厚着脸皮向李克用求援。李克用虽然恨刘仁恭之前背叛过自己，但考虑到朱温这个死敌，还是出兵帮幽州解了围，算是再次接纳了刘仁恭。

此时梁、晋间战事频繁，无暇顾及幽州，刚刚渡过难关的刘仁恭再一次膨胀起来。《旧五代史》对他的形容非常精当，"仁恭啸傲蓟门，志意盈满"，一句话把这位幽州之主的自大刻画得淋漓尽致。在幽州西边有座大安山，刘仁恭在山上大盖宫殿，搜罗美女，天天还跟道士们一起炼丹求长生。刘仁恭还非常贪婪，为了谋利，他下令禁掉了南方运来的茶叶，强行在辖区销售从山中采摘的草叶子。他最让人瞠目的敛财手段是用泥土制成钱，强制流通，搜刮辖境内的铜钱，屯藏在大安山的山洞里。

有其父必有其子。刘仁恭的二儿子叫刘守光，他跟父亲的小妾私通，事情败露后被刘仁恭揍了一顿赶出家门。刘仁恭整日躲在大安山上享乐，以至于幽州军政荒废。907年，刚刚废唐篡位称帝的朱温发兵进攻幽州，正是这个被贬谪的二儿子刘守光带兵击退了敌军，趁着军队拥戴，刘守光挥师攻入大安山，把他爹从山上抓回幽州关了起来，还杀掉了城中跟自己不和的燕军将佐，从此成为幽州的新主人。

在沧州的老大刘守文听说弟弟囚父上位，马上发兵攻打幽州，一场兄弟间的内战就此展开。最初守文有契丹兵助战，取得了优势。但这个刘守文比较奇葩，似乎有着极强的表演欲，开战前他先是在自己的军队面前大哭，说什么："哀哀父母，生我劬劳，自古岂有雠父者？吾家生此枭獍，吾生不如死！"古人认为枭这种恶鸟食母，而獍这种恶兽食父，枭獍用来比喻忘恩负义的不孝子。守文这是在说家门不幸，大骂弟弟禽兽不如。这种战前动员虽然夸张，倒也可以理解，但他后面的表演却让人目瞪口呆。当看到己方在战场上即将大获全胜之际，刘守文突然骑马冲到阵前，大哭着喊道："勿杀吾弟！"也许他是想在自己的军队前装出仁慈的样子来获取军心，只是这种表达兄弟情谊的时间和场合实在太不合时宜。对面守光军中一员大将趁此机会，冲过来一把擒住了刘守文。刘守文装仁慈却一不小心装过了头，所部失去主帅，战局迅速逆转，弟弟刘守光神奇般地反败为胜。

获胜的刘守光对哥哥可没那么客气，直接把他囚在荆棘围拢的房子里，在攻占沧州后不久就杀了他。民国蔡东藩先生写的《五代史演义》中，对刘守文有一个评价非常到位：

> 以丈夫之义愤，忽变而为妇人之仁柔。一何可笑！卒之身为所縶，死逆弟手，天下之愚昧寡识者，无过守文。

好一个"一何可笑"的刘守文！

击败奇葩大哥的弟弟刘守光当然青出于蓝，比其兄更奇葩。他现在统一了幽州，自信心爆棚。《新五代史》说他"素庸愚，由此益骄"。除了愚蠢和骄傲外，刘守光还十分残暴，经常将犯人投入铁笼，外面用火烤，再用铁刷子刷犯人的皮肤，如此严酷统治让燕人纷纷逃亡。刘守光还经常身穿黄袍，对着将士说："我衣此而南面，可以帝天下乎？"他称帝的野心，一览无余。

刘守光的机会很快随着梁、晋柏乡大战的展开到来了。910年梁军进攻镇州的王镕，王镕向刘守光求救，而刘守光乐得坐山观虎斗，拒绝出兵。最后是年轻的晋王李存勖发兵救赵，大败梁兵于柏乡。柏乡之战中晋军虽然最后险胜，但也元气大伤。刘守光这时候放出话去，"燕有精兵三十万"，如果建立一个抗梁联盟，谁来当这个盟主呢？此时晋军劳师远征，李存勖对在背后虎视眈眈的刘守光颇有些忌惮，于是撤回河东，还顺水推舟与河北诸镇共推刘守光为尚书令。尚书令一职号为百官之首，自汉代起就作为政府最高职位，因为唐太宗李世民登基前曾任尚书令，所以"其后人臣莫敢当"，有唐一朝很少设立，即便到了混乱的晚唐五代，获得这一殊荣的人也不多。

做了尚书令的刘守光却并不满意，他想利用梁、晋矛盾两边通吃，于是又派使者去见朱温，朱温也顺水推舟，派人来册封他。册封用的是唐朝册封重臣之仪，刘守光问为什么不用郊天改元之礼，得到的回答是："此天子之礼也，尚父虽尊，乃人臣耳。"刘守光大怒，也说出了一句很豪放的名言：

> 我为尚父，谁当帝者乎？且今天下四分五裂，大者称帝，小者称王，我以二千里之燕，独不能帝一方乎？

刘守光一怒之下，把梁、晋两国的使者全部下狱，这相当于同时与梁、晋为敌，颇有一副不当皇帝誓不罢休的气势。面对刘守光的疯狂，幽州的臣僚目瞪口呆，纷纷劝谏。刘守光命令在院子里摆上斧子和大锅，下令"敢谏者死"。一个叫孙鹤的大臣仍然拼死进谏，刘守光命令卫兵割下他的肉吃，鲜血淋淋的孙鹤仍然大喊："不出百日，大兵将至！"刘守光下令捂住孙鹤的嘴，后将他剁成肉泥。

就这样，在911年八月，刘守光如愿以偿终于称帝，国号大燕，年号"应天"。用他自己的话说就是"且为河朔天子"，成为五代时期河北唯一称帝的藩镇。这个短命大燕国在历史上也被称为桀燕，把刘守光比作历史上残暴的夏桀。

刘守光虽然称帝，但却彻底跟梁和晋两大势力闹翻了，北边的契丹也趁机兴兵，就在刘守光登基的当天攻陷了燕北一座城。刘守光称帝的消息传到太原，李存勖却哈哈大笑，他笑声背后的含义，晋国老臣张承业说得明白："恶不积不足以灭身"，少年英才的李存勖此时已经看到了刘守光的末日。所谓上天要其灭亡，必先使其疯狂，疯狂的刘守光注定已经离灭亡不远了。李存勖要与后梁决战，必定要先剿灭幽州，这既是老晋王李克用留下的遗嘱，在战略上也将解决晋国腹背受敌的隐患。

912年，李存勖派大将周德威带兵，联合成德军王镕和义武军王处直，进攻幽州。此时朱温已死，后梁内部动荡，对幽州既无心也无力相救，而刘守光寄予厚望的契丹援军也迟迟不至。在随后将近一年的围城中，刘守光无计可施，只好派人送信给周德威，说都怪自己糊涂，得罪了晋王，求其退兵。周德威幽默地回答，你这大燕皇帝不是还没行郊天礼么，怎么落到这个地步了？刘守光只好登上城池，招呼周德威：你是三晋贤士，我都如此危难了，能不能帮帮忙？还讨好地把自己的坐骑换给了周德威，最后还承诺，如果晋王李存勖来了自己一定出降。

李存勖果然来了。他单骑来到幽州城下，招刘守光对答，还折弓起誓，只要他投降，就保他一家平安。但此时的刘守光竟然还心存侥幸，说再等几天。失去耐性的李存勖立刻下令攻城，一日之内就攻破了幽州。刘守光带着老婆孩子弃城而逃，其时天寒地冻，一家人在乡间迷路，又冷又饿，他让老婆去找当地农户要吃的，被识破后全家被抓。

很快刘仁恭、刘守光父子都被带到晋王面前，李存勖开玩笑说：客人来了，主人为什么要躲啊？晋军锁着刘氏父子回山西，路过河北镇州时，王镕摆酒宴请李存勖。王镕虽然和刘仁恭父子这些年辖境相连，但却从未见过面，于是李存勖命人把刘氏父子带到面前。除去镣铐的两个人也不客气，坐下来就吃，"饮食自若，皆无惭色"。

随后刘氏父子一路千里被带回太原，所过之处，引发民众围观，刘守光却毫无羞愧之色。914年正月，刘氏父子一行人来到太原，心知难逃一死的刘仁恭大骂儿子败家子。刘守光的脸皮比他爹更厚一等，连连乞求活命，说自己是被亲信李小喜给蛊惑了。李存勖招来李小喜当庭对质，这个曾经的亲信瞪着刘守光说:"囚父杀兄,烝淫骨肉,亦我教耶!"刘守光还在求饶,对李存勖说:大王将来平定天下,为什么不留我一命以供驱使呢?刘守光的卑微乞怜让他的两个老婆也看不下去了,说"事已至此,生复何为?愿先死",于是引颈就戮。而刘守光还犹自哀求不已,但最后仍然难逃一死。李存勖又派人牵着刘仁恭来到雁门,在父亲李克用墓前,以其血祭奠父亲的亡灵。

至此,刘氏父子盘踞十九年的幽州势力彻底终结。《旧五代史》对刘守光如此评价道:"守光逆天反道,从古所无,迨至临刑,尚求免死,非唯恶之极也,抑亦愚之甚也。"说他不仅恶而且愚蠢,前面称帝时的不可一世与后面怕死求饶的丑态形成鲜明对比。

刘氏父子虽然都比较奇葩,但这二人也并非一无是处。客观地说,刘氏父子主政幽州时期,在与北方契丹的对抗中长期处于优势。《资治通鉴》载:

> 唐昭宗天复三年,卢龙节度使刘仁恭知契丹情伪,常选将练兵,乘秋深入,逾摘星岭击之。契丹畏之。每霜降,仁恭辄遣人焚塞下野草。契丹马多饥死,常以良马赂仁恭买牧地。

这里所说的摘星岭一战和契丹贿赂刘仁恭之事,也见于《旧五代史·外国列传》,行文大致相同,应该就是司马光所本:

> 刘仁恭镇幽州,素知契丹军情伪,选将练兵,乘秋

深入，逾摘星岭讨之，霜降秋暮，即燔塞下野草以困之，马多饥死，即以良马赂仁恭，以市牧地。

以此观之，刘仁恭似乎颇有帅才，不但勤于练兵、收集情报，经常主动出击，还非常聪明地派人焚毁契丹赖以生存的草场，迫使契丹不得不用马来交换牧地。所以史书上对他"多智数"的评价，应该有些道理。

刘守光在对敌契丹时的表现，也可圈可点。据《资治通鉴》载，阿保机的妻兄曾引兵入寇平州（今河北卢龙县一带），被守光击败：

契丹王邪律阿保机遣其妻兄述律阿钵将万骑寇渝关，仁恭遣其子守光戍平州，守光伪与之和，设幄犒飨于城外，酒酣，伏兵执之以入。虏众大哭，契丹以重赂请于仁恭，然后归之。

在这里提到的平州之战中，刘仁恭指挥得当，其子刘守光也表现不俗，设宴俘虏敌军首领，迫使契丹人送礼求和。关于守光所设的"牛酒之会"，《旧五代史》中描写得更为具体：

仁恭季年荒恣，出居大安山，契丹背盟，数来寇钞。时刘守光戍平州，契丹实里王子率万骑攻之，守光伪与之和，张幄幕于城外以享之，部族就席，伏甲起，擒实里王子入城。部族聚哭，请纳马五千以赎之，不许，沁丹乞盟纳赂以求之，自是十余年不能犯塞。

此时的刘仁恭自己躲在大安山享乐，设计俘获契丹首领的正是当时驻守平州的二儿子刘守光。这个最后落得身死人笑下场的刘守光，最初竟然也能打得契丹人十几年不敢入侵中原，"由是契丹不敢轻入寇"。想想这对父子在通往权力之路上的最终堕落，真是让人语塞。

关于刘仁恭在大安山的藏钱之处，《新五代史》说"已而杀其工以灭口，后人皆莫知其处"。大安山就在今天北京的房山区，现在当地还有一个大安山村，村北的台地北靠高山、南面崖壁，据说就是刘仁恭所建"大安山馆"的旧址所在。附近的山中平地据《房山县志》记载，"俗名操场，传为仁恭练兵处"。

其实在刘氏父子败亡后不久，就有人开始寻宝了。《旧五代史》长兴三年（932）七月己亥条记载，"幽州衙将潘昊上言，知故使刘仁恭于大安山藏钱之所，枢密院差人监往发之，竟无所得"。直到八十多年以后，这些钱终于重见天日。据《辽史》载，996年四月辽圣宗耶律隆绪下令"凿大安山，取刘守光所藏钱"。看来这批钱最终落到了占据幽州的契丹人手里，后来被熔铸成新钱，一举解决了辽国当时面临的钱荒。

刘仁恭父子在幽州期间曾经发行的铜铁铸币也现于后世，币面文形制独特，有"永安五百""永安一千"等几种。不过刘仁恭为敛财而发行的那些土制钱是不可能流传下来了，不然也是奇葩刘氏的一个历史见证。

耶律阿保机（872—926）

契丹首领，907年统一契丹，916年建立大契丹国，称天皇帝，任用汉人文士，并行汉制与草原体制，屡次南侵中原。

耶律阿保机：草原上的疾驰者

作为一个金庸迷，我一直认为《天龙八部》应该是金庸武侠小说里最精彩的一部，其中大侠乔峰更让人敬仰无比。聚贤庄内，雁门关外，英雄盖世，儿女情长，乔帮主风采引得无数读者竞折腰。

看过此书的人都知道，金庸笔下的乔峰本是契丹人遗种，后改名萧峰，还当上了大辽国的南院大王，最后因不愿南侵中国，自刎而死。萧峰故事背后的"胡汉纠葛"与身份冲突更显其情其义，令人无限感慨。书中有一回"燕云十八飞骑，奔腾如虎风烟举"，讲萧峰在少室山上连败三大高手，而之前一众契丹武士的出场更让人印象深刻：

> 但听得蹄声如雷，十余乘马疾风般卷上山来。马上乘客一色都是玄色薄毡大氅，里面玄色布衣，但见人似虎，马如龙，人既矫捷，马亦雄峻……人数虽不甚多，气势之壮，却似有如千军万马一般。

萧峰和这群奔腾如虎的契丹武士背后，是一个强悍的草原政权，在整个北宋一直是中原王朝的大敌。但说起这个游牧民族契丹的兴起，就得上推到晚唐五代，因为正是从九世纪末十世纪初开始，契丹才在北方草原强势崛起，频频南下，一度成为左右中原政局的主角。引领契丹成功建国的，是自称"天皇帝"的耶律阿保机（872—926）。

其实契丹人的历史充满谜团，首先关于这个民族的起源就众说纷纭。中国最早关于契丹的记载出自二十四史之一的《魏书》，之后这支阿尔泰语系的游牧民族被《旧五代史》称为"古匈奴之种"，也有人认为他们源自鲜卑一支，后来的《辽史》甚至认为契丹先祖始于炎帝，"辽之先，出自炎帝"。无论怎样，契丹部族的出现应该时间久远。在契丹人自己的历史记忆里，众口相传着一个关于本族起源的神话：有一位男子骑着一匹白马自西而来，而一位女子骑着青牛自东而来，二人相遇，结为配偶，生下八个儿子，后来这八个儿子繁衍为八个部落。这个在《契丹国志》中记载的神话，无疑充满着一种草原民族特有的洒脱与浪漫。

另外，关于"契丹"这个名字的来源与含义，学界也是议论纷纷，终无定论。通常认为"契丹"二字的原意为镔铁，也有人认为是指刀剑，其实无论是镔铁还是刀剑，从这个民族称号上，看得出契丹人顽强的战斗意志和尚武精神。

最初契丹人散居在广袤的蒙古草原。据《契丹国志》，他们"本无姓氏，惟各以所居地名呼之"，最后形成八部，流行着每数年选举可汗的"世选"制度。在唐朝大部分时间里，契丹在北方的存在感并不是很强。但到了唐末五代，用《新五代史》的说法，在北方边境"为中国患"的游牧民族里，以"契丹最盛"，开始屡屡入寇中原。这应该就是为什么欧阳修在《新五代史》里，要用两卷的篇幅来叙述契丹故事。他在《四夷附录》一卷里开篇就写道："惟其服叛去来，能为中国利害者，此不可以不知也"，对契丹的重视程度可见一斑。

当然，在晚唐时期八部贵族轮换统治下的契丹还不算是一个狠角色，连幽州刘仁恭父子都能屡屡出兵攻之，逼得契丹人不得已用良马来贿赂刘仁恭以求取牧地，"十余年不能犯塞"。但是很快，一个了不起的人物就横空出世，改变了契丹的命运。

此人正是耶律阿保机。

在《辽史》的记载中，耶律阿保机的早期经历如同中国正史中几乎所有的开国帝王一样，拥有种种神话光环和奇异瑞象。据说他母亲因"梦日堕怀中"而有娠，他出生时则"室有神光异香"，而且一出生就会爬，三个月就会走，一岁就会说话，还能预知未来等。即使是一贯对迷信妄说不感兴趣的欧阳修，在其《新五代史》上也说阿保机"为人多智勇而善骑射"，虽然少了神话色彩，却也承认他是位了不起的人物。

关于阿保机仿效汉人建立集权的故事，在五代史书里也写得颇为传奇：阿保机先是在幽州刘守光暴虐之时，不断入寇掳民，又招汉人兴建城市，耕种田地；907年，他被选为契丹可汗，连任九年，但后来野心勃勃的阿保机不肯按照部族传统交出权位，招致其他各部首领责难，最后他设计宴请各部首领，席间埋下伏兵，"尽杀诸部大人"，于是成为真正的契丹之主。在916年，阿保机登基称帝，国号"契丹"，建立了"大契丹国"，从此成为一个让中原几代王朝都头疼不已的北方强敌。他的儿子耶律德光于947年改国号为"大辽",在占据了燕云十六州后,成为后来北宋王朝的头号威胁。

契丹的崛起离不开阿保机,但阿保机的成功也离不开他背后的两个人。

按照《新五代史》的说法,阿保机之所以打破传统拒绝让位,是因为有"汉人教阿保机曰:中国之王无代立者"。这个汉人叫韩延徽(882—959)。韩延徽本是幽州刘守光属下,在一次出使契丹的任务中遭到羁押,后来得到阿保机重用,帮助契丹建城郭、教垦艺和定制度并出谋划策"营都邑,建宫殿,正君臣,定名分",成为阿保机崛起之路上最重要的谋士之一。韩自己曾很自信地说:"阿保机失我,如丧两目而折手足。"韩延徽最后官至契丹宰相和崇文馆大学士,历经四代契丹君主而不倒。

正是在韩延徽等中原文人的辅助下,阿保机成功立国,号天皇帝,与当时的中原君主共享天命。从中原传入的汉文化对草原之主阿保机和他的新政权影响巨大,《旧五代史》说他"善汉语"。920年他还命人参考汉字创制契丹文字,"皇帝"等词直接就借用汉字。此后,辽朝还用契丹文字翻译、印刷了不少四书五经等儒学经典。

另据《辽史·后妃传》记载:"太祖慕汉高皇帝,故耶律氏兼称刘氏;以乙室、拔里比萧相国,遂为萧氏。"说的是阿保机受汉人文化影响,很仰慕汉高祖刘邦,于是契丹皇族以刘为姓,而一些王公大臣都改姓萧,因为辅佐汉高祖刘邦得天下的宰相就是萧何。也许在阿保机眼里,韩延徽的角色就是萧何,而他自己就是逐鹿天下的刘邦。

阿保机崛起背后，另一位不可或缺的人是一位女性，那就是阿保机的皇后述律平（879—953）。这位皇后实际上是回鹘人之后，在丈夫阿保机称"天皇帝"时，她也被尊为"地皇后"。

述律皇后英姿飒爽，是绝对的女中豪杰，《辽史》里称她"简重果断，有雄略"。有一次阿保机带兵出征，其他草原部族的敌人计划偷袭他，而阿保机毫不知情，家中的述律皇后得知消息，亲自带兵大破敌军，从此威震四方。还有一次，幽州节度刘守光派人出使契丹，但这个使者不肯向阿保机夫妇跪拜，阿保机大怒，就把这个使者扣下来牧马。深谋远虑的述律皇后却认为此人守节不屈，应当以礼相待，最后阿保机任用这个汉人做了他的谋士，从此言听计从，无往不利。此人就是前面提到的韩延徽，足见这位述律皇后的眼光和胸怀。

在五代之初，阿保机统治下的契丹迅速在北方草原崛起，开始积极参与中原政局。朱温和李克用父子间的梁、晋争雄战期间，契丹最初跟其他河北藩镇一样，在梁、晋中左右摇摆，以获取利益的最大化。

907年，阿保机带兵进击山西，同样出身草原游牧民族的李克用有心跟阿保机结交，于是二人相聚云州，把酒言欢，席间还"握手约为兄弟"，共抗朱温。可是阿保机一回去就反悔了，毕竟此时的朱温刚刚灭唐建梁，势力方盛，于是阿保机派使者去开封见朱温，不但送去良马和貂皮，还奉表称臣。朱温乐得获一强援，于是遣使册封了阿保机，两国约为"甥舅之国"。以当时的实力关系，当然朱温是舅舅，阿保机是外甥。这种政权首领之间相互约为亲戚关系来定位国家关系的结盟方式，在唐宋时期颇为常见，只是后人往往记住的是四十年后"儿皇帝"石敬瑭认契丹为父，却不知道十世纪初期契丹国主也做过中原君主的外甥，身份高低最终皆由实力决定罢了。

阿保机的背信弃义让李克用气愤不已，老晋王在临死前留给儿子李存勖的三支箭，其中一支指的就是契丹。在这个著名的"晋王三矢"的故事里，濒死的李克用恨恨地说，"契丹与吾约为兄弟，而皆背晋以归梁"，让儿子一定灭了契丹为他报仇。就这样，李克用的临终遗愿开启了李存勖与阿保机之间长达十几年的军事冲突。

本来在李存勖继位晋王之初，面对步步紧逼的梁军，也曾派人向阿保机求援。阿保机的回答颇有意思，他说："我与先王为兄弟，儿即吾儿矣，宁有父不助子耶？"阿保机以长辈自居，话说得很好听，其实不过是个场面话，他最好的策略无疑是坐山观虎斗，等梁、晋两败俱伤，自己再从中取利。所以契丹军迟迟未动，最后是年轻有为的李存勖自己击破了梁军的潞州之围。

916年，当李存勖正在河北忙于与后梁交战之时，阿保机却趁机南下，攻入山西河北一线，企图占个便宜。第二年又有晋军将领叛变，投入契丹，还引契丹大军大败晋军主帅周德威。在晋军叛徒的指引下，契丹军队挖地道、堆土山，猛攻周德威拒守的幽州城，直到李存勖派来援兵，契丹才撤兵退走。《旧五代史》说此时契丹大军有三十万之多，"幽蓟之北，所在北骑皆满"，幽州以北遍地都是契丹骑兵。这虽然有些夸张，但能击败晋军名将周德威，足见此时的契丹已经兵强马壮、不可小觑了。

此时野心勃勃的阿保机和心存大志的李存勖之间，冲突已经不可调和。921年，李存勖的河北盟友王镕被手下叛将张文礼杀死，李存勖带兵讨伐。阿保机再次倾全力南下，想借此机会在河北劫掠一番。《新五代史》中的描述十分传神：阿保机对着述律皇后"跃然曰：张文礼有金玉百万，留待皇后，可共取之"。其时，已年近半百的阿保机兴奋无比的神态栩栩如生。

第二年正月正值寒冬，契丹军与李存勖亲率的五千银枪军在河北新城（今天的高碑店一带）相遇。李存勖亲自冲锋陷阵，最后契丹军大败。当时天降大雪，契丹军队粮草不足，冻死无数，败军逃跑经过沙河，当时河面虽已结冰，但冰尚薄，结果大批契丹士兵掉进河里溺亡。乘兴而来却遭遇大败的阿保机沮丧无比，指着天说了一句"天未使我至此"，心有不甘地带兵北撤。

虽然阿保机此役大败，但契丹军队的纪律和战力仍然让李存勖叹服不已。他看到契丹人留下来的营帐从容整齐，感慨道："蕃人法令如是，岂中国所及！"在得知自己派出追踪契丹人的二百侦察骑兵几乎全部被契丹俘获后，李存勖不敢再追，下令还军。此役说明契丹虽败，但中原政权已经无力再消灭他们了。这是阿保机和李存勖之间最后一次直接冲突。

巧合的是，四年之后，李存勖和阿保机这一对世仇死于同年，各自留下让后人难解的谜题与不尽的慨叹。

李存勖在中原势不可当，于923年建立后唐王朝，随后攻灭了后梁。但意气风发的庄宗李存勖却开始骄奢淫逸、宠信伶人，最后落得众叛亲离，死于兵变。926年，李存勖的义兄李嗣源上位，成为后唐王朝的新皇帝，是为明宗。就在这一年，明宗派遣大臣姚坤出使契丹，新旧《五代史》里都详细地记录了后唐使者和阿保机之间的对话，而话题核心就是刚刚败亡的李存勖。

姚坤一来，还没行礼，阿保机就已经忍不住探问中原政局变化："闻尔汉土河南、河北各有一天子，信乎？"姚坤随即报告了庄宗已死、明宗即位的消息，但没想到阿保机对于李存勖之死的反应竟无比强烈，他先是"号咷，声泪俱发"，说话竟然"泣下不能已"——

> 我与河东先世约为兄弟，河南天子吾儿也。近闻汉地兵乱，点得兵马五万骑，比欲自往洛阳救助我儿，又缘渤海未下，我儿果致如此，冤哉！

姚坤看到装腔作势的阿保机，客气地表示理解，说"非不急切，地远阻隔不及也"——路太远你无力相救也不怪你。令姚坤没想到的是，阿保机却开始责怪起李嗣源趁乱上位了："我儿既殂，当合取我商量，安得自便！"姚坤回答道：

> 吾皇将兵二十年，位至大总管，所部精兵三十万，众口一心，圣坚推戴，违之则立见祸生，非不知禀天皇王意旨，无奈人心何。

面对咄咄逼人的阿保机，姚坤毫无惧色，说明宗上位跟阿保机自己当初登基开国一样，都是"应天顺人"、众望所归，怎么会是强取呢？

阿保机当然也知道中原的事还轮不到他来干涉，只好承认"理当如此"，然后话题一转，开始感慨起李存勖声色犬马的荒唐来：

> 闻此儿有宫婢二千，乐官千人，终日放鹰走狗，耽酒嗜色，不惜人民，任使不肖，致得天下皆怒。我自闻如斯，常忧倾覆，一月前已有人来报，知我儿有事，我便举家断酒，解放鹰犬，休罢乐官。我亦有诸部家乐千人，非宫宴未尝妄举。我若所为似我儿，亦应不能持久矣，从此愿以为戒。

这一番话说明阿保机是非常清醒的，他能从李存勖的败亡中吸取教训，时刻警醒自己，也足以称为一代英主了。

姚坤使辽，其实足以反映出新登基的明宗李嗣源意在交好契丹，对此阿保机心领神会，说"汉国儿与我虽父子，亦曾彼此仇敌，俱有恶心，与尔今天子无恶，足得欢好"。这时阿保机还借机表达了对幽州的渴望，承诺如果得到幽州，契丹将"不复侵入汉界"。由此而见，此时契丹人的胃口还不是太大，但对燕云之地的垂涎早已有之。

就在这场对话结束后不久，刚刚带兵消灭了渤海国的阿保机在回师途中，病逝扶余城（今吉林农安县），史称"扶余之变"。关于阿保机之死，学者罗新曾写过一篇生动有趣的文章。在这篇《耶律阿保机之死》中，作者好奇于史书中对阿保机去世时过于夸张的异象描写，最后推出阿保机之死是出于对内亚汗位传承传统的遵从而不得不兑现登位时的预言，最后通过自我牺牲，实现父死子继的新型政权继承模式。阿保机之死，实际上成为契丹王权制度突破的重要一环，从此契丹集团从松散的部族联合体完成了向集权汗国的跨越。

阿保机究竟是史书所说的"病死"，还是罗新老师推测的主动而死，恐怕已经很难确认。如果说李存勖之死为世人留下了成败倏忽的历史感叹，他的对手阿保机之死则成为一个历史之谜。

但无论阿保机究竟因何而死，他建立的中央集权式的契丹国最终得以延续，而这一切也与睿智果敢的述律皇后密不可分。最初阿保机在921年决意南下中原时，述律皇后就曾劝阻丈夫说："我有羊马之富，西楼足以娱乐，今舍此而远赴人之急，我闻晋兵强天下，且战有胜败，后悔何追？"此时的述律皇后表现出女性特有的谨慎与保守，但在丈夫死后，她却展示出十足的进取和激进。

阿保机死后，述律皇后亲掌军国大事，当时有不少王公大臣不服，述律皇后援引契丹旧例，处死了一批大臣和将领为阿保机殉葬。当有人质问她本人为何不追随先皇而死时，述律皇后竟然挥起金刀，砍下右手，把断手放入阿保机的棺材里，铿锵地说出自己不死的理由："吾非不欲从先帝于地下，顾诸子幼弱，国家无主，不得往耳。"实际上，此时他们最大的两个儿子都已经成人，述律把持大权的真实目的，无非是想确保丈夫的基业能得以传承。如果阿保机真是主动赴死，那他无疑对皇后的政局掌控能力充满信心。这个颇为血腥的断腕故事，也足以证明了这位寡妇的决绝和勇毅。

围绕王位继承的兄弟相残故事在五代十国历史上屡见不鲜，阿保机死后的契丹也无法回避这个问题。

阿保机和述律平本有三子，曾经贵为皇太子的长子耶律倍（契丹名突欲），原本也随父带兵，而且非常孝顺。他在阿保机死前被封为东丹王，号"人皇王"，统属原渤海国领地，这似乎是早已决定让次子继位的阿保机对大儿子的一种补偿。在述律后的支持下，次子德光出任兵马大元帅，最后成功继位，史书上给出的理由不仅仅是"述律尤爱德光"，而且德光"有智勇，素已服其诸部"，其个人素质和人望恐怕才是他得承大统的真正原因。我们有理由认为，德光就是阿保机死前钦定的继承人。

《资治通鉴》记载了德光即位的场景：当时掌握兵权的德光已经剿灭了反对派，述律皇后主持召开贵族大会，命两个儿子都乘马立于帐前，对大家说："二子吾皆爱之，莫知所立，汝曹择可立者执其辔。"毫无意外，手握大权的德光顺利获得大多数人的支持，老大突欲也只好无奈接受。

但兄弟之争仍在继续。随后的几年里，德光对大哥处处防范，在此情势下，突欲要想保命似乎只有逃亡一条路。后唐明宗长兴元年（930），突欲从海路逃入中原，还留下了一首题为《海上诗》的五言诗：

小山压大山，大山全无力。
羞见故乡人，从此投外国。

全诗以物喻人，"大山"比喻突欲自己，"小山"暗指兄弟德光，寥寥几笔，勾勒出契丹皇室内斗的残酷和自己选择逃亡的无奈。后唐明宗把来投的突欲奉为上宾，还赐其名为慕华，后又改为赞华，从此这位契丹王子以李赞华的名字开始了在中原的新生活。耶律德光治下的契丹，实力持续增强，与中原政权有战有和，还曾一度进占中原，此为后话。

关于中国史领域对所谓征服王朝的探讨，文化和民族认同一直是一个无法回避的问题。在阿保机和突欲父子的故事中，可以看出十世纪初期契丹人与汉人间的文化互动十分复杂且有趣。

阿保机重用韩延徽等汉人，"尊孔崇儒"，让这个马背上的民族深受汉文化影响。据《辽史》载，阿保机曾经问属下，如果祭祀的话谁应该排在最先，当时佛教已经流行于契丹，很多大臣都说应该让佛排在最先，但长子突欲却建议父亲以孔子为先，因为"孔子大圣，万世所尊，宜先"。阿保机听从了这个建议，下令建造孔庙供百官祭祀。

从历史记载看，突欲对汉文化的仰慕更甚于其父阿保机。他曾在驻地修建藏书楼，还派人前往中原收购图书。在当时军阀混战、文物散佚的动荡局势下，这位契丹王子的藏书竟达万卷之多，其藏书楼有"万卷藏书楼"之称。突欲爱慕中华文化的名声在当时可能人尽皆知，这也许就是明宗李嗣源给他赐名"慕华"（"赞华"）的原因。这位契丹王子李赞华还擅长绘画，宋代《宣和画谱》中曾收录了他的十五幅作品，他的《骑射图》真迹至今还藏于台北故宫博物院。

当然，从唐末到五代的十世纪里，契丹人和汉人在多大程度上形成了所谓"汉契一体"的文化认同，似乎很难臆测。阿保机曾对来使姚坤说自己通汉语，却不愿公开使用，恐怕也是出于对维护契丹文化传统的考量。而其子李赞华虽然身在中原，笔下所画的却大多是游牧射猎的草原主题，应该也是一种不自觉的族裔文化本位主义表现。但在中原政局动荡的唐末五代，无论是被迫"亡叛皆入契丹"的幽州军人，还是那些主动跨越边境寻求明主的文士韩延徽们，也包括以画马著称的契丹王子李赞华，他们内心之中恐怕未必会过度纠结自己的"族属"问题。在关乎个人生存和际遇的选择中，民族与政治、族群认同与文化至上、夷夏之辨与王朝忠诚，凡此种种的对立性边界，可能都是模糊不清的。历史中的个人永远是具体的，依据各自的生存环境和生活条件做出具体的选择和追求。在这一点上，五代边境上的契丹人或者汉人，恐怕未必会纠结于金庸笔下大侠萧峰所面对的族群认同困境吧。

最后想引一阕《天龙八部》回目中的《苏幕遮》，以此纪念数年前仙逝的金庸先生：

向来痴，从此醉，水榭听香，指点群豪戏，剧饮千杯男儿事，杏子林中，商略平生义。

昔时因，今日意，胡汉恩仇，须倾英雄泪，虽万千人吾往矣，悄立雁门，绝壁无余字。

李茂贞（856—924）

唐末五代枭雄，凤翔节度使，受封岐王，屡屡兵犯长安，欺凌唐廷，为朱温死敌。

李茂贞：一碗岐山臊子面

凤翔节度使李茂贞（856—924）与其他唐末枭雄的经历有些类似：他起于军旅，累军功升为节度使，先后受封为岐王、秦王，割据岐陇，势力一度达到关内、陇右、山南、剑南四道十五镇四十余州，虽然没有建国称帝，却割据一方、俨然帝王。

但这个李茂贞却又与众不同，可以说是晚唐五代史上地方军阀中的一个异类。

在唐末到后梁之初的极度动荡中，以武力崛起割据一方者比比皆是，但放眼中原，战力最强的莫过于以开封为中心的篡位者朱温和占据太原的沙陀人李克用。在某个时段去挑战朱、李二者之一的军阀也有一些，如前面提到的山东朱瑄朱瑾兄弟、河北刘仁恭、王处直，但他们要么败亡，要么最终选择妥协而不得不依附梁、晋其中一方以自存。

然而这位盘踞凤翔的岐王李茂贞，以区区西北一隅，却连续力抗梁、晋两大势力多年而屹立不倒。不仅如此，他还与当时中原以外战力最强的四川军阀王建混战多年。翻遍晚唐五代史，打遍当世三大高手而仍能善终的，唯有李茂贞一人尔。

自晚唐历经五代，陕西在中国的存在感就一路走低。自广明元年（880）黄巢入关起，关中大地多次遭受血腥屠戮，士人流散，田园荒芜，经济和文化都遭受重创。天祐元年（904年），朱温又逼着唐昭宗迁都洛阳，从此长安这个昔日王朝都城也不再是政治中心了。但至少在广明至天祐这二十几年间，陕西关中地区仍然是全国政局的焦点所在，围绕着僖宗与昭宗两代皇帝，北方的大小军阀以长安为轴心，为争取朝廷控制权上演了多幕血腥混战。其间大批朝臣、宦官当然还有无数京畿百姓死于非命，空有抱负却时运不济的昭宗皇帝在位十多年，却屡屡见欺于藩镇，颠沛流离，最终难逃一死。

有意思的是，在这帝国落日余晖下，围绕长安发生的几乎所有政治军事动荡，几乎都与凤翔节度使李茂贞有着直接关系。可以毫不为过地说，李茂贞是我们理解和梳理唐末政局演变的最关键人物。

李茂贞凭什么？

李茂贞从一个普通士卒，迅速崛起成为影响唐末政局的一镇强藩，首先要因为黄巢起义和僖宗返京后的混乱局面。

李茂贞原名宋文通，虽然其墓志称其"生于贵族"，三代显官，正史却只不咸不淡地说了一句"（河北）深州博野人"而已，恐怕与世家大族没什么关系，更有可能出身于底层军人世家。在发迹之初，李茂贞作为博野军卒，戍卫京师，屯于凤翔，不过是驻防关中的外地普通官军中的一员。

根据史书记载，李茂贞虽然形象不佳，却有着惊人的记忆力，智力超群而且勤勉认真，《旧五代史》说他"鼠形，多智数，军旅之事，一经耳目，无忘之者"。在博野军中李茂贞升为队长，而他的军事才华也很快被当时负责关中作战的凤翔节度使郑畋发现，"尽招其军至岐下，以茂贞勤于军旅，甚奇之，委以巡逻之任"。因为在讨伐黄巢之战中立下战功，李茂贞升为神策军指挥使，跻身禁军。

在黄巢起义结束后，886年关中地区发生兵变，邠宁节度使朱玫的乱军劫掠京师，逼得刚从成都返回长安的唐僖宗再次出奔兴元（今陕西汉中）。就是在这场变乱中，李茂贞表现得极为出色，率部击溃追击的叛军，保护了逃难中的僖宗皇帝，以"扈跸山南，论功第一"，拜为武定军节度使。

当时李茂贞年仅三十一岁，年纪轻轻就晋身节度使行列，放眼唐末枭雄殊为少见。就是因为这次大功，李茂贞得到僖宗赐姓名，从宋文通变成李茂贞，而且僖宗还给他赐字"正臣"，足见对他期望之高。要知道在四年前朱温降唐时，也只是获赐名"全忠"而已，而李茂贞连名带姓加字一条龙的皇帝御赐，这待遇也算是空前绝后。

李茂贞果然不负所望，第二年又平定了凤翔节度使李昌符的叛乱，当年八月，即被任命为凤翔节度使。比之陕南大山里的武定军（治所在今汉中洋县），凤翔可是实打实的重镇。从此李茂贞的命运与凤翔连为一体，再也没有分开，牢牢控制凤翔长达三十七年之久，最后死于斯、葬于斯。

凤翔古称雍州，位于秦岭之北、关中平原以西，东距长安一百七十公里，自周代以降就一直为秦岐一带之重镇。相传秦穆公之女弄玉善吹笛，引来善吹箫的华山隐士箫史，二人相知音，乘凤凰飞翔而去。在唐朝时取此意设凤翔府，称"西京"。此地在有唐一代兼领陕西、甘肃数州，又具秦岭之险、渭水之利，雄扼由长安向西入蜀通道上的散关，加上商贸发达、人口众多，可以说是占尽地利。安史之乱后，成为唐朝廷非常重视的一个大镇，往往任命重臣为凤翔节度使，其中不少人后来还做了宰相，比如曾经提携李茂贞的郑畋。

李茂贞深知凤翔的重要，以此为基地，他进可随时东进长安、影响时局，退可据险而守秦陇之地。此时朱温在河南，李克用在山西，两强都远离长安且各自征战不休、无暇他顾，放眼关中藩镇，李茂贞的军力应该是最强的了。

于是李茂贞的野心开始膨胀，走上了挑战皇权、冀图称霸的道路。当然，他也赶上了好时候。

昭宗即位后，朝廷的乱局给了李茂贞干政的最佳时机。文德元年（888），英姿勃勃的昭宗即位，新皇帝很有抱负，期待重振皇权大干一场。三年后，昭宗在朝廷驱除了把持禁军飞扬跋扈的宦官杨复恭，杨复恭逃往其义子控制的山南西道治所兴元。借此机会，李茂贞上表要求出兵讨伐山南，昭宗看出了这位昔日禁军大将的野心，并没有同意。但李茂贞却擅自兴兵南下进攻山南，还连连上书，催逼朝廷，昭宗虽然"心不能容"，但在朝臣的劝说下，只好勉强同意任命李茂贞为山南西道招讨使。景福元年（892），李茂贞连下山南数州，最后攻克兴元，"皆表其子弟镇之"。本来昭宗不想让李茂贞坐大，想派人接管山南，但已经占据了兴元的李茂贞怎肯放弃自己打下的胜利果实。他上表为自己的干儿子"坚请旄钺，昭宗不得已而授之"。《旧五代史》上这一句"不得已"，道尽此时昭宗皇帝的心境。

李茂贞在这一年继续攻城扩地，势力急剧增长，对朝廷再也没有什么尊重之心了。

三犯长安

李茂贞应该是唐末最早大肆扩张的军阀之一。他攻克兴元后，曾经还想以山南为跳板染指四川，只可惜他在四川遇上了一个比他更狠的对手，西川节度使王建，最后入川计划失败。为了加强对汉中的控制，李茂贞自请出镇兴元，朝廷乐于顺水推舟，任命李茂贞为山南西道节度使，同时顺势免去他的凤翔节度使，昭宗调虎离山的意图很明显。但李茂贞怎么会轻易放弃大本营凤翔呢？他拒绝"奉诏"，公开与朝廷决裂。

景福二年（893），李茂贞上表昭宗，"辞语不逊"，其中有几句话几乎被所有正史引用，比如《资治通鉴》录之如下：

> 军情易变，戎马难羁，惟虑甸服生灵，因兹受祸，未审乘舆播越，自此何之。

言下之意是他分分钟可以带兵进京，到时候你皇帝又能逃到哪去呢？这种赤裸裸的威胁和轻蔑让昭宗忍无可忍，他召见宰相杜让能，决定攻讨。出身宰相世家政治经验丰富的杜让能头脑很清醒，他劝昭宗隐忍，毕竟李茂贞"地大兵强，而唐力未可以致讨，凤翔又近京师，易以自危而难于后悔"，如果要打最后的失败可以预见，到时候恐怕背锅的人也就只能是他这个宰相了。但年轻气盛的昭宗愤怒难抑，说："吾不能屡屡坐受凌弱！"下令发禁军讨伐李茂贞。结果毫无意外，积弱已久的禁军根本不是李茂贞的对手，史书说"禁军皆望风逃溃"。如杜让能所料，面对逼近长安的凤翔大军，昭宗只能哭着赐死杜让能来满足李茂贞退兵的要求，又加封李茂贞为中书令。经此一战，李茂贞一举成为左右朝局的藩镇。

第二年他带兵来朝，"大陈兵卫"，昭宗强赔笑脸，"宴之内殿"。《旧唐书》说"时茂贞有山南梁、洋、兴、凤、岐、陇、秦、泾、原等十五余郡，甲兵雄盛，凌弱王室，颇有问鼎之志"。要知道此时其他诸侯包括后来灭唐的朱温都还在忙于生存，恐怕还不会有"问鼎"这么崇高的理想吧。

然而，历史却跟李茂贞开了一个玩笑。

可以说李茂贞在晚唐乱局中占尽天时地利，然而在他的争霸之路上，却非常不幸地遇到了当时军力最强的两大军阀——李克用和朱温。前者让他首尝兵败的滋味，而后者则险些让他死无葬身之地。

首先，在一场关于河中节度使继承人选的争斗中，李茂贞领教了沙陀人李克用的厉害。乾宁二年（895）正月，河中节度使王重盈病死，其子王珙和养子王珂为争夺节度使之位，大打出手、刀兵相见，双方各自向外寻求强援。河中（即护国军）辖山西西南数州，地处关中之东，临近京畿要地，历来也是兵家必争之地。王珂的养父王重盈生前就与李克用交好，双方结为儿女亲家，沙陀人当然毫不犹豫地支持女婿王珂。另一边，王珙找到的帮手则是李茂贞。对于李茂贞来说，如果他所支持的王珙上位，他就不但可以对长安形成包围从而更容易控制朝廷，而且也可以由此挺进关东，在称霸路上更进一步。所以这场河中帅位之争表面上是二王之间的堂兄弟之争，但背后却是二李之间的第一次军事交锋。

可能因为昭宗对李茂贞恨意难平，就以李克用先上表为由，拒绝了李茂贞的请求。当年五月，李茂贞联合静难节度使王行瑜和镇国节度使韩建第二次进军长安，轻松打到宫外，昭宗上楼质问三人，带兵进京意欲何为，李茂贞几个人心知理亏，也不好作答。昭宗估计也是强作镇定，面对这几个强藩并不敢追究，反而赐御宴招待。回过神来的李茂贞等人威逼昭宗处死宰相韦昭度等人，昭宗怎肯答应，但当天李茂贞就派人在京城诛杀了韦昭度等一批跟自己不睦的朝臣，然后留下一个干儿子驻军长安监视皇帝，自己则扬长而去。

很快李克用也派出大军，逼近长安。沙陀军的到来让李茂贞感到了危险，他留在京城的军队纵火，意图劫走昭宗，逼得昭宗不得不再度逃离长安，驻跸附近的石门山。李克用在关中击破了邠州的王行瑜，上表请求进讨李茂贞。看到如此威猛的沙陀铁骑，李茂贞明白自己还不是李克用的对手，于是杀了在长安放火的干儿子，请求朝廷恕罪。这时候昭宗皇帝反而对李克用充满顾虑，这应该也可以理解，以虎驱狼恐怕对朝廷有害无益，而且李克用大本营毕竟在山西，远离长安，李茂贞的凤翔就在长安之侧，对朝廷的威胁更为直接。于是昭宗命令李克用停战撤军，李克用恨恨离去，临走时说了一句话："不诛茂贞，忧未已也。"

沙陀人说对了。果然，李克用一撤兵，李茂贞立刻旧态复萌，又开始"骄横如故"。

昭宗不得不继续与李茂贞的角斗，他先是招募新军，又在896年下诏任命李茂贞为东川节度使。李茂贞明白昭宗招兵是在针对自己，而改授其职是想调虎离山，于是又一次兴兵冲向长安。朝廷新募的禁军再度溃败，可怜的昭宗皇帝只好又一次出逃。李茂贞进入长安后派兵纵火，皇宫被付之一炬。过了几年，再次返回长安的昭宗皇帝实在拿李茂贞没有办法，为了自身安全不得不委曲求全，加封这个数次凌辱朝廷的逆臣为尚书令，进封岐王。

李茂贞一介武夫，从士卒到节度使也不过十余年，竟然一跃获得地位尊崇无比的尚书令之封，可见昭宗对他也是既恨又怕到了极点。

既生茂贞何生温？

三犯长安后的李茂贞如日中天，但这也很快成为他最后的辉煌。此时的北方政局已经发生重大变化，朱温吞并了山东，控制了洛阳，也开始把注意力投向长安，李茂贞和朱温的交锋已经不可避免了。

天复元年（901），朝廷里以宰相崔胤为代表的文官集团和宦官集团已经势同水火。双方各自向外寻找同盟，崔胤找了刚刚一统河南的朱温，而掌握着神策军的宦官首领韩全诲则勾结了李茂贞，"四人各为表里，全忠欲迁都洛阳，茂贞欲迎驾凤翔，各有挟天子令诸侯之意"。崔胤面对宦官威胁，派人前往河南假传圣旨，召朱温进京诛杀宦官。朱温当然不会错过这个机会，亲率大军西进。宦官们听说朱温将至，就劫持昭宗逃奔凤翔。可怜的昭宗皇帝又一次被逼离开长安，而这一次更是屈居于自己平生最痛恨的李茂贞之处。很快，围绕这位皇帝的争夺战，在李茂贞和朱温之间展开。

自古乱世奸雄多挟天子以令诸侯，李茂贞终于实现了这一步，开始动不动就以天子之名发号施令，可惜此时天下又有几个诸侯能听从诏令呢？宋人就曾评价此时的李茂贞说："无尺寸之功以取信于天下，而有劫主之名以负谤于诸侯。"李茂贞多次霸凌朝廷的历史污点天下皆知，他虽控制着昭宗皇帝，但反而为朱温的军事行动提供了最好的借口。

朱温大军一路打到凤翔城下，李茂贞数次出兵迎战都以失败告终，只好坚守不出，困守孤城。在长达一年多的凤翔围城中，城内粮食断绝，以至到天复二年（902）冬季，城内"民冻饿死者日以千数，米斗直钱七千"，这时候连昭宗皇帝一家都没有大米吃，不得不让宫人磨豆麦煮粥为食。此时城内吃人肉也屡见不鲜，"人肉斤直钱百，狗肉斤直钱五百"，人肉甚至贱过狗肉。《新五代史》里写了一个故事，说凤翔城内有个父亲在吃儿子的肉，结果一群人跑过来抢，这个父亲说：这是我儿子的肉，你们凭什么吃啊！

面对围城的惨烈结果，李茂贞知道自己再难支撑，于是去见昭宗，商量与朱温谋和。昭宗凄然说："朕与六宫一日食粥，一日食不托，安能不与梁和乎？"903年正月，李茂贞向朱温求和，杀了韩全诲等宦官，把首级送给朱温，又乖乖把皇帝送出城外。朱温于是撤兵，高兴地带着皇帝走了。

凤翔围城事件意义重大，从此昭宗落入朱温之手，开启了朱温的篡唐之路，而李茂贞也实力大损，"自是兵力殚尽，垂翅不振"。他还不得不自请削除自己尚书令的职务，面子和里子都丢得干净，再也无法恢复往日的荣光了。

不得不说，李茂贞在追求霸业之路上的运气实在太差，上一次被李克用修理，这次又被朱温打得如此狼狈，他在西北的地盘大部分被朱温兼并，而四川的王建也趁火打劫，攻占了陕西南部的山南诸州。李茂贞所辖之地从鼎盛时期的数十州之地，"当梁末年，所有七州而已"，他只能偏据一隅仰天长叹了。

凤翔之战的结果还导致了唐末政治中心的东移，影响深远。朱温此次劳师远征，肯定意识到了就近控制天子的重要性。天祐元年，昭宗被逼迁都洛阳，从此几乎失去所有自由。迁都以后朱温可以随时掌控天子，而凤翔的李茂贞则再也无法对朝廷施加任何影响了。原来的李茂贞动不动凌迫京畿，震动天下，如今长安已经帝去城空，任由他如何折腾也掀不起什么波浪。随着都城的东移，李茂贞的秦岐之地开始由政治中心沦为边缘。

欧阳修对凤翔之战有一个评价："天子虽得出，然梁遂劫东迁而唐亡，茂贞非惟亡唐，亦自困矣。"一场围城之战，一个天子之城的东迁，都注定了李茂贞的衰落。当然，对于凤翔一役，我们也可以做另一番理解：在军力强悍的朱温长期打击下，李茂贞困守孤城经年，竟然仍能存活下来，其毅力和顽强也真非常人所能及。他就是一个打不死的小强！

历经惨败的李茂贞仍然没有放弃，即使在朱温称帝后，还是一如既往地维持着凤翔的独立，拒绝称臣。他联合昔日的敌人李克用、王建等人"志图复兴"，几次出兵讨梁，失败后又坚持不承认后梁年号，一直使用昭宗的天祐年号。

唐朝灭亡后，割据各地而又不服朱温的军阀纷纷自立，有的还改元建号称帝。李茂贞地小势单，但他也毫不示弱，顶着岐王的头衔分封百官，出入视事临朝都照着天子的样子，在自己的独立王国过了一把瘾。史书说：

> 茂贞疆土危蹙，不遂僭窃之志，但开岐王府，署天官，目妻为皇后，鸣鞘掌扇，宣词令，一如王者之制，然尚行昭宗之正朔焉。

923 年晋王李存勖称帝于河北的消息传来，李茂贞还"自为季父，以书贺之"，明显并没有把这个晚辈放在眼里。直到听到李存勖灭梁入洛，他才"惧不自安"，上表称臣，终于低下一生倔强的头颅。

第二年四月，李茂贞病死在凤翔，终年六十九岁，而此时他的老对手们早已先他而逝：李克用死于 908 年，朱温在 912 年被儿子刺杀，四川的王建也在 918 年病逝于成都。李茂贞终其一生都没有战胜过这些对手，他却幸运而顽强地看到这三个敌人——

死在他的前面。

但李茂贞身后也留下一个历史谜题——这样一个唐末五代的重要人物及其政权却没有在后世历史书写中得到应有的重视。尽管《旧五代史》将李茂贞列为"世袭列传"的第一人，排在荆南高季兴、楚国马殷和吴越钱镠之前，但他的秦岐政权却并没有被欧阳修的《新五代史》列入"十国"。我们有理由相信，以李茂贞在十世纪之初的政治影响力而言，他的岐国足以与任何十国政权一较高下。也许后世史家各有考量，只是对于李茂贞未免有失公允，李茂贞的岐国完全可以称作五代十国史上的"第十一国"！

谁是李茂贞？

李茂贞三迫长安、数次欺凌唐皇，在时人眼中一直被视作"逆臣"。但此人能够以惊人的速度在唐末乱世中崛起，连续对抗李克用、朱温和王建这些当时军力最强悍的大军阀而始终屹立不倒，在凤翔称王三十余年，也算是一个了不起的人物。一个"乱臣贼子"的标签之下，也许掩盖着历史人物更丰富的特质和内心世界。

李茂贞的确有过人之处，除了《旧五代史》点出的有智谋、长于军旅之事和过目不忘的好记性外，还有宽仁的性情，颇得军民拥戴。《旧五代史》里有一个故事，说凤翔军中有个将军，外面曾传言说他要谋反，但李茂贞听到表示不信，还特地来到那个将军家里，屏退卫士，独自一人躺在属下的床上睡了一晚。李茂贞这是在用行动表明自己对属下将领的绝对信任。还有一次，有军士冲突打斗闹到他这儿，李茂贞哈哈一笑，说我请你们一人吃一碗面条，大家和解了吧！

凡此种种，李茂贞深得军心，史书说，"遂至上下服之"。难怪朱温围攻凤翔一年多，李茂贞在失地损兵、坐困危城之下，仍能受到属下拥戴，力保凤翔不失。《新五代史》说他"宽仁爱物，民颇安之"，这句话也许道出了李茂贞屹立不倒的根本原因所在。

虽然身为武人节度使，李茂贞对文人却颇为亲近。晚唐五代虽然武人当权，但往往也不得不任用文人，毕竟起草文书这类的工作也是现实所需。李茂贞帐下一位有名的才子叫王超，来往书信奏章多由此人主笔，文采飞扬，让李茂贞在藩镇圈里很有面子。后来蜀王王建也得到一个文笔同样出众的文人王保晦，欣喜异常，还拿他与王超比较，呼之为"二王"。

但与王建这样目不知书的文盲军阀不同，李茂贞对文化似乎是发自内心的喜欢。《北梦琐言》里记载，李茂贞曾经请一个大儒讲《春秋》，此人授课极好，就是性情古怪，而李茂贞却连月听之不倦。能在战乱纷扰中忙里偷闲听文人讲几个月的《春秋》，看来这是真爱。宋人笔记《玉壶清话》里说李茂贞"不礼儒术"，"惟喜狗马博塞，驰逐声伎"，对其贬斥如此，不见得是事实。

在史书描述中，李茂贞的形象如鼠，长得也许有点猥琐，但这位外表普通的王爷却十分亲民，颇具个人亲和力。他对手下人非常随和，即使是那些管府库、拿钥匙的仆役，他也与之嘻嘻哈哈，总是开玩笑地唤他们司空、太保，全府上下一团和气，欢乐无比。李茂贞这个人还大大咧咧的，有时候饿了就自己跑去厨房找吃的，然后往地上一坐，端起碗就吃。

虽然凤翔百姓在李茂贞治下"颇安之",但李茂贞也不是没干过压榨百姓的事。因为战事频繁,凤翔府库空虚,李茂贞实行了灯油专卖以牟利,但当地的老百姓仍旧不愿买灯油,而是改用松枝照明。捞不到钱而计无所出的李茂贞只好下令禁止松枝入城,结果这事被身边的伶人好一顿嘲笑,说您单禁老百姓用松枝恐怕还不管用,天上还有月亮呢,要不您老干脆把月光也禁了吧。能被手下当大事来讽谏,估计这种压榨老百姓之举在凤翔并不多,对于伶人当面这样开玩笑,李茂贞也是一笑了之,不予追究。

军旅之外的李茂贞也是非常在乎亲情之人,史书上说他"尤善事母",是个大孝子,母亲去世的时候他痛苦万状,"哀毁几灭性,闻者嘉之"。李茂贞与妻子刘氏也非常恩爱。从出土的刘氏墓志推算,两个人年龄相差了整整二十一岁,绝对的老少配。刘氏幼时曾有相士说她"后当祗见贵人,诞生贵子",后来果然嫁给李茂贞这个贵人,成为岐国夫人。李茂贞开王府置百官后,还让刘夫人用了"皇后"的称号。要知道连李茂贞自己都没敢称皇帝,却让夫人过了把皇后瘾,绝对可以称得上模范丈夫。这位刘氏一生笃信佛教,应该对丈夫也有很大影响,李茂贞为此还几次重修了境内的法门寺。敦煌写本中有一首诗记载此事,其中一句"秦王偏敬仰,皇后重心慈",点出了李茂贞与刘氏礼佛的虔诚,后人亦能于此窥见这对夫妻间的深厚感情。

在今天的陕西宝鸡西北有一座大唐秦王陵,就是李茂贞夫妇死后的合葬之处。虽然秦王陵墓被盗严重,内部随葬品所剩无几,但墓室恢宏,墓内浮雕精美。作为曾经的"皇后",刘氏的墓室规模比丈夫李茂贞还宽阔，墓室端门宏大，其上一座仿木浮雕彩绘门楼构造复杂、设计巧妙，堪称北方五代墓葬中的精品。

如果去宝鸡旅游，除了这座大唐秦王陵，当然也不要错过当地街头的名吃——岐山臊子面。此面流传已久，面韧肉鲜，酸辣鲜美，吃罢浑身大汗，煞是舒爽。我有时候在想，当年李茂贞大咧咧坐在厨房地上吃的，会不会就是一碗臊子面呢？

王　建（847—918）

唐末五代枭雄，出身底层，后入禁军扈从唐僖宗，趁乱割据西川，受封蜀王，907年紧随朱温之后称帝，建立前蜀。

王建：草根逆袭的标准

纵观晚唐五代，天下大乱群雄并起，有太多的枭雄崛起于草莽，对于这些人，乱世为他们提供了最好的机遇和舞台。相较于流寇出身的朱温和官军底层崛起的李茂贞，有一个出身更为卑微的人物，他的成功故事与朱、李这些同时代的人物相比更为传奇。

他做过贼，当过兵，成长于中原却发迹于西南；他曾奋不顾身救过唐朝皇帝，也屡屡违抗诏命兴兵作乱；他曾传檄天下誓为大唐尽忠报仇，却又转眼自己称帝、割据一方；他曾多次击败凤翔的李茂贞，但又与其结为儿女亲家；他曾几次宣称要讨伐朱温，而又多次与之暗通款曲甚至互通国书、礼聘往来，连称霸中原睥睨群雄的朱温都要尊称他一声"皇帝八兄"。

这个人就是前蜀的开国皇帝王建（847—918）。

王建的一生跌宕起伏，从他身上我们不仅可以看到一个小人物的传奇发家史，也可以更好地理解唐末五代这个充满机遇的乱世舞台。

盗驴贼的豹变

王建是典型的北方人,《新五代史》说他来自河南许州舞阳,《旧五代史》则说他是陈州项城人。其实舞阳和项城都在今天的河南省中部,相距不远,其先人应该在两地之间讨生活,而王建则出生在许州舞阳。今天的舞阳还建有一座"前蜀高祖皇帝王建之衣冠冢",作为当地为数不多的历史名人,这位乱世中称帝一隅的枭雄也算为家乡赚了些名气。

五代十国时期有很多地方政权的开国者都出自北方,其中不少人来自中原腹地的河南,像王建这样割据一方、称王称帝的还有福建的王审知、湖南的马殷、荆南的高季兴等。在唐以前的历史上,南方的政治影响力远远落后于北方,但在晚唐五代时期,南方的地位迅速上升,中国的经济文化中心在这一时期也经历了从西向东、从北向南的大转移。由于北方战乱不止,很多北方人都在这个时期流向南方,在那里安家落户、生根发芽,更有人像王建这样在从北到南的迁徙中抓住机遇,彻底改变了命运,成为一代帝王。

王建出身贫贱,史书上说他家"世为饼师",这样的出身比有个教书先生父亲的朱温和军人世家的李茂贞更为低微。他生来就不是一个安分的人,怎能甘愿做个饼师呢?"少无赖,以屠牛、盗驴、贩私盐为事",正史上记载的少年王建所作之事,几乎在当时都是非法的。美国文化学者大卫·布鲁克斯(David Brooks)曾以"奥德赛期"(The Odyssey Years)来诠释青少年的徘徊、游荡、无所事事,以及迷茫中的选择与尝试。王建早年在家乡的浪荡无赖行径,应该也是他在青春期的一段"奥德赛"经历。

王建很快就在乡里折腾出了名气。他在许州有一群伙伴,都是些胆大妄为之徒,王建的智谋胆识让众人佩服,"机略拳勇出于流辈",因而在众人中有绝对的号召力。最后这批兄弟都成为他所部官军中的核心支持力量,跟着他一路打到四川,成就功业。

王建应该在家族兄弟一辈里排行第八,四里八乡的人于是送他一个外号"贼王八"。有一次作奸犯科的王建被当地官府给抓住,关进了监狱,他对一个狱卒说:你要是能把我放了,以后我发达了一定报答你。这个狱卒还真就偷偷把他放了。后来王建果然兑现了诺言,在入主四川后,他把这个狱卒一家接到了成都,还把一个女儿嫁给了这位昔日恩人的儿子。

言必信,行必果而且知恩图报,被邻里视为乡间无赖的王建,此时正肆意挥洒着青春的激情,内心的梦想也暗自涌动。

王建的命运很快出现了第一次改变。大约在僖宗乾符年间(874—879),正值青年的王建贩私盐到了湖北,碰到了一个叫处洪的和尚,处洪惊讶于王建异于常人的相貌,就劝他改邪归正,说:"子骨相甚贵,何不从军,自求豹变,乃区区为盗,掇贼之号?"

王建的容貌据史书形容,"隆眉广颡,状貌伟然",就是浓眉大眼,脑门宽大,这副容貌在后来成都王建墓出土的一尊王建全身石像上得到证实。在唐宋时期,和尚、道士都宣称拥有看相的独特能力,而人们对此类迷信说法也普遍深信不疑。一直自命不凡的王建由此豁然开朗,信心满满,于是跑回家乡参加了官军,

王建:草根逆袭的标准 | 169

由此开启了波澜壮阔的一生。

这个故事告诉我们，人的一生总有那么一两个关键节点，如果把握好了选择，命运可能就此发生巨变，而在选择过程中如遇高人指引，更能少走弯路，受益终身。

王建就这样开始了他的军旅生涯。回到许州老家，他带着一群哥们儿加入当地忠武军的官军。忠武军早在唐肃宗乾元时开镇，正好以王建的老家陈州、许州一带为中心，其麾下军队战力强悍，在唐后期北方的历次平叛中屡立功勋，所以《新唐书》说"许师劲捍，常为诸军锋，故数立勋"。王建投军之时，正值王仙芝、黄巢之势力蔓延中原，而王建一群人就跟着忠武军四处讨伐，因为作战勇猛，他很快被提为军官。当黄巢大军攻占长安后，忠武军所部八千人进入关中勤王，被编成忠武八都，而王建和他的几个好兄弟晋晖、张造等人都成为都头，执掌一都。

黄巢兵败长安后，这支忠武军并没有返回河南，而是在大将鹿晏弘的带领下打着西迎僖宗皇帝的旗号，一路流窜，如乱匪般劫掠地方，甚至一度占领了兴元。

这一次，王建做出了人生中另一个重大抉择。他见鹿晏弘对他们这些军官十分提防，索性找来几个好兄弟商议带兵出走，劝大家"早宜择利而行"。可是往哪儿走呢？此时入川避难的僖宗皇帝正准备从成都返回长安，于是王建等人决定在僖宗回京的路上"迎驾"示忠。

885年初，在川北陕南交界一个叫三泉的地方，僖宗与王建率领的忠武军相遇。这位落魄皇帝见到主动前来投效的王建等人"大喜"，"赐与巨万"，还将这支军队赐名为"随驾五都"，王建他们几个将领各领一都,作为禁军一部。当时皇帝身边权势滔天的大太监田令孜主管禁军,也顺理成章地收了王建等人为养子。于是王建摇身一变,从四处流窜的地方乱军军官,成为宿卫皇帝安全的神策军将领。

后来的历史证明,王建主动投奔落难中的大唐皇帝是一个多么正确的选择。

皇帝的枕头

885年三月发生了一件大事:朝廷为收回河中地区的盐池控制权,与河中藩镇发生战事,结果禁军溃败,邠宁节度使朱玫带兵劫掠京师,逼得刚刚回京的唐僖宗再度仓皇出逃,史称"朱玫之乱"。僖宗跟着宦官田令孜西入宝鸡,打算过散关走故道再度入蜀避难。正是在这条入蜀之路上,王建护驾有功,从而奠定了他后来割据四川的政治基础。

自古从关中经陕南入蜀之路被称为蜀道,蜀道分两部分,第一段从长安穿过秦岭到达陕南汉中,第二段从汉中越过大巴山进入四川。每一段蜀道的线路都不止一条,但都艰险无比,唐代大诗人李白曾写下著名的《蜀道难》一诗,说"蜀道之难,难于上青天",感叹入蜀之路的艰难。

唐僖宗这次逃亡走的是陈仓道,即所谓的"故道",从长安向西至宝鸡,再向西南出散关,沿嘉陵江上游谷道至凤县,折西南沿河谷抵汉中。这条路相比其他几条蜀道来说,用时虽然较长,但稍微平缓一些。即便如此,嘉陵江边的河谷两侧岩崖高耸，荆棘丛生，栈道穿行期间，很多地方仅是用木头搭在山壁孔洞中而成路，人要贴壁而行，脚下江水湍急，惊心动魄。其时叛军在后追击，许多百姓为避祸南逃，山道拥堵，哭声震天。身在神策军的王建被任命为清道斩斫使，率五百军士用长剑在前面开路，一路披荆斩棘，僖宗一行才得以勉强通过。更危急的是前面的栈道被叛军纵火焚烧，一时间火光四起，形势无比危急。

也正是这时，王建一生中最高光的时刻到来了。他亲自挽着僖宗的马，在浓烟和火光中小心翼翼穿过摇摇欲坠的栈道。行无所依、窘迫无比的僖宗此时对这位新人将领无比依赖，还把玉玺交给王建背负。好不容易摆脱追兵过了栈道，一行人当天晚上就露宿在荒山野岭，和衣而卧，惶恐不安的僖宗枕着王建的膝盖，终于酣然入睡。僖宗夜半醒来，看到疲惫不堪却仍安然不动的王建，异常感动，一时泪洒衣襟，当即脱下这件沾着天子眼泪的御袍赐予王建。僖宗此时绝对是真情流露，经此危难，他对这位属下足可以性命相托。在晚唐五代枭雄中，与大唐皇帝有过如此亲密接触的，也就只有王建一人而已。

在到达兴元成功脱险后，僖宗特意写了一道手书赐给王建，其中一句如是写道：

> 朕罹此多难，播迁无常，旦夕慄慄，不能自保，而况保天下乎？为朕藩护，有望于卿也。

前面一句看得出一个落魄帝王的伤感与无奈，后面一句则是对王建的嘉勉与殷殷期待。这段共患难的经历在君臣之间都留下了深刻记忆，多年以后，称帝蜀中的王建还屡屡回忆起这段往事，慨叹感伤。

经此一难，大太监田令孜因为对引发朱玫之乱负有责任，遭到朝臣和藩镇的谴责。田令孜无法再在朝廷立足，就跑去成都投奔其兄西川节度使陈敬瑄，而他在禁军中的势力也随即遭到清洗。王建因为曾被田令孜收为假子，也被调出神策军，外派为利州（今四川广元）刺史。

这一年是光启二年（886），王建已近不惑之年。如此年纪才得到一个刺史职位，这在晚唐五代枭雄中实在是太落后了。要知道，在同一年，三十三岁的朱温已经当上了宣武军节度使，还受封为吴兴郡王；沙陀人李克用只有三十岁，早已成为河东节度使并受封为陇西郡王；而同样在这次朱玫之乱中大显身手的李茂贞也刚刚三十岁出头，顺利荣升节度使。

跟这些同时代的对手们相比，王建的起点显然是最低的。但是，随后二十年的历史却是另外一幅图景：王建后发制人、奋起直追，最后反而成为南方大地上第一个称帝的割据者，还与开创五代的朱温平起平坐、称兄道弟。

王建近乎奇迹般的成功故事，就发生在西南的四川。

为什么是四川？

王建从盗驴贼到忠武军，再从普通军官成为神策军将领，在不惑之年又成为地方刺史，虽然比中原的其他军阀职位低，但却意外获得了向南方发展的大好机会。作为利州刺史，他面对的是素有"天府之国"之称的四川，一块让他独霸一方而终成帝业的宝地。

四川尤其是成都平原对于唐王朝的重要性毋庸置疑，在有唐一代，它有几个特点值得一提：

首先是富庶，四川所谓"天府之国"，沃野千里、物产丰富，在唐时号称"扬一益二"，前者扬州指的是鱼米之乡的江淮地区，而后者益州指的就是蜀中，这两块富庶之地一直是唐王朝钱粮财赋的支柱。

其次是安全，四川盆地四面环山，邛崃山、大巴山、大娄山、巫山把整个成都平原包围，这里通向中国腹地只有两条路，要么经长江向东出三峡，要么向北走蜀道至汉中再过秦岭抵达关中，无论水路还是陆路皆为不易。这种地理形成的天然屏障，也使得蜀中获得军事防御上的安全性。这就是为什么在唐代自安史之乱起，历次关中遭受动乱，皇帝都会"播迁于蜀"。安史之乱中明皇幸蜀的故事世人皆知，唐玄宗之所以要逃往四川，是因为当时宦官高力士告诉他："剑南虽窄，土富人繁，表里山河，内外险固"，说的正是蜀中的富与险。唐德宗建中四年（783）发生泾原兵变后，德宗在第二年也不得不仓皇南下，逃入汉中，虽然没有继续南下入蜀，但大方向也是奔向蜀地。唐末黄巢起义中唐僖宗又步两位先皇之后尘，先奔汉中，又入成都，后在朱玫之乱中再度南逃汉中。所以终唐一朝，先后有三位皇帝四次要逃往四川避难，其中玄宗和僖宗都驻跸成都多年。可以说四川多次拯救了大唐王朝，因此有后人如此评价蜀地对于唐王朝的意义：

> 唐都长安，每有寇盗，辄为出奔之举，恃有蜀也……自秦汉以来，巴蜀为外府，而唐卒赖以不亡，斯其效也。

四川的安全功能一直延续至现代，在抗日战争中，民国政府也是迁都重庆赖以维系。当然历史上避难四川的不光是皇帝，在安史之乱和黄巢起义中，大批公卿世族、文人墨客也南迁入蜀以保全性命，所以《资治通鉴》说"唐衣冠之族多避乱在蜀"。

四川第三个特点其实由前两个特点引发，即蜀中之地极易"恃险作乱"，割据分裂。所谓"天下未乱蜀先乱，天下既治蜀后治"，说的就是此地一旦为人所据，经常会利用其富其险而割据一方，对抗中央。四川的割据在中国历史上发生过多次，在五代十国时期，就有前蜀和后蜀两个政权先后建国于此。

总之，四川对于唐王朝意义重大，这里被划分为三个行政区域，即西川、东川和山南西道，合称"剑南三川"。后世从剑南历任节度使人选上可以窥见唐朝政府对剑南的重视程度，其中不乏宰相级别的，不少做过剑南三川之地节度使的，也常常在重返中枢后升为宰相，故唐朝时就有人称剑南为"宰相回翔之地"。

但在王建入川之前，剑南西川节度使陈敬瑄则既无能力也无家世，他能获此要职，都是他在朝中的弟弟、权宦田令孜的安排。在黄巢起义愈演愈烈之时，掌握禁军大权的田令孜就想把亲信安插在剑南，以备不时之需，于是推荐了手下四个神策军将领给唐僖宗，其中就有他自己的亲兄弟陈敬瑄。这四个人要竞争三个节度使职位，而这场如此重要的官员选拔，最后却被素好玩乐的僖宗皇帝用一场马球比赛决出。马球赛后，陈敬瑄轻松获得了第一名，于是理所当然地成为西川节度使。这就是晚唐历史上著名的"击球赌三川"。

陈敬瑄上任没过几个月，黄巢之军就攻入长安。田令孜裹挟着唐僖宗循着前人经验，一路逃奔四川，这就有了几年以后起驾返京的僖宗与率军勤王的王建之间的那次相逢。其后一年之内，王建经历了从流亡乱军到神策军将再到利州刺史的身份转变。

此刻摆在王建面前的，是来自锦绣蜀中的诱惑。在那里，他即将完成终极飞跃，登上人生巅峰。

一个割据王国的诞生

公元886年，王建不得不退出神策军，到川东北的利州上任。人到中年，漂泊他乡，不觉又开始迷茫起来。这时候，他人生中第二个导师及时出现了。

一天晚上，一个叫周庠的文人来求见王建。此人正巧也是河南许州人，与王建同乡，唐末在四川做地方小官，时逢黄巢起义，无法返乡而流落此地。周庠的到来让迷茫中的王建大喜过望，"一见欣然，接待甚厚"。

周庠对天下大势的分析更让王建茅塞顿开——大唐王朝已经无力回天了，天下四分五裂，正是建功立业的好时机，但利州这个地方并不利于立足，毕竟四通八达，容易四面受敌，所以只能向外发展。周庠建议王建沿嘉陵江南下，攻取阆州（今四川阆中），因为那里守将孱弱但"地险民豪"，只要占了阆州，就可以

"得其地以广形胜，得其士以增卒伍"，然后寻机再向四川腹地发展。

周庠的分析既有对天下大势的宏观判断，也有合理的现实策略，绝对是一个好方略。对于王建而言，这次谈话的意义不亚于汉末乱世里诸葛亮之于刘备的《隆中对》。王建很幸运，在刚刚创业之初，就遇到了周庠这样一位有水平的人生导师。当然周庠选择辅佐王建也获得了政治回报，在王建成功建国后，周庠被任命为成都尹，后来还一度出任前蜀宰相。

方略既定，剩下的就是坚定实施。第二年王建顺利攻占阆州，开始招兵买马，等待时机。而这个机会，很快就到来了。

就在此时，避难成都的失势太监田令孜派人送来一封信，邀请王建来成都。原来田令孜的哥哥西川节度使陈敬瑄听说王建在川东北招兵买马，很是担心，而田令孜则仗着曾收王建为假子，就跟兄弟夸下海口，说自己可以"一介招之可置麾下"。

王建见信大喜，立刻带兵前往成都。但陈敬瑄却后悔了，他担心如狼似虎的王建会威胁到自己，就派人阻止王建进入蜀中。王建本来兴冲冲地前来，闻讯大怒，这是逗我玩吗？索性提兵进攻，一直打到成都城下。坚固的成都城一时无法攻破，王建大军于是转攻其他蜀中各州，在成都平原上纵横驰骋，四处劫掠。

四川的混乱局势引发了朝廷的忧虑，毕竟这里关系着大唐残存的赋税供应。文德元年（888），新登基的唐昭宗派使者入川调和，一方面给了王建一个节度使的头衔，同时派重臣韦昭度取代陈敬瑄，出任新的西川节度使。可惜这两个任命都遭到了当事人的拒绝——王建不甘心就此罢手，而陈敬瑄也深知自己所依仗的就是成都城,一旦交出节度权柄,自己兄弟二人只有死路一条。但这样一来,陈敬瑄就等于把自己置于叛逆的位置,而王建则成了正义的一方,成为朝廷讨伐叛臣的积极参与者。

王建对代表着朝廷的韦昭度毕恭毕敬,其实出身贵族的韦昭度毫无军旅经验,行军打仗、指挥攻城还得靠王建。韦昭度手下有一群世家子弟,无非是来军前历练镀金而已,这些人平日纸上谈兵,傲气十足,看见王建经常一身戎装,满脸尘土,总讥笑他如同鬼魅。面对嘲讽,王建一直隐忍不发。

到了891年,王建已经打下了蜀中几乎所有州县,成都已是孤城一座。这时候昭宗皇帝不希望战事继续,担心长此以往影响贡赋,于是下诏停战,宣布赦免陈敬瑄。鏖战几年的王建当然不肯放弃,毕竟"大功垂成",在周庠的参谋下,他上表朝廷坚持"陈敬瑄、田令孜罪不可赦",还说"愿毕命以图成功"。

但王建当然不会把到手的胜利拱手送人,便去找韦昭度,劝他回朝。正当韦昭度犹豫不决时,王建派人抓了韦昭度一个手下,绑在大营外,诬陷他贪污军粮,结果那人被一伙士兵一刀刀凌迟处死,连肉都被吃掉了。王建向韦昭度报告:"军士饥,须以此为食尔。"一介书生的韦昭度哪见过这个,吓得心惊肉跳,立刻把主帅印信交给王建,连夜逃出四川。王建派兵跟着韦昭度,待其一出剑门关,立刻封锁了这座入蜀要塞。

至此,整个蜀中已成关门打狗之势,王建开始全力围攻成都。891年八月,陈敬瑄已经无法支撑,田令孜也登上城头招呼自己的昔日假子王建:"老夫与八哥素厚,何为相扼如此?"王建回答:"军容父子之恩,何心敢忘,但太师负国,而朝廷使建讨之,苟太师改心,便可释憾。"言下之意,自己的进攻也是奉了皇命,只要交出成都,一切都好商量。就这样,陈敬瑄和田令孜开城出降。王建的蜀中冒险之旅终于大功告成,成都这座当时中国最富庶的城市迎来了它的新主人。

这年冬天,唐昭宗正式任命王建为西川节度使,但王建的野心远不止一个成都。

897年,王建又兼并了东川,统一了成都平原。902年,他趁李茂贞被朱温围攻之机,夺取了以汉中为中心的山南西道,统一了剑南三川。很快他又发兵沿长江而下,势力直达三峡。

天复三年（903）昭宗皇帝封王建为蜀王,从此王建与梁王朱温、晋王李克用和吴王杨行密这些乱世枭雄们一样,开始割据一方打造自己的独立王国。907年,当朱温灭唐称帝的消息传至成都,王建大哭三天,但很快也宣布称帝建国,国号"大蜀"。

从刺史到帝王,王建用了二十一年。相比朱温、李克用、杨行密这些人,王建可以说是起步最晚的一个,但他却以最大的加速度登上巅峰。称帝这一年,王建已经六十一岁了。

王建的成功有很多因素:他善于倾听和采纳谋士意见,关键时刻做出了正确的战略选择;他上尊天子,所谓"奉表天子,仗大义而行",从而获得了政治合法性;他还善于利用四川险要的地理环境,成功割据。

当然王建能在乱世中飞速崛起,除了天时地利人和之外,他自身也具备一切成为枭雄的基本素质,工于心计,善于谋划。《旧五代史》评价他"雄猜多机略",《新五代史》也说他"为人多智诈"。王建称帝后曾说:"吾提三尺剑,化家为国。"这句话有点类似汉高祖刘邦所说的"吾以布衣提三尺剑取天下",虽然字里行间透着成功者的自负,但王建这句话却道出了一个乱世枭雄最重要的成功因素之一,那就是武力。

那么,王建是如何成功组建起一支强大军队并有效统御麾下诸将的呢?

总揽英雄图霸业

王建赖以起家的军队班底,是他从河南老家带出来的忠武军部队。

当年王建与那批跟他一起屠牛盗驴的许州弟兄们一同加入忠武军,并成为入关勤王的忠武八都将领,最后在汉中这几个兄弟又跟着王建一起带着几千忠武军迎驾三泉,并以随驾五都的名义加入神策军。可以说这批跟随王建一路从河南、陕西打到四川的几千忠武军,是王建崛起之路上最重要的军事基础。他们与王建同乡,同气连枝,一荣俱荣,这种建立在乡土纽带和利益共同体基础上的忠诚,在兵荒马乱的唐末五代形式最直接、效果也最明显。王建曾从这群忠武军中精选勇毅之士,组建了一支亲卫部队,号为"亲骑军",大概四百多人,"皆拳勇之士,执紫旗,各有名号,凡战不利,辄麾紫旗以副之,莫不披靡"。出自《北梦琐言》的这些记载,生动地道出了王建这批亲军的战斗力。

王建的军队还有几个重要来源:川陕降兵、四川民军和土著民族。王建自入川以来,分别击败了西川的陈敬瑄、东川的顾彦晖和占据山南西道的李茂贞军队,吸纳了大批降军。《资治通鉴》

上关于两川和山南各州投降王建的记载有很多且数目惊人，所以这些投降的军队人数肯定远远多于忠武军，应该构成了王建前蜀军队的主体。

在唐朝时期的四川各地，经常有地方豪强组建民兵武装，护卫乡里，这些地方民兵在当时被称为"坛丁""乡兵"或者"义兵"。在王建与陈敬瑄大战于成都平原之时，他就已经注意到这些四川民兵势力，并在888年派养子王宗瑶赴绵竹和邛州等地成功招降了当地坛丁，使得兵力和物资都得到补充。

另外，四川少数民族众多，自古以来就聚居在成都平原边缘地区，这些汉人眼中所谓的"蛮族"往往民风彪悍，战力十足。早在王建起兵利州南下阆州之时，他就在周庠的建议下，"招集亡命及溪洞夷落"，前后招募了八千当地的少数民族加入自己的军队。

可见王建在占据四川的过程中，通过各种方法组建起了一支相当规模的军队，而且战力强悍。与历史上口碑不佳的"孱弱"蜀军不同，王建的新蜀军融合了南人与北人、汉族和土著，在王建一统三川的过程中势不可当，也帮助他在与北方的岐国和后梁及云南少数民族政权的对抗中占据了上风。914年，云南地区的大长和政权兴兵犯境，王建立刻派出大军，轻松击败敌军，并一路追击至大渡河畔。关于此役中蜀军的威猛表现，史书写道：

> 蜀军勇锐欲吞之，俘擒啖食，不以为敌，与向前之兵，百倍其勇。

王建大军无比凶悍，就跟要吃掉敌人一样向前冲锋，杀得敌人心惊胆寒，落荒而逃。

不仅有兵如此，王建麾下更有大批猛将。王建也按照晚唐流行的传统广收"假子"，在军中收武将为干儿子。如《通鉴》所说，"唐末宦官典兵者多养军中壮士为子以自强，由是诸将亦效之，而蜀主尤多"，王建收纳的假子人数甚至超过了李克用的"义儿军"。在王建众多的假子中，除了几个跟王建有亲戚关系之外，"自余假子百二十人皆功臣"，史料上有名有姓的至少有五十人。这些假子中有王建的河南许州同乡，也有在征战蜀中过程中招降的将领，人才济济，各有才华。

如王宗本，本名谢从本，原为西川陈敬瑄手下，在王建攻成都之时，他杀了雅州刺史举城来降，即被王建收为假子，后来带兵出三峡，为前蜀沿长江向东扩张立下汗马功劳；王宗阮，本是蜀地土豪，善于舞剑，攻占戎州后献与王建，后来为前蜀攻破了泸州；王宗瑶，很早就随王建入川，在击败陈敬瑄之役中战功最多，手持一杆大槊，长一丈八尺，"每临阵驰突，人望而畏之"；王宗钵，外号"武子路"，作战极为勇猛，每次打仗都纵马冲上去跟敌人挑战，经常一把揪敌人下马后夺马而回；王宗渥，本为王建亲兵，在围攻成都之时，他诈降入城窥探敌情，为王建顺利占据成都立下大功，于是王建"嘉赏之，列为义子，赐姓王氏"。可以说王建是不拘一格降人才，其目的正是"总揽英雄，以图霸业"。

领导这样一支如狼似虎的军队绝不是一件容易的事，但王建却确立了对这支军队的绝对掌控。《九国志》上说他"御众有术"，《资治通鉴》也借周庠之口说他"勇而有谋，得士卒心"。那么，王建究竟是通过怎样的御众之术来赢得士卒之心的呢？

首先，王建以杀立威，确立了自己在军中的绝对权威。在王建起兵初期，迫于生存，士兵劫掠地方应该时有发生，但在攻下成都后，王建毫不犹豫地明确了铁的纪律，力求恢复地方秩序。一进入成都城，王建立即任命素来铁面无私的张勍为军纪官，并警告士卒说：你们违纪被抓，如果上报我，还可以释放，要是张勍先斩后奏，那我也没有办法。最初有人心存侥幸以身试法，被张勍捉住后，当街用大铁锤砸胸口处死，上百被砸死的乱兵尸体就堆在成都街头示众，从此"众莫敢犯"，张勍也被人送外号"张打胸"。曾有一军官居功自傲，在节度使厅前骑马，被人劝阻时还大言不惭地说：大帅许诺过要封我做节度使呢，骑个马算什么大事呢？在围城之时，王建的确曾以金帛美女和高官厚禄许诺手下为之卖命，但此一时彼一时，王建刚打下江山急需维稳，绝不会容许任何破坏其权威的行为，于是他秘密派人杀了此人。

当然，军纪只是维护威权的惩罚性手段，我们总说赏罚分明，不可能只有罚没有赏，物质奖励一直是王建笼络将士的重要方式。入城伊始，他就与部下打招呼说："吾与汝曹三年百战，今始得城，汝曹不忧不富贵"，在保证秩序的前提下，他许诺部下以富贵。很多将领，尤其是那些跟他从河南一路打到四川的老部下，不少都被封为节度使。物质激励在军人当道的唐末五代十分普遍，但像王建这样奖罚并重，绝不过度纵容手下的人主却不多见。对比前面提到的岐王李茂贞，史书说他"御军整众，都无纪律"，对士兵宽厚有余，但军队纪律性比王建的蜀军要差远了。

王建更为高超的统军手段还包括精神激励，相比被动性的军纪惩戒和优容宽厚的物质奖励，主观上的精神激励无疑更能培养将士的忠心。如猛将王宗铱，王建不但收之为养子，更许诺免其十死，以示鼓励。又如王建的许州老友张造，曾经跟他一起贩过私盐，后来又一起加入神策军，可惜张造牺牲在打下成都之前。当张造之子带着父亲的死讯来见王建时，王建在全军面前痛哭失声，如此重情重义的人主形象，在全军心目中无疑高大起来，三军不敢不用命。

当然王建性格上也有多疑的一面，《旧五代史》说他"雄猜多机略，意尝难测"。曾经有一个叫许存的将军从荆南前来投奔王建，就见识到了王建的多疑，险些丢了性命。许存本在荆南节度使成汭手下为将，唐末动荡中他带兵沿长江逆流而上，攻城略地，从荆州一直打到重庆，帮助成汭抢了不少地盘。也许是功高震主，许存在成汭手下并不得志，立下大功最后却只被封为刺史，而且成汭还时时派人监视他。监视的人回来报告说，许存天天不问正事，就跟兵士一起蹴鞠，这无疑是许存在明哲保身。但成汭却怀疑许存想逃跑，蹴鞠是在练脚力，于是发兵攻打许存。最后许存被逼无奈，不得不溯江而上逃入四川，投入王建麾下。

见到如此英雄了得的许存来投，王建欣喜之余又不免有些顾忌，毕竟许存不比那些跟他一起入川的嫡系，收入帐下容易，怎么用却是一件头疼的事情。多疑的王建最后决定干脆杀了许存以绝后患，幸亏掌书记高烛劝他说："公方总揽英雄以图霸业，彼穷来归我，奈何杀之?"王建听从了建议，暂时收了许存，任命他驻防蜀州，但对他还不放心，又暗地派了一个义子去监视许存动静。好在这个义子人品不错，回来报告说许存"忠勇谦谨，有良将才"，这才打消了王建的顾虑。就这样，王建心中一块石头终于落地，放过了许存，还收他为假子，改其名为王宗播。

在以后的日子里，成为王建假子的王宗播却一直没有放松过警惕。他一直小心翼翼，生怕惹人嫉妒，打仗时奋勇争先，庆功时却总是装病躲开，韬光养晦。902年，王宗播带兵进攻李茂贞控制下的兴元，刚开始未能克敌，这时旁边一个亲信对他说："公举族归人，不为之死战，何以自保？"王宗播一听就急了，再次组织大军拼死冲锋，最终攻克兴元。914年，王宗播作为迎击云南大长和国进犯的三大主将之一，大败敌军，一直追到大渡河才得胜而归。

从王宗播的例子可见，王建虽然性格多疑，但与无法容人的成汭相比，仍然能够从谏如流，最终御良将为己所用。有大军，有猛将，有人主魅力，有御众手腕，这些都是王建能够在唐末乱世中脱颖而出的重要原因。

很快，王建以四川为基地，开始了与北方霸主朱温的直接对话。

朱温他哥，皇帝八兄

唐末五代枭雄并起，没有任何一个人可以一统天下。

朱温大战四方最终灭唐建梁，堪称号令北方莫敢不从的屠龙刀，而王建则如倚天长剑横空出世，立足西南一隅足以与之争锋。这两个人，一个弑君篡位，一个以效忠前朝自居，双方表面上水火不容，但实际上，在大唐终结前后的二十多年间，两个人却保持着一种亦敌亦友的奇特关系。在唐亡以前，朱温作为乱臣贼子的存在，成为王建提升自我形象最好的靶子，而唐亡之后天下格局已定，双方则相逢一笑泯恩仇，英雄惜英雄。

朱温和王建之间的对话早在892年就开始了。那时候王建刚刚夺取了西川，他派了一个叫郑顼的使者去开封拜见刚刚坐稳中原的朱温。朱温对王建来使颇为重视，摆酒款待，席间还饶有兴致地向郑顼探问剑门关的险要。郑顼似乎看出朱温不怀好意，于是"极言其险"，朱温不信，郑顼说，我要不告诉你，怕误了你的军机大事啊，言下之意蜀道险峻、易守难攻，你就别打四川的主意了。听罢此言，朱温哈哈大笑。

903年，朱温派手下王殷入蜀，王建也热情地招待了梁国使者，还带他一起检阅部队。面对盔明甲亮的蜀军，王殷颇不以为然，认为蜀军虽众但缺少骑兵，不足为惧。本想炫耀军力的王建遭受轻视，受了点儿刺激，说了一句："当道江山险阻，骑兵无所施，然马亦不乏。"于是就有了几天以后，成都郊外的又一次盛大阅兵。这一次旌旗招展，马鸣鸣风萧萧，较场上一万两千匹战马整齐排列，嘶声震动四野。梁国使者没想到王建会再次请他阅兵，而且蜀国竟能在短短几天内聚集如此多的马匹，王殷"叹服"不已。这次阅兵展示的不仅仅是蜀军强大的军力和数量惊人的战马，更是王建政权高效的组织力和掌控力。

中原政局的变化，无疑一直影响着王建与朱温的互动。

904年，朱温派人在洛阳谋杀了唐昭宗，司马昭之心已是路人皆知。在此形势下，王建旗帜鲜明地加入反梁阵营，数次与陕西李茂贞、山西李克用、淮南杨行密等人结成同盟，还一度派出部队声称要北上中原讨贼。但其实王建非常清醒，他跟李克用等人不一样，他与朱温并无血海深仇，何况梁蜀相距千里，彼此间并无直接冲突，所以王建的反梁不过只是一种姿态而已，蜀军从未真正与梁军有过任何交锋。

朱温当然明白王建的心思，这一年他派人入蜀，意图缓和梁蜀关系。但王建清楚地知道，此时朱温已经成为"人民公敌"，在这个时候与之交好无疑是不明智的，这会带来巨大的道义成本和舆论压力。于是梁使被拒绝入境，还收到了一封由王建手下重臣韦庄起草的短笺，其文义正辞严，如是写道：

> 吾家受主上恩有年矣。衣衿之上，宸翰如新，墨诏之中，泪痕犹在。犬马犹能报主，而况人臣乎？今两川锐旅，誓雪国耻。不知来使，何以宣谕？

毫无疑问，王建表面上是反梁尊唐，但实际关心的是四川的统治。他以拯救大唐为号召，在反梁同盟中表现得十分积极，而这只是他提升忠义形象、控制地方的策略而已。906年底，王建以"大驾东迁制命不通，请权立行台"为由，开始自行封授本地官员。

907年四月朱温称帝后，王建也动了称帝的心思，这一年他已经六十一岁，再不称帝就真的老了。但他又怕人说闲话，就致信太原的李克用，怂恿他一起称帝，两人"各帝一方"，还假模假样地说，等到平定朱温就让位给李唐宗室子孙。王建是想拉上

王建：草根逆袭的标准 | 187

李克用一起称帝，这样多少可以减轻点舆论压力，但没想到李克用断然拒绝，说"誓于此生，靡敢失节"。于是王建顾不得什么面子和道义了，索性自己登基称帝，成为继朱温之后第二个称帝的地方诸侯，二人称帝的时间只相差了五个月。

王建既然也当了皇帝，那再指责朱温篡位也就失去了意义，他跟朱温现在完全可以一笑泯恩仇。

912年，朱温派使者再次入川，这是南北两大"帝国"的首次正式邦交，前蜀史料对此事记载得十分详尽。梁国使团除了带来丰厚的国礼外，还奉上朱温的一封国书，其中写道：

> 且念与皇帝八兄，顷在前朝，各封异姓……俄隔绝音尘……寻闻皇帝八兄奄有西陲……两国愿通于情好，征曹刘之往制，各有君臣，追楚汉之前踪，常分疆宇。山河共永，日月长悬。

这封以朱温口吻写就的国书，不仅文采飞扬而且言辞恳切，极尽交好之意，说咱俩以前在前朝同为藩镇，现在都当了皇帝，为什么不能学学历史上的楚汉对峙或三国鼎立呢？大家一南一北，理应和平相处、共享天命。

王建收到朱温这封语气极为客气的国书后，非常高兴，也命人起草了一封回书，开头几句如下：

> 大蜀皇帝谨致书大梁皇帝阁下：
> 窃念早岁与皇帝共逢昌运，同事前朝……岂期王室

如毁，大事莫追……此际与皇帝同分茅土……

　　这封回信也写得极为艺术，抬头称呼"大蜀皇帝"和"大梁皇帝"点明双方的对等地位。信中虽然也回忆了二人昔日共奉大唐的旧时光，但却对大唐灭亡一语带过，毕竟这牵扯到朱温不光彩的弑君行径，说过去的事就别提它了，大家还是面对现实和平相处吧，所谓"永言梁蜀之欢，合认兄弟之国"。

　　这个"兄弟之国"也很有意思，因为在朱温的信里，曾亲热地称王建为"皇帝八兄"。在唐末五代的乱世枭雄里，被朱温叫过哥的人不少，但在国书里被他尊一声哥的，也就只有王建一人了。

　　918年，王建病逝于成都，终年七十二岁。

　　可惜他的继承人小儿子王衍却是一个无能之辈，王建生前有一次听到儿子在斗鸡打球，叹息说："吾百战以立基业，此辈其能守之乎？"在他逝世短短七年后，前蜀就被北方后唐军队所灭，王建写下的草根传奇至此落幕。

成汭（？—903）
唐末枭雄，荆南节度使，任内招纳流民，鼓励农商，颇有令名。性刚愎，903年率水军倾巢而出赴武昌，兵败自杀。

赵匡凝　赵匡明（生卒年不详）
赵氏兄弟一为山南东节度使、一为荆南节度使，于唐末一直效忠唐廷，贡奉不绝，受到朱温攻伐，赵匡凝奔淮南，赵匡明奔西川。

高季兴（858—929）
唐末五代枭雄，原为朱温部下，后任荆南节度使，割据江陵，周旋于诸国之间，其荆南政权为十国之一，亦称南平、北楚。

荆南的三任主人

在唐末五代的地方割据政权中，荆南（亦称南平、北楚）绝对是一个十分独特的存在。

首先，荆南是五代十国割据政权里面积最小的一个，鼎盛之时所辖也不过区区一府二州（江陵府、归州和峡州），割据此地的几任军阀一直承继着晚唐荆南节度使的招牌，从未敢僭越建国称帝，估计地方太小自己都不好意思。

其次，荆南的地理位置极为特殊，小小疆域以江陵（荆州）为核心，在西至三峡、东至荆州的沿江地带展开，循长江可西上巴蜀、东下吴越，向北溯汉水可至豫陕，向南经洞庭可抵湘桂，可谓连接天下的枢纽。更重要的是，唐末五代时期在淮南政权与中原王朝对敌的政治军事形势下，这里成为南方各国北通中原的必经之地。

第三，荆南虽小，生命力却超强。由于地理原因，荆南处于四战之地，周围强敌环绕，但令人惊讶的是，这个弹丸之地虽然在唐末几度易主，却始终维持着政权的独立性。最后在高氏家族的统治下，历经四世而不倒，作为"十国"之一顽强地坚持到宋初，直至归宋。

从唐末黄巢起义起一直到五代之初，荆南的江陵城历经了三任主人，分别是成汭、赵匡明和高季兴，兴衰明灭中见证着唐末的动荡与悲情。

成汭：我要改名

唐末大乱中，最先在荆南崛起的是成汭。

正是成汭把遭受"黄巢兵乱"后破败的江陵重新修复，为五代时期荆南的崛起奠定了基础。作为唐末第一个起于草莽、奋发有为的荆南之主，他与中原的朱温和四川的王建都有过交集。成汭匆匆崛起，又匆匆覆灭，从他的兴亡故事里，我们可以更好地了解唐末政局的演绎。

成汭并非江陵本地人，关于其籍贯史书记载不一，一说为淮西，一说为青州。无论他来自何地，成汭少年时一段颇为传奇的往事，当时应该在坊间流传甚广。史书说他："少年任侠，乘醉杀人，为仇家所捕，因落发为僧，冒姓郭氏。"年轻气盛的成汭一时冲动，犯下人命官司，不得已落发为僧，从此亡命天涯。他这段"奥德赛期"的少年往事充满刺激，与我们讲过的其他五代枭雄相比，也有过之而无不及。为躲避仇家，成汭不得不隐姓埋名，以郭禹之名辗转漂泊，先在江陵一带沦为盗匪，后来又投入当时的荆南节度使门下，成为地方官军一员。

一身任侠习气的成汭，轻而易举便在军中立足。很快荆南政局变故，新任节度使对成汭颇为忌惮，想要杀他，于是成汭带兵顺长江而上占了归州（今湖北宜昌）。他招兵买马，大概在888年顺流而下攻占了江陵，成为新的荆南之主。按照当时惯例，只要完成军事占领，就会轻松获得朝廷承认。从此成汭从一个流亡杀人犯，一跃成为重镇节度使。完成华丽蜕变的成汭还特意向朝廷上表，请求正式恢复本来姓名，从此扬眉吐气。

在成汭占据江陵之时，这座昔日繁华无比的城市已多次历经战火、残破不堪了，据《旧五代史》记载，此时偌大一座江陵城只剩下区区十七户人家。成汭创业初期倒是兢兢业业，他招募流民，鼓励农商，"抚辑凋残，励精为理，通商训农，勤于惠养"，很快荆州人口就恢复到上万户。

在唐末天下大乱之时，太多的军阀只顾相互攻击、拓展地盘，很少有人注意治理地方、鼓励农耕，当时成汭能积极发展地方经济，还是很了不起的。时人经常称道政绩斐然的"北韩南郭"两个军阀，"北韩"指的是当时在陕西华州经营有方的镇国军节度使韩建，而南郭就是这位成汭（郭禹）。

成汭虽然治理江陵有功，但他个人性格却非常冲动。年轻时醉酒杀人的狂暴个性似乎并未随年龄增长和地位提高而改变太多，执掌一方、大权在握后甚至还加剧了他的自大与偏执。所以史书对其有如此描述："汭性豪暴，事皆意断，又好自矜伐，骋辩凌人，深为识者所鄙。"独断专行，好大喜功，盛气凌人，恐怕是那个时代大多数从底层快速崛起的军阀们的共同特点。

成汭曾经上表朝廷，要求把离荆南不远的几个州划归自己，被当时的宰相徐彦若拒绝了，这让成汭十分记恨。后来朝廷派徐彦若赴任岭南，徐在途经荆南时，成汭虽然设宴招待，却旧事重提表达了自己的不满。

有一次成汭庆生，淮南军阀杨行密派人送礼，除礼物之外，还送了一本当时流行的类书《初学记》。成汭手下谋士郑准认为淮南送这个礼物似有轻视之意，应该回信讨个说法，但成汭并未采纳。史载郑准其人"性谅直，能为文章"，当初就是他为成汭起草了改名的奏章，文辞动人，"其表甚为朝廷所重"。此时他看到成汭听不进去建议，认为其人不值得辅佐，于是辞职走人，临走时还留下一句："见轻敌国，足彰幕府之无人也，参佐无状，安可久！"郑准的突然离职和他的负面预言引得成汭恼怒无比，竟然派人追上去杀了郑准，其心胸狭隘竟至此。

还有一次，当时很有名的高僧贯休（832—912）来到江陵，最初成汭对贯休礼遇非常，还附庸风雅地去向大和尚请教书法。一贯认真的贯休和尚说，"此事须登坛可授，安得草草而言"，估计是看不惯成汭的霸道习气，非要成汭安排仪式以显正式才肯传授。这个平常要求却让小心眼的成汭很生气，一怒之下把贯休赶出了荆州。

成汭手下有一个将军叫许存，能征善战，曾带兵沿长江逆流而上，一路攻城略地，从荆州一直打到重庆，帮助成汭拓展了地盘。但成汭并没有给他应有的封赏，只封了许存一个刺史，而且还总是疑心重重，派人监视许存动静。监视的人回来报告说，许存不问正事，天天与兵士蹴鞠为乐。本来许存玩球的目的也是为了避嫌，但多疑的成汭听说许存天天蹴鞠反而怀疑他是在练习脚力想要逃跑，就派兵攻打许存，逼得许存逃往四川投降了王建。

怼宰相、杀谋士、逐高僧、逼大将，成汭偏狭、固执、多疑、不容人的性格尽显无遗。最可笑的是，在成汭统治荆南的末期，还一度迷上了长生之术。他经常服食丹药，有一次毒性发作还晕死过去，久久才苏醒。也许是服用乱七八糟的丹药产生了副作用，成汭的偏执多疑也达到极点，甚至对自己的儿子也不放过，最后亲手杀掉所有的孩子，以至于"绝嗣"。

谋士郑准那句"安可久"的预言，很快一语成谶。

荆南好不容易恢复起来的经济，让自大偏执的成汭进一步走向癫狂。他大肆扩军，"畜兵五万"，还花数年之功打造了上百艘战舰，其中还有巨舰一艘，号曰"和州载"，舰上亭宇俱全，宛如官衙一般。其他还有不少舰船以"齐山""截海""劈浪"命名，其水军规模之大，足以想见。

这庞大的水军却很快见证了成汭的败亡。天复三年（903），淮南杨行密攻打占据鄂州（今湖北武昌）的杜洪，杜洪自知不敌，向朱温求救。当时朱温正忙于进攻山东青州，只能派出少部分军队来援，就招长江中游诸路藩镇出兵相助。成汭收到朱温邀请，欣然答应出兵。当时手下有谋士劝其不要冲动，成汭不听，几乎倾巢而出。战船沿江东下，行至中途，迷信的成汭在当地一座小寺庙里拜神祷告，结果连测几十次都没有吉象。这时候成汭也开始犹豫了，身边有人对他说，您这些年好不容易打造了战船，现在已经出征，如果半途而退还有什么脸面回去见荆州军民呢？好面子的成汭当然不想丢人，于是硬着头皮继续进军。结果还没等到达鄂州，自己的大本营荆州就被附近两个军阀给攻占了。一听荆州老家丢了，成汭大军瞬时斗志全失，所有战船在洞庭湖被淮南名将李神福纵火烧毁，最后一败涂地，全军覆灭，走投无路的成汭最终跳水自杀身亡。

成汭为人自负偏执、一意孤行，最初不听人劝，脱离根据地，长途冒进，到中途已露危象，却又顾及颜面不愿退兵，最终落得败亡的下场。关于成汭败亡，当时还流传着一种命理解释：成汭名字里的汭字，三点水加一个内字，拆开就是"水内"二字，有人说这是他命中注定要死于水内。这虽然只是以结果倒推附会的无稽之谈，但也能看出时人对这位曾经重振荆州的"南郭"之死有一丝同情。

关于成汭之名的演绎，在其死后仍在继续。朱温篡唐称帝后，特意下诏为死去的成汭追赠太师衔，还因成汭的姓犯其父朱诚讳，特赐姓为周，然后把成汭说成是周文王之后。成汭在天有知，绝对想不到他好不容易通过自我奋斗改回的本名，死后又被人给改了。

从郭禹到成汭，从初期被世人交口称赞到后来可笑的固执愚蠢，一代荆南霸主就这样成为唐末乱世中的一朵浪花，转瞬而起，又匆匆而逝。

赵氏兄弟的潇洒与忠义

刚愎自用的成汭败亡后，荆南遭到附近军阀的再次洗劫，但很快就迎来了第二位主人——赵匡明。赵匡明的事迹在唐末五代史中并不显著，远不如他的父亲和兄长为人所知。

赵匡明之父叫赵德谭，河南蔡州人，黄巢起义时他在河南军阀秦宗权手下为将。黄巢死后秦宗权与朱温在河南争斗不休,赵德諲被派往湖北攻取了襄州(今湖北襄阳),成为山南东道的实际控制人。襄州也是南北战略要冲,向北沿汉水可以进入陕西,向南可直通荆南。赵德諲很有战略眼光,他预见到秦宗权不是朱温的对手,就主动向朝廷归顺,并向朱温示好,表示要一起讨伐秦宗权。这步棋走得很聪明,在朱温击败秦宗权后,老赵自然也俨然忠臣,受了"加官进爵"之刑而去。赵德諲死后,大儿子赵匡凝在襄州继承了节度使的位子。

成汭死后,荆南陷入动荡,赵匡凝派弟弟赵匡明带兵攫取了这块宝地,很快就获得了朝廷认可,顺理成章成为荆南节度使。可以说兄弟二人都是借了父亲的光,如今各领重镇,在江汉之间互为拱卫,风光无限。

赵氏兄弟从父亲那里学到了一条成功法则,那就是尊重朝廷。因为襄州可以北通陕西,到达朝廷所在,赵氏兄弟一直坚持向长安进贡,这在群雄割据、各自为政的唐末实在难能可贵。《旧五代史》对此赞道:

> 是时唐室微弱,诸道常赋多不上供,惟匡凝昆仲虽强据江山,然尽忠帝室,贡赋不绝。

这番忠义让备受藩镇欺凌的昭宗皇帝感动不已,甚至一度还想迁都襄州。

赵家兄弟都不是好斗之人,所以一直延续其父的既定策略与北方朱温交好。但在897年发生了两件事,引发了朱温对赵氏兄弟的不满。当年朱温在山东击败兖州的朱瑾，朱瑾被迫逃入淮南，一同南逃的还有一批李克用最初派去帮助朱瑾的沙陀军。所以李克用派人送信给赵匡凝，希望他能借道让这支漂泊在外的沙陀军返回山西。不料李克用的使者在半路被朱温捕获，引得朱温开始怀疑赵匡凝与自己的死敌李克用交结。同一年，朱温派大军南下攻入淮南，结果在清口之役中被杨行密击败，朱温的兵败让赵匡凝动摇起来，开始暗中与杨行密沟通。朱温是不会容忍这种背叛的，等到他腾出手，即派大军征讨襄州，赵匡凝根本不是对手，吓得赶快求和，不得不再度依附于朱温。

对于赵氏兄弟来说，既然朱温挟天子令诸侯，那么尊奉朝廷和投靠朱温是不冲突的，但随着朱温野心的暴露，他们就面临着艰难选择。在朱温开始谋划篡唐的时候，派人去探他们的口风，没想到赵匡凝表现出了对唐朝廷的无比忠贞，甚至情绪激动到对朱温的使者痛哭流涕，说自己兄弟"受唐恩深，不敢妄有他志"。这就等于宣告了在尊唐和从朱之间，赵氏兄弟选择了前者。但忠义的代价是巨大的，听到使者回复后的朱温大怒，在905年派出大军再度进攻襄州。赵匡凝一战即败，只好驾一只小船一路逃向淮南后投靠了杨行密。梁军顺势又攻入荆南，老二赵匡明知道不是对手，本来也想去投奔杨行密，但这时有人劝他说，当年三国时候诸葛亮、诸葛瑾兄弟分仕蜀、吴二国，如果你兄弟二人都去淮南，肯定会让杨行密有所猜忌。好在荆州水路方便，东西皆宜，赵匡明就带着全家老小沿江而上，投奔了四川的王建。

从此赵氏兄弟天各一方，终生再未相见，而兄弟二人的最后人生也各不相同。

赵匡凝逃往淮南，吴王杨行密就开他玩笑，说你当年总是给朱温进贡，为什么现在兵败又跑到我这儿呢？赵匡凝的回答掷地有声：

> 仆世为唐臣，岁时职贡，非输贼也。今以不从敌之故，力屈归公，惟公生死之耳！

杨行密还算仁义，对赵匡凝一直很礼遇。杨行密死后，其子杨渥即位，而寄人篱下的赵匡凝却仍然毫无顾忌，以长辈自居。有一次杨渥在吃青梅，赵匡凝多管闲事，说你最好别吃太多，吃多了会发小儿热，言语之间就像长辈教训孩子一样。一件吃青梅的小事，最后却引得吴国诸将愤愤不平，认为赵匡凝言语轻慢，有失尊重。不久杨渥就把赵匡凝从扬州迁往他处，后来终被权臣徐温所杀。

相较之下，弟弟赵匡明在四川的结局还算不坏。他带了不少军队投奔王建，这份大礼让有志于整军经武的王建很高兴，对他"待以宾礼"，最后赵匡明终老于蜀。

赵氏兄弟虽忠于唐室，却都不是尚武之人，在纷纷乱世中难以立足也实属正常。史书载赵匡凝"颇好学问"，还曾收集几千卷图书，这在文武失衡的唐末五代颇显另类。

这位赵家老大还是当时出了名的帅哥，史书上说他"气貌甚伟，性方严，喜自修饰"。赵匡凝长得高大伟岸，还很喜欢打扮，每次穿衣服都让仆人举着两面大镜子，一前一后地照，顾影自盼，甚至有点自恋。赵匡凝还有洁癖，哪怕是在见客人时，只要感觉头巾上有灰,就迫不及待地叫丫鬟擦拭。相比之下,史书里有关弟弟赵匡明的描写并不多,但可以想见,有这样一个高富帅的哥哥,弟弟恐怕一直生活在大哥的阴影里,难有作为。

《旧五代史》对赵氏兄弟有个评价:

> 匡凝一门昆仲,千里江山,失守藩垣,不克负荷,斯乃刘景升之子之徒欤!

就是说哥俩都是绣花枕头华而不实,跟三国里刘表那两个无能的儿子没有区别。三国时刘表死后,他的两个儿子都难守基业。其实刘表自己也没什么能力,就是长得帅而已,史书说他"姿貌甚伟"。清代文人王士祯曾赋诗如此评价刘表父子:

> 豚犬儿郎霸业空,冢中人不愧英雄。
> 一杯遥酹襄江上,爱汝名高俊及中。

中看不中用,绣花枕头一对,这首诗用在赵匡凝、赵匡明哥俩这儿其实也很贴切。

高季兴的"无赖"

江陵城下,江水滔滔,不歇东流。

荆南在经历了成汭和赵匡明的匆匆沉浮后,终于在大唐王朝行将终结时迎来了第三位主人——高季兴(858—929)。正是在高季兴的经营下，荆南重新焕发生机，以区区三州之地，在纷乱的五代始终屹立不倒，成为一直延续至宋初的南方政权之一。

高季兴到底是何许人也，他又是如何成功的呢？

高季兴本名高季昌，陕州（今河南三门峡）人，早年出身低微，曾在汴州富豪李让家为奴。在朱温入主汴州后，李让献出家财投靠，被朱温收为养子，而"少好武、有胆气"的高季兴也得以面见朱温。揽才用才不拘一格的朱温"奇其才"，立即将高季兴招入军中，还命李让把他收为养子。这样一来，此时的高季兴就成为朱温的孙子辈了，但实际上他不过比朱温小六岁而已。

我们总说是金子在哪里都会发光，但也确实需要环境和机遇。乱世为这位小家童的华丽转身提供了最好的舞台，让高季兴这块金子有了闪光的机会。当然能遇到善于识才的朱温也是他的运气，否则他也许就只能一辈子屈居人下、杂役终老。

投入朱温帐下的高季兴迅速成长，很快成为朱温的亲从指挥使，深受朱温信任。高季兴早期军旅生涯里最高光的时刻在901年到来，这一年朱温带兵围攻凤翔李茂贞，可惜李茂贞坚壁清野，梁军久攻不下，朱温无奈之际萌生退兵之意。这时候高季兴站出来，力劝朱温不要放弃，说"天下豪杰窥此举者一岁矣，今岐人已惫，破在旦夕"，认为此时敌人以为梁军疲惫，正好可以诱敌出击。高季兴话说完，"太祖壮其言"，《新五代史》里如此写朱温当时的反应，一个"壮"字简洁有力，尽显朱温对小家童的欣赏。正是听了高季兴的话，朱温继续围攻凤翔，很快就逼着李茂贞妥协，乖乖交出了昭宗皇帝。此役之后，朱温晋爵梁王，高季兴也被昭宗御赐"迎銮毅勇功臣"称号，风光无限。

关于高季兴的发达，《五代史补》上记载了一个故事，颇具神话色彩：一次高季兴随军出征，连夜赶路途中投宿一户民家，门口有个老婆婆拿着蜡烛迎他，对他非常客气。高季兴觉得奇怪就问缘由，老婆婆说：我刚才梦到有人敲门喊，"速起、速起，有裂土王来"。高季兴听了很高兴，从此相信自己将来能够裂土封王、成就一番事业。这个故事应该是在高季兴成功以后时人演绎出来的，但他飞黄腾达的日子确实不远了。

906年，在朱温大军占领荆南后不久，高季兴就被任命为荆南节度使，从此开启了高氏半个多世纪的荆南统治。荆南小小弹丸之地，区区三州而已，四周却强敌环绕：西边是王建的蜀，东边是占据江淮大部的吴，南边有马殷的楚国，北边还要面对中原王朝，稍一不慎，就会如前任成汭和赵匡明那样惨淡收场。高季兴和他的继任者却在这四战之地的夹缝中，最终顽强地生存了下来。

高季兴首先致力于重振荆南经济。之前江陵虽然在成汭手下有过恢复和发展，但在成汭败亡后，江陵再度遭受周围军阀的劫掠，当高季兴到来时，还是一片惨淡："当唐之末，为诸道所侵，季兴始至，江陵一城而已，兵火之后，井邑凋零。"高季兴来到后，立即着手恢复人气，他"招辑离散，流民归复"，并很快有所收获。第二年朱温称帝时，高季兴还进献了几十个瑞橘作贺礼，礼物虽轻却也表明了他着意于恢复当地民生的态度。朱温对高季兴很满意，史书说"梁祖嘉之"。

高季兴还善于招纳和任用人才，荆南虽小，却很快聚拢了一批有能力的文臣武将。史书上说高季兴"虽武人，颇折节好宾客，游士缁流至者无不倾怀结纳"。前朝进士梁震路过江陵，高季兴"爱其才识，留之"，还答应了其不入幕府的请求，"甚重之，以为谋主，呼曰先辈"。其实高季兴比梁震还大着几岁，却尊其为前辈，可谓给足了面子，梁震当然也投桃报李，成为高季兴的首席智囊，为荆南发展出力甚多。再如当年被前任节度使成汭赶走了的贯休和尚，后来又曾到江陵一游，这一次高季兴则给予他极高的礼遇，还修缮寺院供其居住。有意思的是，这位爱讽刺时政的贯休和尚并未顾及主人脸面，写下一篇《酷吏词》，对荆南吏治不无微词，但高季兴"亦不罪焉"，度量要比他的前任成汭大多了。

招纳人才为之所用的同时，高季兴也整饬水军，造战船五百艘，"修饬器械，为攻守之具，招聚亡命"。所以高季兴治下的荆南虽小，其战力倒也不容小视，曾经多次击败来犯之敌。

面对残破的江陵城，高季兴对城墙进行了多次重修和加固，极大增强了江陵的防御。911年，他就开始"治城堑，设楼橹"，曾调动十数万人大规模修筑江陵外城，建造高大城楼以为防御，史书说"荆南旧无外垒，季兴始城之"。921年冬，高季兴任命大将倪可福再次督修江陵外郭，还亲自巡城，当他发现工程进度缓慢时，不惜杖责了这位亲信将领，可见他对修城的重视程度。

927年，在一场地震后，高季兴又下令修筑江陵内城以巩固城墙。经过多次修治，江陵城墙高大坚固易守难攻。这一年后唐派军队进攻江陵，面对高大城墙，唐军试图用长竹做梯子爬上城墙，但最后还是无功而返，足见江陵城之坚固。要知道在没有炮火为助的冷兵器时代，攻城一方对于坚固城墙一般来说办法不多。江陵城墙的坚固在五代时世人皆知，一直到高季兴的孙子高保融统治时期，北方的后汉使者来访，还偷偷测量城墙高度以为"攻取之计"，可见江陵城的威名已经传到了北方。

除了上述的"内功"修炼外，高氏荆南灵活务实的外交策略也是其屹立不倒的重要因素。高季兴善于利用周围大国之间的矛盾，在前蜀、吴、楚和中原王朝之间纵横捭阖、游刃有余。

当然，高季兴的外交策略确立也有一个过程。

在五代之初，尤其在朱温死后，高季兴看到后梁日渐衰落，开始不再向朝廷进贡，还野心勃勃地寻求扩张。914年，高季兴沿长江进攻三峡，结果被王建的蜀军用铁索横江，荆南水军无法前进，最后荆南战船被烧，死伤甚众。最后高季兴乘小船逃遁，跑回了荆州。此役之后，高季兴逐渐认清了自己的实力，开始利用大国矛盾在夹缝中求生存，寻机占便宜。例如在他与中原王朝为敌的时候，经常寻求吴国的帮助，还曾称藩于吴，接受吴国册封为秦王，尽显其实用主义的立国策略。所以《资治通鉴》上说，高季兴"交通吴蜀，朝廷浸不能制"。

923年，北方政局发生剧变，李存勖建立后唐，很快灭了后梁，天下震动。高季兴随即调整策略，向后唐称臣，还特意为避李存勖祖父李国昌之讳，将名字由"季昌"改为"季兴"，表明臣服立场。不仅如此，高季兴还做出了一个大胆的决定，赴洛阳朝觐庄宗李存勖。谋士梁震劝他说："梁、唐世为仇敌，夹河血战垂二十年，今主上新灭梁，而大王梁室故臣，握强兵，居重镇，以身入朝，行为虏尔。"

不能不说梁震的话是有道理的，此去风险不小，但高季兴却执意前往。果然洛阳一见之下，庄宗李存勖的确有心扣留高季兴，幸亏后唐重臣郭崇韬进谏说，陛下得到天下，各地诸侯都只是派人进贡，只有高季兴亲自前来，您应该褒赏他以为表率，如果"羁留不遣，弃信亏义，沮四海之心"，扣留高季兴要伤天下诸侯的心啊。最后庄宗同意放高季兴回荆南，逃过一劫的高季兴归心似箭，匆匆向南而去，但这时李存勖又有些后悔，发密令让人在中途拦截高季兴。幸运的是，在诏书到达边关之时，高季兴已经连夜出关逃回了荆南。他一回荆州，就握梁震的手说："不用君言，几不免虎口"，这一次够险，差点就回不来了。

此次洛阳之行虽然极为冒险，但高季兴仍然有所收获。他受封为南平王，获得了后唐这个新王朝的背书。在洛阳时他因为对答合圣意，"庄宗大悦，以手拊其背"，高季兴就命人在衣服后背绣上庄宗的手印，"以为荣耀"，这下可是真的拥有新皇帝的"背书"了。

更重要的是，此行也让高季兴看到了庄宗的致命弱点。高季兴对手下人感慨："此行有二失：来朝，一失；纵我去，一失。"他在承认自己失策的同时，也取笑着庄宗的无能。在洛阳高季兴看到李存勖亲信伶人、荒于政事，还亲耳听到李存勖自夸"吾于十指上得天下"，"矜伐如此"，所以高季兴断定庄宗统治无法长久，说了一句"吾无忧矣"。但他仍不敢懈怠，开始积极"缮城积粟，招纳梁旧兵，为战守之备"。

以身涉险，可以说是高季兴所犯的一个错误，但他能从错误中吸取教训并对未来做出正确预判，也是难能可贵。

当然，荆南之所以屹立不倒，除了高季兴合理的内政外交外，也与当时诸国间的政治军事平衡大环境息息相关。十世纪初期的蜀、吴、楚及中原王朝，无形中以荆南为中心形成了一个广域平衡系统，各国都试图维持这种安全而稳定的势力平衡。荆南四通八达，但地方狭小，对邻近的大国而言，攻占它意义不大，留着它反而可以作为屏障和缓冲，减少与他国间的摩擦。所以荆南的生存，从某种意义上也是周围大国主动维护现状的结果。

比如前蜀的王建，以他的军事实力足以打下荆南，他也确实曾经考虑过引长江洪水淹荆南的念头。但王建手下劝他说："高季昌不服，其民何罪！陛下方以德怀天下，忍以邻国之民为鱼鳖乎！"王建听从了建议，放弃了水淹荆南的计划。表面上看来王建似乎是因仁德考量而放弃灭荆南，但实际上这与前蜀在王建统治下一贯的实用主义平衡战略一脉相承。

楚国也曾有同样的考量。928年楚国大军进逼江陵，逼得高季兴求和，当时楚军将领王环向楚王马殷进言道："荆南在中原、吴、蜀之间，四战之地也，足以为楚之捍蔽"，最后楚军撤兵。小小的荆南及其所处的地理位置，无形中成为其生存于乱世的护身符。

正是在上述背景下，高氏荆南在五代之时屹立不倒五十多年，与匆匆败亡的前任成汭和赵氏兄弟相比，高季兴的成功值得细细品味。清人吴任臣在其所著的《十国春秋》一书中，曾对高季兴有如此评价：

> 蕞尔荆州，地当四战，成赵相继，亡不旋踵，武信（高季兴）以一方而抗衡诸国间，或和或战，戏中原于

股掌之上，其亦深讲于纵横之术也哉！

这对高季兴的智慧与谋略算是很高的评价了。当然，任何一个历史人物都不可能是单面的，高季兴也是如此，在他耀眼的成功光环下究竟有着怎样的性情与人格？史料中保留的几个小故事，也许能为我们提供窗口窥视其人的内心世界。

高季兴性子似乎颇为冒失急躁，有史料说他"性褊急"。入主荆南后他曾去开封劝朱温称帝，在官衙前却与朱温手下一个掌书记吵了起来，最后怒气冲冲而去。但高季兴很快就冷静下来，当晚就派人找到这位掌书记，亲自相迎，还请他喝酒，热情地拉着对方的手说：我是急性子，以前的不愉快就都忘了吧，事后还送了这人几十匹锦缎。急躁性子与圆滑城府，就这样矛盾却又合理地同时出现在高季兴身上。

据《五代史补》记载，高季兴早年有一爱姬张氏，每次出征都带在身边。有一次高季兴遭遇惨败，慌乱中带着张氏夺路而逃，深夜中跌跌撞撞跑到一个山涧里，后有追兵，前方路断，情势无比危急。此时张氏有孕在身，行动迟缓，急于逃命的高季兴怕张氏连累自己，竟然起了杀心，想趁张氏熟睡之时，用剑击落两边的山石压死她，自己逃命。就在这时候，张氏突然惊起，对高季兴说，我刚才梦到大山崩倒压在我的身上，有个身穿金甲的武士托住了山，我才没有被压死。高季兴听后，认为张氏所怀之子有神灵庇佑，于是放下杀心，最后带着张氏一起逃走了。这位张氏肯定察觉到了危险，机智地躲过一劫，而高季兴在危难关头竟然有杀妻弃子的念头，如果确有此事，这样的人品也让人不敢恭维。

高季兴为了生存能够灵活实际地调整策略，而这种灵活在一些时候也显得颇为无赖。后唐灭蜀后，曾有使者押送在四川劫掠的财物乘船顺江而下，准备运往洛阳。但很快洛阳发生变乱、庄宗被杀，高季兴得知后立即命人沿江劫杀了后唐使者，将经过荆南的四十多万金帛全部截留，"乃悉邀留蜀物而杀其使者"。后来继位的新皇帝明宗李嗣源派人责问高季兴，高还振振有词，说你们的船队顺流而下，千里水路，肯定是船翻了，至于怎么翻的，你们去问水神吧。这种截留过路财物的方式最后竟成为高氏政权的谋财之路，每逢有南方政权进贡中原的使团路过荆南，高季兴都会雁过拔毛。

这个生财之道也被他的儿子高从诲（891—948）所继承。从诲的母亲正是当年那位差点被高季兴谋杀的张氏，他在父亲死后成为荆南第二代统治者，颇得乃父遗风。对于南方假道荆南的贡奉，"常邀留其使者，掠取其物"，而当诸国遣书斥责或以军力相讨时，荆南就乖乖奉还，可是不久又会故技重施，诸国也无可奈何。

面对周围纷纷称帝的诸国，高从诲跟其父一样，对各国称臣，讨遍封赏。史书说——"及从诲立，唐、晋、契丹、汉更据中原，南汉、闽、吴、蜀皆称帝，从诲利其赐予，所向称臣。"面对如此无赖的高氏父子，诸国"贱之"，都以"高赖子"呼之。欧阳修在《新五代史》里还特意对这个外号做了解释："俚俗语谓夺攘苟得无愧耻者为赖子，犹言无赖也。"

在唐末五代这样的纷纷乱世，无赖也是求生的一种方式吧，而且还很有效。

杨行密（852—905）

唐末枭雄，淮南节度使，受封吴王，割据江淮，为杨吴和南唐政权奠定基础，曾力阻朱温南侵，使南方势力与中原政权成并存之势。

铁血柔情杨行密

放眼遍地烽烟、枭雄四起的唐末乱世,能够与中原霸主朱温直接抗衡的地方势力屈指可数,而能成功击败朱温的更是凤毛麟角。

盘踞太原的晋王李克用虽然与朱温鏖战多年,却也一度被打到"垂翅","不敢与全忠争者累年"。岐王李茂贞曾与朱温争夺天子控制权,结果凤翔被梁军包围一年多,差点全城饿死。兵强马壮的蜀王王建虽然与朱温平起平坐,还被其尊为"皇帝八兄",但他远在四川,从来没有与朱温直接交手的机会。

但在九世纪末崛起的那批枭雄中,有一个人却曾大败梁军,一战而定江山,让朱温南下的企图化为泡影,他就是淮南霸主杨行密(852—905)。

同样是崛起于底层,同样是通过戎马征战和腥风血雨创下一方基业,杨行密在唐末群雄里的知名度绝对不亚于朱温、李克用,或者李茂贞、王建。他与这些人一起,成为唐末五代中国政治图谱里最重要的参与者。作为杨吴的开创者,杨行密与朱温据淮河对峙，几度挫败朱温势力的南下，奠定了唐亡以后南北分治即中原五代与南方诸国并存的政治格局。从这个意义上说，杨行密的历史地位不亚于朱温，所以我们不难理解，为什么《旧五代史》会把他放在"僭伪"列传第一，而《新五代史》也把杨吴列为"十国世家"之首。

杨行密的个人魅力也远超唐末其他军阀，他勤政爱民，胸襟宽广，目光远大，有胆有识，有仁有义，堪称晚唐五代的第一英雄。

大力士与飞毛腿

出身低微，乱世从军，以武力而割据称王，这几乎是晚唐五代枭雄的统一模板。杨行密亦然。

杨行密，庐州（今安徽合肥）人，出身微贱，史书说他"少孤贫"。但他天生一副好身板，身高力大，《新五代史》说他能"手举百斤"，有史料甚至说他能手举三百斤。《十国春秋》记载了一个故事：曾有人见过杨行密起床盥洗，右手举着一只装满水的大铜盆洗头，"因服王力举三百斤为不虚云"。要知道唐朝的斤比今天重一些，一百斤相当于现在的一百二十斤左右，如此算来，杨行密手举三百斤未免夸张，但就算手举百斤也是很了不起的大力士了。

杨行密天生还有一个特长就是跑得快，《旧五代史》说他能"日行三百里"，这个说法一样过于夸张，就算古代的里短一些，一个人一天跑300里也绝无可能。有史书说他参军后曾经被地方官委任为"步奏使"的小官,派赴四川公干,当时天下大乱道路不畅,而他却能"如期而复",按时返回,足见其腿脚之快。

毫无疑问,杨行密的身体条件极好,力量和耐力俱佳,这在崇尚武力的乱世绝对属于优质资源。最初杨行密当了强盗,后来被官府抓住,地方官看到他这副身材很欣赏,"奇其状貌",就把他放了。后来杨行密就去"应募为州兵",成为官军一员。

这个由盗匪而官军的经历跟前蜀王建非常相似。在那个时代,不甘寂寞的人要么当兵、要么为匪,二者都是凭力气和胆识出人头地的最快途径。

九世纪末河南军阀秦宗权一部进入淮南劫掠,地方各自为战。为了激励士兵杀贼,庐州地方官以斩获贼人首级的数目多少予以奖赏,而杨行密每次出去打仗"必有获",斩杀了不少敌人,很快就晋升为队长。他还自行招募了百余士兵,跟他一样都是些不甘寂寞于乱世的好勇斗狠之徒,于是拥有了忠于自己的个人武装。

如此了得的杨行密很自然地招来上司忌惮,而上司的刁难和压迫却促成了他的爆发:

> 岁满戍还,而军吏恶之,复使出戍。行密将行,过军吏舍,军吏阳为好言,问行密何所欲。行密奋然曰:惟少公头尔!即斩其首,携之而出,因起兵为乱,自号八营都知兵马使。

《新五代史》里这段描述很有剧场感,把一个疾恶如仇、胸怀大志、不肯甘居人下的杨行密写得活灵活现,该出手时就出手,一句"惟少公头尔",仗剑而起,杀了上司起兵造反。就这样,杨行密成功占据庐州,并于中和三年(883)获得朝廷认可,开始以一州之地在淮南崭露头角。

这一年,杨行密不过三十二岁。

成功者的秘密

乱世就是枭雄们的舞台。

成功的枭雄脚下,往往铺满失败者的尸体。在某种意义上,正是那些失败者们成就了五代枭雄的霸业。唐末据河南蔡州称帝的秦宗权在被朱温击败后,曾经对朱温说过一句话:"仆若不死,公何以兴?"如果说朱温称霸中原是基于秦宗权的覆灭,那么在淮南,杨行密的崛起则源自一个叫孙儒之人的败亡。

孙儒,河南蔡州人,虽然其名为儒,但其实这个人一点也不儒雅。他本是秦宗权的部将,当唐末大乱之时,他被秦宗权派往淮南,与秦宗权的弟弟秦宗衡一起带兵趁机劫掠江淮。后来秦宗权在河南抵挡不住朱温的进攻,就急招弟弟带兵回来帮忙,但颇有野心的孙儒却不愿回去,他曾说过一句话:

> 丈夫不能苦战万里,赏罚繇己,奈何居人下,生不能富贵,死得庙食乎?

意思很清楚,就是他不甘心回去屈居人下,渴望自己在淮南打出一片天地。于是他杀了秦宗衡,自己成为这支部队的主帅,继续劫掠淮南。孙儒大军在淮南声势浩大,只可惜他最后还是离称霸差了一步,梦想破灭,因为他遇到的对手是杨行密。

此时的杨行密作为庐州刺史,正在厉兵秣马,伺机而动。887年,淮南发生了内乱,在扬州的淮南节度使高骈被部将所囚。高骈在晚唐历史上是大名鼎鼎的人物,他出身将门世家,曾经带兵大破南诏,收复安南,历任天平、西川、荆南、镇海、淮南等五镇节度使。但高骈晚年却笃信方术、昏聩胆怯,尤其是对黄巢大军进剿不利,甚至畏惧避战、割据自保,坐视黄巢大军北上,以至于关中失陷、天子逃亡,可以说他对唐末乱局尤其是淮南动荡负有很大的责任。

但高骈对杨行密有恩。当年就是高骈以淮南节度使身份奏请朝廷,正式任命杨行密为庐州刺史,还对其极为欣赏,杨行密旧名行愍,"行密"这个名字还是高骈给改的。

扬州之乱正好给了杨行密起兵的机会,他去救自己的上司加恩人,当然名正言顺。杨行密的谋士袁袭建议他说:"此天以淮南授明公也,趣赴之。"于是杨行密尽发庐州兵,进击扬州,经过苦战终于击败乱军,占领了扬州。但扬州此时危机重重,内无粮草,外面孙儒大军汹涌而来。孙儒人多势众,杨行密无法取胜,只好暂时放弃扬州,退守庐州。

此后的几年里,杨行密和孙儒一直在淮南大战,直到892年,两方才彻底分出了胜负。在宣州(今安徽宣城)之役中,孙儒兵力虽多,但他的军粮运输路线被杨行密截断,而且孙儒军中还爆发了瘟疫,连孙儒自己都病倒了,站都站不起来,终于大败被俘。

遇到杨行密，孙儒的野心与豪赌终成镜花水月。史书载，孙儒曾经照着镜子说，我这个脑袋不久以后就会到长安，言下之意就是不成功则成仁，要么进长安当皇帝，要么兵败被传首长安。可惜后者成真，在他死后首级被杨行密传送京师告捷。在与孙儒的竞争中，杨行密笑到了最后。斩杀孙儒后，他重新回到扬州城，成为新任淮南节度使。

这一年是景福元年（892），杨行密不到四十一岁。

此时，北方的朱温还在攻打山东，四川的王建也刚刚当上西川节度使，所以杨行密崛起的速度并不算慢。在此后几年里，杨行密四处攻城略地，"自淮以南、江以东诸州皆下之"，地盘迅速扩大，到了乾宁二年（895），已经"尽有淮南之地"。在其鼎盛时期，杨吴政权所辖包括现在的安徽、江苏、江西大部以及湖北和浙江一部，成为南方最大的割据势力。

天复二年（902），杨行密晋封吴王。在此前一年李茂贞受封岐王；同一年，浙江的钱镠受封越王；而在此后一年，朱温封梁王，王建封蜀王。可以看出杨行密和其他几个唐末枭雄几乎一直在一个轨道上同步前进，从未掉队。

那么，为什么杨行密能够成功呢？

前面我们说孙儒这些失败者成就了杨行密，但除了军事与战争、谋略与意志之外，民心向背绝对是最重要的原因之一。孙儒师出残暴无比的"蔡贼"秦宗权，也是一样的残暴好杀，所过之处，一片荒芜。唐末以前的扬州富庶甲天下，与四川一起号称"扬一益二"，但经过淮南的内乱和孙杨之战，"八州之内，环幅数百里,人烟断绝","江、淮之间,东西千里扫地尽矣"。孙儒还曾放火烧了扬州城,《新唐书》上说他所过"烧庐舍,杀老弱以给军",把以人肉为军粮的恶行带到了淮南。

对比孙儒对百姓的屠戮,杨行密是怎么做的呢?

他在第一次攻占扬州后,城里饥荒,"饥民相杀而食",杨行密的部下选择了开仓放粮。889年,杨行密围宣州,当时"城中食尽,人相啖",入城后,他令手下大将徐温打开城内米仓,"为粥以食饿者"。等到击败孙儒平定了淮南,《资治通鉴》说杨行密马上"招抚流散,轻徭薄敛"。《旧五代史》里也说他"招合遗散,与民休息,政事宽简,百姓便之",就是让老百姓好好过日子,不折腾。很快,淮南地方又恢复了经济繁荣。

所以我们说在晚唐五代,失败者的原因各不相同,但成功者都基本相似,无论是朱温、王建还是杨行密,还有后面将要讲到的其他几个南方政权的开创者,都比较注重地方稳定和经济发展。因为有了民众的支持,也就有了兵员和粮草,反过来也能巩固政权。而无论是曾经不可一世的秦宗权,还是号称拥兵五十万的孙儒,一味烧杀劫掠,只会破坏不会建设,不可能获得百姓支持。在大浪淘沙的唐末乱世,他们注定成为失败者。

铁血与柔情

乱世枭雄大多崇尚铁血。民心固然重要,但如果只有民心和道义,在乱世中恐怕也寸步难行。还是欧阳修总结五代乱世的那句话说得好:"五代兴亡以兵",没有强大军力做后盾,一切仁心仁政恐怕都是空谈。朱温如此，王建如此，杨行密也同样如此。

拥有天生神力和飞毛腿的杨行密不但自己能打，更是打造了一支战力强悍的淮南大军。杨行密的队伍大致有五个来源：

庐州子弟：杨行密最初起家时所部的庐州兵是他的老班底，最受信任，其中不少人还与他是同乡邻里，比如他早期最依仗的大将田頵等。杨行密麾下最闻名的贤臣良将号称"泗上三十六英雄"，其中二十四人都与杨行密同乡。

淮南官军：杨行密攻取扬州时，兼并了一批原淮南军队。如他曾经招海陵镇使高霸，"因犒军而擒霸族之，得其兵数千"。但对于这部分军队，杨行密并不是很信任，一次在外敌来袭之际，他因为担心降军生变，一夜尽杀数千人，其地"数里皆赤"。

孙儒降兵：杨行密击败孙儒，兼并了孙儒手下的河南兵。这些来自河南蔡州的士兵战斗力很强，杨行密还从中选出了五千人，组建了一支亲兵部队，号为"黑云都"，皆穿黑衣，赏赐丰厚。这支"黑云都"成为杨行密麾下最能打的一支劲旅，"驱之既战，靡不争先"，让敌人闻之色变。

山东劲旅和沙陀骑兵：897年，朱温击败了山东朱瑄、朱瑾兄弟，朱瑾带着数千骑兵逃过淮河投奔了杨行密。这批人马中除了有朱瑾自己的山东兵外，还有一部分沙陀军。为什么会有沙陀军呢？当初朱温进攻山东之始，李克用曾派出一部骑兵经河北到山东为朱瑾助阵，结果后来河北的退路被断，这支沙陀军因此滞留在山东，无奈之下也随朱瑾来到淮南。朱瑾的到来让杨行密如虎添翼，要知道山东兵比淮南兵能打，而沙陀军比山东兵更能打，所以《新五代史》说："淮人轻弱，得瑾劲骑，而兵益振。"

正是依靠着这支来源混杂而战力强悍的部队，杨行密最后成功扫平淮南、击败朱温，形成南北对峙之势。统领这样一支成分复杂、桀骜不驯的军队，杨行密展现出了非凡的领袖魅力，迅速聚拢起一批能臣悍将为之所用。

山东朱瑾英雄了得，马槊天下闻名，他投奔淮南后，杨行密"大喜，逆之高邮，解玉带赠之，表瑾领武宁军节度使"。后来朱瑾也投桃报李，帮助杨行密在清口之战中大破梁军。

几个随朱瑾一起加盟的沙陀将领也都获得重用。河东将领李承嗣和史严入淮后，杨行密"待承嗣及严甚厚，第舍姬妾咸择其尤者赐之"。二人获得礼遇，也投桃报李，"故二人为太祖父子尽力，屡立功，竟先后死，不复归"。能让两位沙陀将领死心塌地为杨氏父子卖命，终生不归乡，可见杨行密的人格魅力。李承嗣尤其值得一提，他被杨行密委任为淮南行军副使，在后来的清口战役中，正是他力劝杨行密先打清口，才有了后来的大胜。战后杨行密置酒宴之，赏其钱万缗，拜为镇海军节度使。

杨行密在889年攻破宣州后，听说宣州将领周本"勇冠军中"，于是杨行密"获而释之"，从此麾下多了一位猛将。周本的威猛在史书中多有提及，他出身贫寒，目不知书，却膂力惊人，"常独格虎杀之"，是一个天生的战将。在杨行密一统淮南的一系列战役中，周本冲锋陷阵，频立首功，军中"猛将皆服之"。周本的威名还传到了中原，多年以后在吴国派人出使后唐时，庄宗李存勖向来使询问淮南名将，其中就有周本。

在攻克宣州后杨行密还收获了另一位大将，李德诚。如果说收周本是因为其威猛，那么杨行密收李德诚看重的则是他的义气。原宣州军阀被杨行密击败后,"左右皆散",只有李德诚不离不弃,杨行密"义其人",收至帐下,还把宗族之女嫁给了他。在杨行密眼里,一个部下的忠义恐怕比勇武更重要。从此李德诚深获信任,他也"事杨氏最久",成为杨吴政权的几朝重臣。

902年,杨行密击败了占据南京的冯弘铎,冯一度想逃入大海,这时杨行密派人对他说:"胜败,用兵常事也,一战之衄,何苦自弃于海岛?吾府虽小,犹足容君。"这番虚位以待的真诚足以化敌为友,杨行密甚至还说,如果你想要我扬州的位子,我也是可以让的。冯弘铎深受感动,同意归顺,于是杨行密就带着十几个随从,轻装进入冯的大营,执其手而勉励之,冯遂率全军而降,终生不叛。杨行密这样的胸怀与胆色,冯弘铎不佩服也难。

杨行密待部下如兄弟,信之容之,部下也往往忠心耿耿,甚至不惜以死尽忠。大将刘信跟随杨行密屡立战功,杨行密也待之甚厚。有一次杨行密招刘信议事,正逢刘信大醉,杨行密一气之下骂了他,而刘信趁着酒劲,"仗一剑弃去,左右请追之,太祖曰:信岂负我者邪!醉而去,醒当复来。"第二天,正如杨行密所料,刘信酒醒后果然前来谢罪。

大将刘存,曾率军西征湖南,兵败被俘,楚王马殷想将之收为己用。刘存骂曰:"今日之败乃天亡我,我肯事汝以求活邪!我岂负杨氏者!"最后,刘存不惜一死以报杨行密的知遇之恩。部将秦裴很早就追随杨行密为牙校,在与吴越钱镠争夺苏州的战役中,秦裴带兵固守昆山,最后食尽乃降。钱镠怪其引兵对抗之罪,秦裴如此说道:"力屈而降,非心降也。裴义不敢负杨公。"

这番话让钱镠也很欣赏，最后释放他回淮南。

杨行密手下最能打的大将非李神福莫属。有一次兵变乱起，叛军抓了李神福的老婆孩子，写信威胁李神福，李神福说："吾以一卒从吴王起事，今为大将，忍背德而顾妻子乎?"当叛军绑着他儿子上了城头，李神福竟然不惜下令放箭，射死了自己的儿子，然后挥师败敌。李神福在家人与主公、亲情与忠义的两难中选择了后者，他的决绝背后难掩悲痛。每次读五代史到此处，我就禁不住在想，杨行密身上究竟是怎样一种魅力，能让李神福不惜抛妻弃子为之尽忠呢？

史书还记载了一个故事：有一次杨行密出门视事，一个下人趁机偷了他的金子，杨行密知道后却不闻不问，第二天还是一大早就出去了，根本不提金子的事。在杨行密眼里，人心无疑比金子更重要。

另一个小故事也把杨行密对下属的信任展示得淋漓尽致：杨行密有一个侍卫叫张洪，一直为他背剑，侍立左右，后来张洪不知何故曾试图拔剑行刺杨行密，失败而死。这件事之后，杨行密又让另一个侍卫陈绍背剑，而陈绍平日与张洪交好。史书在此事结尾只用两个字结尾，"不疑"。好一个自信的杨行密！

杨行密对善恶与道义有自己的理解。当年他手下一个叫蔡俦的将领反叛，占据庐州，捣毁了杨行密的祖坟，平定叛乱后，诸将纷纷请求毁掉叛将的祖坟来报复。杨行密感叹道："俦以此为恶，吾岂复为邪？"此话说得充满正气，杨行密称得上是一代仁主。

《资治通鉴》对杨行密如此评价：

> 行密驰射武伎，皆非所长，而宽简有智略，善抚御将士，与同甘苦，推心待物，无所猜忌。

就是说如果论功夫，骑马射箭并非杨行密所长，但他善于统御手下，跟部下同甘共苦，所以受到拥戴。欧阳修在《新五代史》里的评价更直接：

> 宽仁雅信，能得士心。行密起于盗贼，其下皆骁武雄暴，而乐为之用者，以此也。

一句众将"乐为之用"，尽显杨行密的领袖魅力。

三个叛将

从晚唐五代诸多枭雄的经历中可以看出，善于御众是成功称霸者的一个必要条件。但毕竟众口难调，驾驭和统领一大批桀骜不驯的武将绝不是一件容易的事情，做得好就众星捧月建功立业，做得不好就会威胁统治甚至身败名裂。晚唐五代史上，朱温、王建和杨行密这些人都是成功的例子，他们都善于利用两个基本手段，一是示恩，什么封官许愿、赐名送马当然也包括信任和激励等，有物质的也有精神的；再一个就是立威，有敢挑战其权威的，杀无赦。

这两个手段，恩威并施，缺一不可。相对来说，示恩容易，不缺封赏就好，但立威的执行则需要极强的形势判断力和危机处理能力，立威立不好，就可能激起兵变，祸及自身。这也解释了这些枭雄一般都很多疑，对手下能力出众而态度暧昧的将领，甚至会提前动手，以除后患。前文提到的朱温诛杀朱珍和王建疑心王宗播，其实都是要除去威胁、树立绝对权威。

杨行密立威的基石，则来自手下三个叛将的覆亡。

田頵，安仁义，朱延寿，这三个人在杨行密的崛起之路上，都立下过汗马功劳，《新五代史》说三人"皆从行密起微贱，及江、淮甫定，思渐休息"。杨行密成功占据淮南后，急需稳定，巩固统治，但这三个人却"皆猛悍难制"，成为杨氏新政权的不稳定因素。面对这三个潜在威胁，杨行密也在一直密切关注，"颇欲除之"。

这三个人里面，杨行密最大的威胁来自田頵。田頵也是庐州合肥人，与杨行密同乡，二人结为兄弟、一同从军。《新唐书》说他"略通书传"，性格深沉有大志，作为跟从杨行密起家的老班底，田頵功勋卓著，"行密据庐州，頵谋为多"。杨行密平定淮南后，封田頵为宣州刺史，当年杨行密被孙儒赶出扬州，就在宣州养精蓄锐，最后在宣州城下决战，一举击败孙儒。杨行密把这块赖以起家的重镇托付给田頵，足见对其的倚重。但杨行密也知道田頵非甘居人下之辈，对他也有所顾忌，后来田頵多次请求扩大自己的防区，杨行密都拒绝了。与此同时，田頵的不满也渐渐显露，他在宣州招纳了不少文人辅佐自己，同时招兵买马建造战舰，俨然成为独占一方的割据势力。

杨、田二人之间的矛盾也有个积累的过程。有一次田頵去扬州公干，杨行密手下人从上到下，都去找田頵索贿，地方大员进京，不敲白不敲啊，甚至连一个小小的狱吏都来要钱。田頵大怒："狱吏觊吾入狱邪？"你这是认为我以后会入狱吗？走的时候，田頵指着扬州的城门发誓说，"吾不复入此"，愤愤而去。

902年，邻境浙江发生内乱，田頵趁机带兵过去包围了杭州，而杨行密却让田頵撤兵，还严厉威胁说，"不还，吾且使人代镇宣州"。原来吴越的钱镠派来使者求杨行密撤军，并留下一子为质，但恐怕真正打动杨行密的，是吴越使者的一句话："使田頵得志，必为王患。"此时杨行密对田頵已有戒心，不想让他扩大势力。最后田頵虽然撤兵，但极为不满，《资治通鉴》说"頵尤恨之，阴有叛志"。昔日兄弟，彼此间从此埋下了冲突的种子。

杨、田二人对于朝廷的态度也完全不同。田頵上书杨行密，劝杨尊奉天子，向中央进贡，还主动表态自己愿意出钱。对此杨行密完全不能认同，说"贡赋繇汴而达，适足资敌尔"。在他看来，天子已被朱温控制，所有贡赋实际都要经过汴州上达朝廷，那不等于资敌么？其实田頵的想法与不少南方军阀一致，想通过尊奉天子获得合法性，但对于与朱温水火不容的杨行密而言，又怎么可能向朱温低头呢？这件事也看得出田頵已经开始有了自己独立的想法，史书说"于是頵绝行密，大募兵"，兄弟二人分道扬镳已经不可避免了。

这时候杨行密手下有人对他说，田頵肯定会反，不如早点动手除掉。杨行密还在犹豫："頵有大功，反状未露，今杀之，诸将人人自危矣！"但他还是有所准备，提拔了一个田頵手下的将军，任命他为庐州刺史，而田頵却认为此人背叛了自己，将之杀害。这个将军临死前说了一句话："吾死，田公亡无日矣！"

田頵杀掉杨行密亲自任命的将领，这就等于公然宣告要造反了。第二年八月，田頵联络另外两个心有异志的淮南将领，约定一同起兵。

安仁义，沙陀人，原是山西李克用手下，因为过失而逃亡，投靠了河南的秦宗权，后跟着孙儒大军进入淮南，孙儒败亡后又投降了杨行密。杨行密得之大喜，立即让他统领骑兵，甚至位列老乡加兄弟的田頵之上。安仁义武艺高强，尤其箭术过人，沙陀人历来善射，前面说过李克用箭法如神，但安仁义的箭术被史书渲染得更厉害。当时杨行密手下有两员大将名冠三军，骑马打仗勇猛难当的是山东人朱瑾，使一条长槊，而以箭术闻名的是大将米志诚。但这两大战将在安仁义眼里都不算什么，他曾自负地说："志城之弓十，不当瑾槊之一；瑾槊之十，不当仁义弓之一。"就是说十个米志诚都打不过朱瑾一条槊，但十个朱瑾加一块，也敌不过他安仁义一张弓。听起来有点夸张，但安仁义确实厉害，在杨行密与孙儒争夺淮南之战中屡立战功。杨行密对安仁义也很信任，让他统领骑兵，平定淮南后，又让安仁义掌管润州（今江苏镇江）。但安仁义为官名声并不好，为人贪婪，聚敛无度，润州当地人听说安仁义要来，都很悲伤。现在田頵反了，怂恿安仁义也跟着反叛。

杨行密立刻派兵平叛，打田頵那边很顺利，杨行密传信给田頵部下将领，这些将领都下马跪迎，知道跟着田頵反叛毫无胜算。不到几个月，田頵就全军崩溃被杀。但安仁义这边就不太好打，他的箭术让人非常忌惮。有一次安仁义中了埋伏，退兵时淮南大军追过来了，安仁义索性不跑了，就在地上插了一面大旗，解开盔甲，坐在地上吃饭，而追兵都惧怕他的神箭不敢迫近。最后杨行密的平叛部队虽然包围了润州城，却不敢太逼近城墙，因为每次安仁义在城头都扬言要射中何处，然后箭无虚发，使得攻城部队锐气尽失。

905 年，平叛部队挖地道入城，终于攻破了润州。已无退路的安仁义坐在城楼，但杨行密的兵还是不敢往上冲。安仁义知道难逃一死，最后一刻倒也不失风度：之前围城的时候其他将领都大骂过安仁义，但只有李德诚没骂，现在城破了，安仁义招李德诚登楼，说就你对我还客气，现在这份大功送给你吧。说完弃弓在地，束手就擒，随后被送至扬州处死。

相比田頵和安仁义，第三个叛将的身份更为特殊，他的反叛也更让杨行密担忧。他就是杨行密的小舅子朱延寿。

朱延寿在杨行密军中的地位很高，其实并不仅仅因为杨是他姐夫的关系。作为杨行密庐州起家的老班底，朱延寿在杨行密的崛起之路上屡建功勋，以勇武闻名。有一次攻城，诸将忌惮城坚，无人请缨，朱延寿则带兵上阵，一鼓而下之。当时朱温的梁军一度深入安徽寿春，朱延寿派刚练的新军进攻，每旗下五列士卒，先以十旗兵攻击，不胜则斩杀带队将官，再增兵五旗，反复殊死冲锋，最后梁军不敌而退走。从此朱延寿被委为寿州团练使，镇守淮南北境，与朱温的地盘隔淮河相望。有梁军南下入侵，朱延寿还故意打开城门，而梁军畏惧其勇，不敢逼近。朱延寿的威名还传至北方，《九国志》载，昭宗流落凤翔之时，"闻延寿有武干"，还派人南下授朱延寿为蔡州节度使，希望他能引军北上牵制朱温。

朱延寿治军颇严，史书说其"敢杀"，如有属下畏惧不前或临阵脱逃，"必尽戮之"。有一次对敌，他派二百人手持大剑进攻，有一个被留下来的属下非跳出来请缨出战，被朱延寿以违令而斩杀。因其好杀，杨行密也曾利用他来帮自己解决麻烦，两个人一个唱白脸一个唱红脸。史书载："时扬州多盗，捕得者，太祖辄赐所盗物遣之，戒曰：勿使延寿知也。已而阴许延寿杀之。"杨行密"欲以宽恕结人心"，却能让朱延寿帮他干这些脏活，足见对这位小舅子的信任。

然而朱延寿对姐夫的不满却暗自滋生。杨行密对小舅子平日不大尊重，经常取笑他，但恐怕让朱延寿更不满的是他立有大功，却仅屈居寿州刺史，于是野心萌生盖过了亲情。朱延寿的地盘与河南的朱温相接，可以说是梁吴间前线的前线，这让朱延寿有机会与朱温暗通款曲。在田頵意图谋反时，曾派人联络朱延寿，朱延寿立即答应下来，还信誓旦旦地说："公有所为，我愿执鞭。"

从任何一个角度看，朱延寿的谋反对于杨行密的杀伤力都更大。这不仅仅因为二人的亲戚关系，更主要的是，朱延寿驻守的寿州正是淮南门户，一旦倒向朱温，淮南将门户大开、无险可守。后来杨行密在平叛成功后曾对手下坦言：田頵和安仁义这两个大贼根本不足虑，我只担心朱延寿这个小贼而已。

此时杨行密对朱延寿已经起疑，决心除掉这个祸根。但他知道朱延寿带兵在外，而其姐又是自己的身边人，一旦不慎，恐怕反受其害。于是杨行密做了个局，假装眼睛坏了看不见东西，出入都要人扶着，还动不动撞到柱子上搞得头破血流。朱夫人把他扶起来时,他就故意哭着说:"吾业成而丧其目,是天废我也!"还说自己的儿子都没用,恐怕大业得传给小舅子了云云,然而这一切都是杨行密抛出的烟幕弹。杨行密招朱延寿来扬州,但延寿有些怀疑,迟迟不来,直到接到姐姐的密信才相信杨行密已盲,不复当年之勇,于是欣然而来。朱延寿一到,端坐中堂的杨行密突然睁开眼睛,从袖子里掏出大铁锤,一下砸到朱延寿的脑门上,一击毙命,随后又休了朱夫人。一场危机就这样被化解了。

诱杀朱延寿,尽显杨行密的智谋、隐忍和决绝。为了设局,《五代史补》说他装盲三年,面对姬妾仆役的无礼也隐忍不发。面对潜在威胁,他用铁血手段,不惜杀弟休妻。

然而,这并不是说杨行密狠心无情,他杀了朱延寿后,并没有为难其家人,后来还养大朱延寿的小儿子并授予官职。朱延寿曾收养过牺牲战友的两个孩子,朱死后,这两个孩子被杨行密继续抚养。平定田頵之乱后,田頵人头被传至扬州,面对昔日故友的头颅,杨行密伤心地流下了眼泪,命人以庶人礼葬之,同时赦免了田頵的母亲。

在杨行密身上,铁血与柔情,完美合一。

杨行密与朱温:一个修昔底德陷阱

乱世多枭雄,但随着唐末一系列兼并战争的进程,北方中原与南方江淮地区的政治形势逐渐明朗。在公元 900 年前后,朱温和杨行密几乎不约而同地成为一北一南最强大的军阀。虽然分居南北,但两个人在各自的称霸之路上却交集不断,从相互默契、偶有合作到摩擦不断、最终走向全面对抗,彻底落入"修昔底德陷阱"。

杨行密与朱温一开始并无冲突,一度还因为共同的敌人而交好。

杨行密起兵之初,面对孙儒大军的威胁,孙儒所部出自河南秦宗权,而秦宗权则是朱温当时最大的敌人。既然有了共同的敌人,也就有了结盟的基础。杨行密派使者去开封见朱温,主动示好,很快朱温也派了使者来淮南。杨行密为了得到朱温相助,还上表朝廷推荐朱温来当淮南节度使。没想到他的客气却被朱温理解为真诚,朱温大喜,真的派人准备进入淮南接管扬州。

朱温未免天真了,这当然不是杨行密的本意。《旧五代史》说他"勃然有拒命之意",正在淮南的朱温使者察觉到气氛不对,半夜换了衣服逃回北方,半路上遇到朱温,说杨行密有不轨之心,朱温只得又遣人追回刚派去接管扬州的官员。但朱温此时既无必要也没有能力去多树一个敌人,索性上表请杨行密主政淮南,顺水推舟送个人情。

此时,两个人面子上交情还能维系。朱温曾经声称要帮杨行密打孙儒,向徐州军阀时溥借道南下,遭到拒绝后趁机攻灭了徐州。892年,杨行密手下将领反叛,在庐州刨了杨行密的祖坟,还想来示好朱温,而朱温却派人知会了杨行密。但几年之后,朱杨各自都获得了军事成功,二人的关系却急转直下。杨行密击败了孙儒,成为淮南霸主,朱温也打败了秦宗权,成了北方最强的军阀。虽然一个在南,一个在北,中间仅隔一条淮河,曾经的"友谊"很快就被竞争取代。

894年，地处梁吴势力之间的泗州（今江苏宿迁）倒向杨行密，让朱温兼并泗州的计划落空。同一年，杨行密派人运茶叶万余斤去河南，本想进行正常贸易，没想到朱温却抓了淮南使者，"尽取其茶"，二人之间的裂痕已经展露无遗。

近年来西方政治学界流行着一个"修昔底德陷阱"概念。所谓"修昔底德陷阱（Thucydides's Trap）"，是借用古希腊历史学家修昔底德观点，指公元前五世纪雅典的崛起引起了希腊霸主斯巴达的警惕，最后双方爆发了伯罗奔尼撒战争，相互争斗不止。

称霸南北、隔河相对的杨行密与朱温颇有点类似于"修昔底德陷阱"的关系。朱温统一天下的野心随着他在北方的称霸而逐渐显露，虽然当时的北方还有李克用和李茂贞与之对抗，但仅一河之隔的杨行密在淮南的强势崛起，势必给朱温带来不小的威胁。

淮河两岸究竟谁是霸主？不经过一场大战又怎能知晓？

只不过这场大战到来得有点儿早。

897年，朱温攻取了山东郓州和兖州，朱瑄被杀，朱瑾带着残兵逃入淮南投奔了杨行密。实力大增的杨行密开始积极拓展地盘，湖北、江西和浙江各地大小军阀都压力大增，纷纷向朱温求救。

此时的朱温在北方如日中天，河北军阀纷纷投靠，沙陀李克用一直被关中军阀牵制，威胁暂时还不大。于是朱温俨然以江湖大哥的姿态，开始了对杨行密的讨伐。他先派了一个养子带兵进入湖北，击退了杨行密的军队。这一年秋天又派大将庞师古率领大军，从江苏过淮河，剑指扬州，同时大将葛从周从安徽过淮河，两路人马东西呼应，颇有一举定淮南的气势。

于是，这场并不为人所熟知却意义非凡的大战——"清口之战"就这样拉开帷幕。

庞师古，山东曹州人，早年参加黄巢军，投靠朱温后多次被委以重任，在攻取徐州、兖州、郓州等战役中都是梁军主帅。《新五代史》说庞师古"为人谨甚"，每次出兵"必受方略以行，军中非太祖命，不妄动"，唯朱温之命是从。这应该也是他深受信任的原因，但这种过度谨慎和拘泥成命却最终导致了他的败亡。

庞师古率大军作为主力，在897年初冬进驻清口（今江苏淮安市西南）。他按计划扎下大营，但其地势低洼，有人建议他在高处安营，庞师古却以没有得到朱温命令不肯变更。这个错误是致命的。杨行密的军队挖开了附近的淮河大堤，河水涌下，直扑庞师古大营。手下有人来报，说上游发水此地危险，庞师古却以动摇军心之罪斩杀了前来报告的士卒。洪水无情，瞬息间就淹没了梁军大营，死伤无数，淮南大军在朱瑾的率领下乘势掩杀，"庞师古举军皆没"。就这样，庞师古带着他的愚忠死于清口。

梁将葛从周作为西路主将，带一万多梁兵在安徽境内过淮河，刚到濠州就听到庞师古败亡的消息，知道大势已去，害怕被杨行密断了后路，只好匆匆退兵。在渡河时被淮南军队追上，死伤惨重——"是日杀伤溺死殆尽，还者不满千人。"幸存的梁军好不容易逃脱，到达颍州（今安徽阜阳）时又遇"大雪寒冻，死者十五六"。清口一战，东西两路梁军几乎全军覆没，史书说："自古丧师之甚，无如此也。"取得清口之战胜利的杨行密给朱温写信，用嘲讽的口气说："庞师古、葛从周，非敌也，公宜来淮上决战。"杨行密的得意之情跃然纸上，而朱温的愤怒和无奈也可以想见。

清口之战后，朱温和杨行密又有过几次交锋，互有胜负。903年梁军进攻青州的王师范，杨行密派兵救援，还打死了朱温的侄子朱友宁。905年冬，朱温亲自带兵从安徽攻入淮南，但也没占到什么便宜，只好退兵。其后双方无论怎么打，基本都围绕着淮河一线拉锯。很快，朱温就不得不集中精力应对沙陀李克用父子的威胁，只好放下淮南，终其一生，也没能报清口之仇。

关于朱杨之争，欧阳修在《新五代史》里有一段感慨：

> 呜呼，兵之胜败，岂易言哉！梁兵强于天下，而吴人号为轻弱，然师古再举击吴，辄再败以死……凡三十年间，三举而三败。以至强遭至弱而如此，此其不可以理得也。兵法固有以寡而败众、以弱而胜强者，顾吴岂足以知之哉！岂非适与其机会邪？

欧阳修似乎不太理解杨行密为什么能够以弱胜强。其实朱温大军深入南方，当地河流众多，又是冬天，淮南将帅众志成城，再加上庞师古的死板，朱瑾的勇猛，可以说天时、地利、人和都不在朱温这边。

清口之战后，朱温基本无心也无力南下，而"由是行密据有江淮之间"，一举成为南方最大的割据势力。此后数十年间，中国南北遂成分裂局面，可以说清口一战奠定了之后五代十国南北分裂的政治格局。时人一般把北方的梁、淮南的吴和四川的前蜀，比作历史上的三国。虽然当时还有其他割据政权，但朱温、杨行密和王建无疑实力最强，在唐末乱世可谓鼎足而三。

令人遗憾的是，英雄短命。杨行密在天祐二年（905）冬病逝于扬州，终年五十四岁，没有等到大唐王朝的正式终结。我们有理由相信，如果天假其年，杨行密应该也会像朱温和王建那样称帝建国。

史书说杨行密"性俭约"，"非公宴，未尝举乐"。他不仅生前简朴，死时还遗命"縠葛为衣，桐瓦为棺"，最后"夜葬山谷，人不知其所在"。现在一般认为其墓位于家乡合肥市长丰县的吴山镇，1995年"吴王遗踪"还被列入"合肥十景"之一。但千年前的简约墓葬，并未留下任何痕迹。

相比之下，杨行密在扬州的故宅更值得今人凭吊。近年来扬州瘦西湖景区内一块叫桑树脚的地方引发了考古人员的兴趣。据说杨行密被封为吴王后，曾经舍宅为寺，在此地修建寺庙，宋朝初年寺内曾铸有铁佛，故有"铁佛寺"之称。清人厉鹗游至此地，曾赋诗一首，多取杨行密昔日事迹，今录之于下，古今同吊这位乱世英雄：

> 树压平冈碧殿孤，我来何处吊杨吴。
> 佛从劫火销时见，秋到遥天尽际无。
> 草乱难寻朱瑾墓，鸦归犹学黑云都。
> 淮流不洗当年恨，谁与英雄酹一壶。

杜　洪（？—905）

唐末军阀，戏子出身，占据湖北鄂州，任武昌军节度使，后为杨行密所灭。

雷　满（？—901）

唐末军阀，出身洞蛮，占据湖南朗州，任武贞军节度使，为人贪婪狠毒，屡屡沿江劫掠。

钟　传（854—906）

唐末军阀，占据江西洪州，任镇南军节度使，在江西提倡文教、弘扬禅法，其地后为杨吴所并。

危全讽（？—909）

唐末军阀，割据江西抚州二十余年，招抚流民，修葺城郭，成为文人乐土，其地后为杨吴所并。

卢光稠（840—911）、谭全播（？834—？918）

唐末军阀，二人为表兄弟，一同割据江西赣州，施行善政多年，其地后为杨吴所并。

滚滚长江里的失败者

在唐末五代的乱世中，除了朱温、王建、杨行密等这些成功称霸一方、声名显赫的枭雄外，其实还有一些不怎么为后人所知的地方军阀。他们同样大都出身低微，趁着乱世以武力起家，有的攻取数州，有的仅拥一城，但他们在九、十世纪之交，在尚未明朗的政治乱局中，利用大军阀间的矛盾，顽强而精彩地生存着。一旦天下割据局势逐渐明晰，尤其在朱梁与杨吴的南北对峙局面形成后，那些曾经活跃在长江中游地区的弱小地方势力，不得不面临着道路选择。但无论是附梁还是投吴，这些小军阀们往往难逃被时代淘汰的最终命运，成为消逝在滚滚长江上的匆匆过客。

杜洪：跟错大哥的悲剧

在唐末遍地枭雄的乱世里，杜洪也许是最没有存在感的一个,但他的选择与结局却是对"长江里的匆匆过客"最好的诠释。

出身卑微的唐末军阀很多,其中不乏屠牛盗驴贩私盐的,但出身戏子的只有杜洪一人。无论是《旧五代史》还是《新唐书》,对杜洪的背景介绍都极为简略,前者说"杜洪者,江夏伶人",后者说"杜洪,鄂州人,为里俳儿"。杜洪在江西老家的早期职业不仅是个戏子,而且还是比较寒酸低级的戏子,走街串巷博人一笑,肯定阅尽人间百态,尝尽了人世的艰辛。

在黄巢起义军涤荡大江南北之时,杜洪的家乡鄂州(今湖北武昌)也遭到劫难,乱军土匪横行。各地为了自保都成立了民团,当时鄂州刺史"募民强雄者为土团军",保卫地方。

生逢乱世,民不聊生,杜洪恐怕也再难唱戏谋生,于是跑去加入土团军,从此人生换了另一个舞台。鄂州当地民风强悍,这支土团军的战力很强,四方寇贼"不敢侵",而杜洪也很快因功被授为牙将。在光启二年(886),杜洪在混乱中"因战立威",占据了鄂州,一跃成为武昌军节度使。

杜洪的起家再次证明了乱世起家定理——要么当兵、要么为匪,这几乎是出身贫贱者唯一的改命方式,朱温、王建、杨行密都是如此。杜洪从一个受尽人间冷眼的底层伶人,转眼成为人人羡慕的一方诸侯,见证了"华丽乱世"中的人生浮沉。

鄂州即今湖北武昌,自古为军事重镇。此地在殷商时期为鄂国,楚国君主熊渠讨伐至此建鄂王城,后为楚国国都,也是湖北简称"鄂"的由来。汉代时此地属江夏郡,三国时孙权取"以武而昌"之意,遂改名为武昌,在此处建都。鄂州在长江南岸,扼南北交通要道，所谓九省通衢。鄂州在唐为武昌军治所，曾辖湖北长江以东、湖南洞庭湖以北数州，但在杜洪主政时期，也仅仅控制着鄂州一地，周围各州基本都各自为政。

但这样的地理位置也让杜洪处境尴尬，因为他不得不面对北方朱温和淮南杨行密两大势力的挤压，要生存就只能选边站队。尤其在杨行密统一淮南后，很快开始沿着长江逆流而上攻城略地，让杜洪感到了压力。在朱杨之间，最终杜洪选择了倒向朱温。这个选择应该并不仅仅是基于实力的比较，其中恐怕还有杜洪对地缘政治的考量：毕竟朱温远在中原，名义上依附朱温，并不会失去自己对鄂州的实际控制权，而如果选择杨行密，他将失去一切。但既然认了大哥，杜洪就只有硬着头皮尽小弟的义务。在朱温和杨行密交恶以后，朱温命令长江中游的几个军阀一起进攻杨行密，其中就有杜洪，而他的位置离淮南最近，于是湖北东部成为大战的前线。897年，朱温在清口之战中败给了杨行密，损失惨重，淮南大军腾出手来，逆流而上进逼鄂州。杜洪一面求朱温调兵相救，一面派人在鄂州外围坚壁清野，甚至还往井水里投毒，总算暂时逃过一劫。

就这样，杜洪主动跳上了朱温的战车，而此时的他还没有意识到这将是一条不归路。

杜洪一直听命于朱温。在天复初年朱温围攻凤翔李茂贞的时候，"昭宗遣使者东出，道武昌，洪皆杀之"。杜洪帮着朱温截杀了昭宗皇帝派去向杨行密求援的使者，成为朱温称霸路上的一个小跟班。903年，杜洪再次面临杨行密大军的攻击，鄂州被围，只好再求朱温搭救。朱温派出援兵的同时，也命荆南的成汭和湖南的马殷等人共同出兵相助。但淮南军队主帅李神福先是击退了朱温的援兵，随后又大败成汭的水军，逼着成汭跳水自杀。

李神福是淮南第一名将，在围攻鄂州战役中展示了非凡的军事才华。《资治通鉴》里记载了一个关于李神福围鄂州的故事：李神福在鄂州城外遥遥看见城里堆着很多芦苇，就对手下说：你们信不信我今晚就把这些芦苇烧了。鄂州城易守难攻，众人表示不信。当夜李神福派出几艘小船到长江岸边，半夜点起火把，城内的杜洪以为朱温的救兵到了，马上点燃了城里的芦苇与之呼应。芦苇燃尽之际，李神福手下皆服，而火焰中也照见了杜洪的无能与无奈。所幸这次杜洪运气不错，在他快要撑不下去时，淮南后方发生了田頵叛乱，杨行密只好暂时放弃攻打鄂州，急调李神福回来平叛。就这样，杜洪又一次逃过一劫。

在杨行密平定了内乱后，第二年再次出兵进攻鄂州，杜洪一如既往地向大哥朱温求救。但这一年朱温在北边也自顾不暇，他正逼着唐昭宗迁都洛阳，从而引发了李克用等反对势力的联合讨伐，所以实在腾不出手来顾及杜洪。派不出兵的朱温写信给杨行密，希望暂时和好罢兵，劝杨行密放过杜洪。杨行密回信答道："俟天子还长安，然后罢兵修好。"杨行密当然知道朱温不可能放弃皇帝这张牌，他也不可能放弃这个天赐良机，这就等于宣告了鄂州的灭亡。

杜洪在鄂州苦苦支撑，大哥朱温来不了，他只好转向湖南的马殷求助，而马殷根本不搭理。这一年冬天，朱温试图在东边出兵牵制杨行密，但自清口之战后，朱温在淮河一线基本都占不到什么便宜，牵制效果不佳。好不容易熬到了905年春天，朱温终于派来一批军队来鄂州帮杜洪守城,但很快杨行密大军就直逼鄂州城下,大败梁军,把俘获的梁兵三百人都斩杀于城下。

杜洪这次真的面临生死关头了,手下军队已经无心再战。这时下属劝他投降,但杜洪仍然相信大哥朱温不会不管自己,"洪恃汴方强,无降意"。对大哥的信任让杜洪放弃了最后的求生机会。905年二月,杨行密的军队放火烧了鄂州城楼,逼得来援的梁军一部仓皇逃走,鄂州城终于陷落。

杜洪父子和剩下的梁军千余人被俘,被送到扬州。杨行密见到杜洪,质问他为什么跟随朱温与自己为敌,落得个城破被俘的下场——"尔同逆贼弑主,与孤为仇,吾军还,而复为贼后拒,今定何如?"此时杜洪回答让人有些肃然起敬:"不忍负朱公。"杨行密下令将杜洪父子当市斩杀。

杜洪作为小弟也算为朱温尽忠至死,而大哥也没有忘记他。一年后,朱温上奏朝廷追赠杜洪官爵,还下令地方立祠庙以纪念之。朱温篡唐称帝后,又下诏追封杜洪为太傅,诏书云杜洪"以忠贞殁于王事",似乎对没能救到这位小弟而心怀愧疚。死后的杜洪就这样被树为忠臣典范,成为大哥朱温在开国之初招揽天下诸侯的一个棋子。

雷满:爱游泳的湖南人

在唐末乱世里,有一位水性极好的湖南人,雷满。此人占据朗州(今湖南常德),被唐昭宗拜为武贞军节度使。关于他的游泳技能,素来以文字简约著称的《新五代史》还不惜笔墨,着力刻画:"酒酣,取坐上器掷池中,因裸而入,取器嬉水上,久之乃出,治衣复坐,意气自若。"说雷满这个人经常喝酒喝到兴头上,把桌上的金杯银盘扔进旁边的水池里,然后脱光衣服跳进去,捞起器皿在水上把玩,良久才出水,换上衣服接着喝酒,大气都不喘,轻松写意。这几句话把雷满戏水的一幕写得生动无比,毫无疑问这是位绝对的游泳高手。只不过这个脱光衣服在水上玩金杯的情景,画面却有些诡异,所以《旧五代史》说到此事,用了"诡诞"一词来形容。

雷满是湖南朗州本地人,史书称其为"武陵洞蛮","为人凶悍骁勇,文身断发",应该来自当地的少数民族。雷满天生力大无比,最初打鱼为生,唐末黄巢起义中,湖南也盗贼四起,他索性聚集了"诸蛮数千,猎于大泽中,乃击鲜酾酒,择坐中豪者,补置伍长,号土团军"。这支土团军是类似民兵一类的地方军事组织,孔武有力的雷满成为首领,从此有了赖以发家的军事基础。当时的淮南节度使高骈将雷满招至麾下,以抗黄巢,但在881年雷满带兵跑回家乡,趁乱占据了朗州,顺利获得朝廷认可,成为武贞军节度使。

湖南的地理也值得一提,它位于长江以南,大部都在洞庭湖以南,因称"湖南",唐代宗广德二年(764)曾设湖南观察使。湖南境内最重要的一条大河就是湘江,贯穿全境,所以湖南简称为"湘"。湖南境内盛产芙蓉花,古诗有"秋风万里芙蓉国"一句,因此湖南亦称"芙蓉国"。在唐末黄巢起义以前,湖南地区的经济虽然有了一定的发展,但跟繁荣的江南和四川相比,还是比较落后的。湖南北接湖北,东邻江西,南连岭南,在西北和西南方向与贵州广西这些当时所谓的蛮夷之地相通。湖南尤其是湘西境内多山,自古不乏少数民族在此聚居。

朗州即今天的湖南常德,其地在湖南西北,沅水下游,东临洞庭,西接黔渝,南通长沙,北连荆襄,素有"荆楚要地,黔川咽喉,湘西门户"之称。在唐朝以前此地为武陵郡,就是大名鼎鼎的桃花源之所在。陶渊明的《桃花源记》开篇写道:

> 晋太元中,武陵人捕鱼为业,缘溪行,忘路之远近。忽逢桃花林,夹岸数百步,中无杂树,芳草鲜美,落英缤纷。

这样一个桃花源的所在,于晚唐乱世中也未能躲开战乱。

雷满占据朗州,并不安分,经常"沿江恣残暴",兴兵沿江劫掠周边州县。《旧五代史》说雷满"贪秽惨毒,盖非人类",对其残暴劫掠行径颇为愤慨。北边的荆州则成为雷满的主要抢劫对象,在九世纪末,雷满父子的朗州势力一直为"荆人大患"。在外交上,雷满跟其他长江中游的军阀采取一样的策略,都在名义上依附于朱温。他曾接受朱温的命令,跟成汭、杜洪等军阀一起准备进攻杨行密。但雷满这样的人肯定不会为朱温卖命,劫掠财富成了他兴兵的唯一目的。

作为湖南人雷满对水的喜好超乎寻常。他曾经在府第里开凿深池,每次有客人来,就在水池边摆酒宴饮,还指着水说,"此水府也,中有蛟龙,奇怪万态,惟余能游焉"。于是就出现了前面提到的"诡诞"一幕,他先掷器皿入水,然后脱光衣服畅游其间。雷满好水,不但自己在府内凿池游泳,还兴致大发,引沅江水环绕朗州城。当然他引江水的目的更多是出于城防考量,史书载雷满曾"满堑沅江,以周其垒,门临长桥,势不可入"。沅江是湖南仅次于湘江的第二大河,经朗州注入洞庭湖。这个引水护城的方法很巧妙,朗州城在西、北、东三个方向都被流经的沅江水呈几字弯环绕,形成天然屏障,易守难攻。

雷满死于天复元年(901),其子雷彦恭继位。雷彦恭跟他爹风格一致,也是劫掠谋生,史书上说他"蛮蜒狡狯,深有父风"。这位深得乃父之风的继任者其实比他爹的凶暴更有过之无不及,竟然把朗州附近沿江两岸的偌大地方抢得人迹灭绝,史书说"烬墟落,榜舟楫,上下于南郡、武昌之间,殆无人矣"。903年,荆南节度使成汭倾巢而出去救鄂州的杜洪,结果自己的大本营荆州空虚,被雷彦恭趁机攻破,烧杀劫掠,"焚掠殆尽而去"。

雷彦恭最后的覆灭也正是由于他的贪婪和劫掠。成汭败亡后,荆南经历了赵匡明的短暂统治,不久就被朱温攻克,任命了高季兴为新的荆南节度使,而此时湖南大部已经被马殷控制。但雷彦恭还是看不清形势,一如本性,继续不断袭扰各地,"为荆、湖患"。更让朱温无法容忍的是,雷彦恭"又与淮、蜀结连,阻绝王命",于是朱温下令高季兴与马殷联兵进攻朗州。但朗州城并不好打。雷彦恭凭借着其父打造的沅江护城河天堑,坚守了一年多。直到开平二年(908),城内粮绝,一天晚上,进攻的楚军偷偷从沅江潜水入城,半夜在城里放火,内外夹击之下,朗州城终于被攻破。最后,雷彦恭一个人坐着小船逃往淮南,从此朗州被楚国的马殷兼并。

可惜雷满水性如此之好，却始终不明白水能覆舟的道理。即使拥有沅江防线，像他们父子这种只知劫掠和破坏、罔顾民生的地方势力，破灭是迟早的事。

钟传：少年打虎暮缘僧

与鄂州杜洪几乎同时期崛起于长江中游的还有洪州（今江西南昌）的钟传（854—906）。他的经历与杜洪惊人的相似，都是起于社会底层，在唐末动荡中掌握了一支武装，最后趁乱占据一城之地。钟传同样由于地缘政治的考量，北联朱温以对抗逐渐强势的杨行密，最后也同样难逃一劫，成为长江上的又一个过客。

但与杜洪不同的是，钟传割据江西二十多年，极为关注地方教育与文化，对于唐末江西经济和文化的发展有着难得的贡献。

由于钟传与杜洪相似的人生轨迹，正史上也往往将二人并列而提，如《旧五代史》把二人并为一传，开篇写道："杜洪者，江夏伶人。钟传者，豫章小校。"其实钟传一开始并非出身行伍，他的早期职业在唐末群雄里也颇有特色。据《新唐书》载，钟传为洪州本地人，曾"负贩自业"，说白了就是个南来北往、走街串巷的小商贩。我们不要因这个低微的出身而小看钟传，因为这位小贩有着一颗英雄的心。

《太平广记》中记载了一个钟传年少时的往事：年轻时钟传"以勇毅闻于乡里"，少年豪气胆大勇猛的钟传喜欢打猎，每次都能打到熊或鹿这样的大猎物。有一天他外出参加亲戚聚会，酒喝多了，直到天黑才往家走，结果在山路上碰见一只吊睛白额大老虎，冲着他就扑过来。当时跟着钟传一起的还有个人，建议赶快上树保命。但醉意熏熏的钟传尽显胆色，毫无畏惧地拿着根棍子就与老虎厮打起来，老虎两只前爪搭住了钟传的肩膀，情急之下他丢了棍子，用双手撑住老虎的脖子。这一人一虎就这么僵持不下，老虎也动不了，钟传也走不开，只能硬挺着，旁边那个人估计都吓傻了，根本帮不上忙。过了好久，钟传的家人见他夜深未归，就带着剑沿山路找来，看到人虎相持，赶紧过去解决了老虎。

古人颇喜欢用打虎来彰显人之勇毅，唐末五代善于打虎的还有两位英雄，一个是沙陀李克用的假子李存孝，传说他少年时就曾力毙猛虎；另一位是淮南杨行密手下的大将周本，史书说他力大无穷，经常赤手格杀老虎。从钟传打虎的故事看，他的战力似乎不及李存孝和周本，但钟传后来的政治成就要远高于周、李二人。

经过这次遇虎事件，钟传俨然成为打虎英雄，在当地声名鹊起。在晚唐那个混乱的年代，力强胆大的猛人很容易获得尊敬。于是钟传被推举为当地民团的首领，他招募当地"夷獠"，组建了一支颇有规模的军队，"依山为壁，至万人"。王仙芝起义军侵入江西的时候，各州动荡，钟传趁乱先占据了抚州，又在中和二年（882）攻占了洪州，很快获得了朝廷正式任命。

《旧五代史》继续将他与杜洪并举，说二人"各为部校，因战立威，逐其廉使，自称留后，朝廷因而命之"。从社会底层到乱世从军，再到占据大州而一跃成为节度使，钟传与杜洪的人生路径的确不谋而合。钟传、杜洪二人也做出了相同的政治选择，即依附朱温，对抗近邻大敌杨行密。鄂州杜洪因为毗邻淮南、备受威胁，而选择依附中原的强者朱温自保。与之相比，其实钟传所在的江西洪州还不那么窘迫，因为江西位置要比湖北偏南，长江从其北部九江流过，而洪州即南昌的位置还要向南一百多公里。尽管朱温和杨行密一度因为杜洪打得不可开交，但远在鄂州之南近四百公里外的洪州一时还很平静。

当然钟传明白唇亡齿寒的道理，他也会在杜洪承压时起兵相助。所以《旧五代史》说二人"为杨行密所攻，洪、传首尾相应，皆遣求援于太祖"，恐怕并不确切，真实情况应该是如欧阳修在《新五代史》里分析的那样："江夏伶人杜洪者，亦据鄂州，杨行密屡攻之，洪颇倚传为首尾"，即主要是杜洪在北边承担着杨吴的军事压力，不得不求助于钟传相扶持。暂时没有太大生存压力的钟传，虽然表面尊奉朱温号令，但实际上仍然割据一方，认真地经营着自己的一亩三分地。虽然与其他江西小军阀偶有冲突，但在九世纪末和十世纪初前后二十多年间，洪州所受外部威胁不大，政局大体平稳，成为唐末乱世中的一方乐土。

钟传在江西洪州主要推动了两件事：教育和佛教，二者都对当地影响深远。虽然钟传在世人眼里是一个粗莽的打虎武将，但他对文人却颇为尊重和礼遇。《五代史补》说："钟传虽起于商贩，尤好学重士，时江西上流有名第者，多因传荐，四远腾然，谓之曰英明。"能被史家以"英明"二字来评价，可见钟传在士人心目中的地位。要知道在黄巢乱后，地方州县大多文化凋零、教育衰败，各地军阀也往往无心于文，"惟传岁荐士，行乡饮酒礼，率官属临观，资以装赍"。所谓"乡饮酒礼"，即古代地方向国家推荐贤能之时，为被推荐的士子举行的一系列饮宴仪式，应酬笙歌无不遵从古制，以勉励士人勤学上进。偏居一隅的钟传不但积极恢复古礼制，举办乡饮酒礼向朝廷举荐人才，还为士子提供路费。乱世中竟能有如此照顾文人士子的一方诸侯，钟传的口碑一下子就流传开去，吸引了众多文人前来投奔，期望获得钟传推荐，谋取上进之路。

唐朝传统，文人要想通过科举入仕，一般需要官员举荐。例如《唐摭言》上就说："时举子有以公卿关节不远千里求首荐者，岁尝不下数十辈。"文人去求见大人物往往要投诗，一方面展示才华，一方面也夸赞一下主人，才有可能获得推荐或在主人幕府得到一官半职。当时有一位叫刘望的文人前来投奔钟传，就写下《献江西钟令公》一诗：

> 负笈蓬飞别楚丘，旌旄影里谒文侯。
> 即随社燕来朱户，忽听鸣蝉泣素秋。
> 岁月已嗟迷进取，烟霄只望怨依投。
> 那堪思切溪山路，家苦箪瓢泪欲流。

这首诗很有意思，先说现在外面世道很乱，诗人自己历尽辛苦从湖北一路来江西，特地来投奔钟传，想着一路辛苦潦倒，天天喝着凉水、流着眼泪。意思很清楚，既坦言自己的窘迫，又烘托出乱世中钟传的贤名与吸引力。

还有一个叫诸葛素的文人更聪明，他前来投奔时已经做好了功课，把钟传的过往政绩研究得明明白白。一来就献上一篇雄文,洋洋洒洒五千字,重点突出了钟传的十大成就,而且引经据典、文采飞扬。钟传一见大喜,"览之惊叹,谓宾佐曰:此启事每一字可以千钱酬之"。如此好文,怎能不一字千金?于是钟传赏钱五千贯,并将之收在幕府。此事一出,钟传的识才、爱才和慷慨大方,立时天下皆知,"故士不远千里走传府",一时间洪州成为天下文人的热土。

钟传的岳父卢肇(818—882),也是晚唐闻名的大文士。卢肇,江西宜春人,少时家贫,笃志为学,他曾自叙"为业之初,家空四壁,夜无脂烛,则爇薪苏;睡恨顽冥,亦尝悬刺"。回忆自己少年时苦读,晚上用柴火照明读书,困的时候就学古人头悬梁锥刺股,终获成功。卢肇的文章被人评价为"驰骋上下,伟奇事观",当时的"达官宿儒皆推重之"。有唐一朝江西出的状元屈指可数,而卢肇就是其中之一。卢肇写过一首极为有名的诗,题为《送弟》:

去日家无担石储,汝须勤苦事樵渔。
古人尽向尘中远,白日耕田夜读书。

诗中所期许的自由惬意的读书生活颇让人向往。有这样一位德高望重的大文人老丈人,钟传在洪州重教礼文的热情应该是可以理解的。

除了教育兴文,钟传在江西还大力推崇佛教。他捐出了在宜春九峰山上的老宅,建了一座大寺院,就是现在的九峰禅寺,请来当时有名的普满禅师驻寺讲经。普满和尚是曹洞宗开山祖师洞山良价的传法弟子之一，所以禅宗尤其曹洞宗在唐末江西极为兴盛。由于钟传虔诚信佛，每次出兵打仗，他都要念佛祷告，不忍妄杀。有一次他带兵进攻割据抚州的危全讽，正好城内起火，手下建议他趁机攻城，但钟传却说"吾闻君子不迫人之危"。他还向天祷告说："全讽不降，非民之罪，愿天止火。"此番菩萨心肠，最后竟然意外收到奇效，危全讽颇为感动，主动请降归顺，后来二人还结为儿女亲家。

那么钟传的洪州政权是如何灭亡的呢？钟传尊崇佛教，不惜财力，曾经为寺院捐过高达几米的饵饼和香火，如此铺张浪费也引发负面效应导致财务紧张。为了应对财政困难，晚年的钟传也开始"重敛"，可能还采取了对往来商人课以重税的手段，以至于"商人至弃其货去"。

《五代史补》上有一个钟氏败亡的故事：钟传曾经礼遇一位上蓝和尚，此人精通术数，一日钟传听说大和尚病了，就去探望，说咱们彼此交好这么久，您到这个时候能不能留句话给我。老和尚挣扎着爬起来，写下一行偈语，写完就死了。钟传一看，写的是"但看来年二三月，柳条堪作打钟槌"。钟传左看右看，不明所以。第二年也就是天祐三年（906），钟传病死，二儿子钟匡时继位。钟传有个养子叫钟延规，因为没能继位而怨愤，就去勾结杨吴，此时杨行密已死，其子杨渥在位，派兵进攻洪州。三个月后，洪州陷落，钟匡时被俘。至此，"打钟之偈，人始悟焉"，原来老和尚所说的"打钟"预示着钟氏之亡。

英雄也有迟暮时，曾经的打虎英雄钟传到了晚年，对自己少年时的鲁莽也有些后悔。他曾告诫诸子："士处世，尚智与谋，勿效吾暴虎也",还亲手画了一幅打虎图来警示子孙。钟传对自己少年打虎的反思,从道理上看,与孔子所说的"暴虎冯河,死而无悔者,吾不与也"倒也契合。钟传的思想转变体现了他的成熟与智慧,但从另一个角度看,从打虎到崇文礼佛,也可以说他变得保守起来。

在内无强兵、外无强援之下,钟传仅以一州之力注定无法在乱世中存活。

危全讽的乐土

唐末江西还有一股割据势力往往被史家忽略,那就是占据抚州(今江西抚州)的危全讽。危全讽是又一个在唐末乱世中崛起的地方草根代表,虽然他的实力有限,势力和影响仅局限于江西一隅,但他具有鲜明的个人特点,统治抚州近三十年之久,极大地推动了当地经济与文化的发展,在乱世里打造了一方稳定繁荣的乐土。

危全讽在正史中的存在感远不如杜洪、钟传、成汭等人。新旧唐书和新旧五代史都没有单独为其立传,对于其人其事史书大多匆匆几笔带过,或者把他的事迹夹杂在江西其他军阀传中。但危全讽从起家到覆亡的一生,也一样充满传奇,一点不比同时期的其他地方豪强逊色。

关于危全讽的家世出身,我们可以从北宋路振所撰的《九国志》中了解一二。危全讽是江西抚州本地人,出身于一个农民家庭。据说他天生异相,出生的时候,红通通的身上长满了毛,模样怪诞吓人，父母甚至都想丢掉他，多亏姐姐的庇护下才活下来。长大成人后的危全讽仗义勇敢一身侠气，这种气质几乎是乱世草根领袖的必备素质。在唐末农民起义的动荡中，危全讽拉起了一支队伍保卫乡里，还击败了从北方南下试图劫掠抚州的王仙芝乱军一部。当时的地方官听闻后予以嘉奖，上表授之为讨捕将军，而危全讽也不负众望，接连剿灭了附近几股扰乱乡里的盗贼。

最初抚州被拥有万人武装的钟传占据，但钟传并不甘心局限此地，很快又趁乱攻下洪州。钟传的离去使得抚州出现权力真空，其后几年里盗寇屡屡劫掠此地，这就给危全讽这个抚州本地人留下了机会，他借机占下城池自守。抚州本归钟传的镇南军节制，但面对咄咄逼人的淮南杨吴势力，刚刚成为镇南军节度使的钟传不得不将注意力都放在长江一线，一时无力顾及危全讽。《新唐书》在介绍钟传起家时，极为简略地插入了这样一句话来介绍危全讽："抚民危全讽间传之去，窃州以叛，使弟仔昌据信州。"说危全讽在钟传走后"窃"取了抚州，还让弟弟占据了附近的信州（今江西上饶），这样就以两州之地成为江西又一支割据势力。

其实在当时的混乱时局中，有几个人不是"窃"呢？趁乱武装占据一方，造成既成事实后，朝廷被迫承认，事后加封授职，这在黄巢乱后的唐末中国已成地方割据范式。像危全讽这样，在乱世中"窃"得一州或数州，从而形成大藩镇之下更小的割据单元，在唐末和五代初期并不少见，只是大多祚命不长，很快就被邻近更强大的军阀兼并。

但危全讽的抚州无疑具有天然的地理优势,他的"微观"割据竟也绵延多年。抚州位于江西东部,境内东、南、西三面环山,成为天然防护,西北通往洪州方向,虽然地势平缓,但钟传所据的洪州无形中成为缓冲,使其免遭杨吴势力的侵扰。在九世纪末至十世纪初的前后二十多年间,危全讽治下的抚州波澜不兴,俨然乐土。

当然,这方乐土的形成离不开危全讽的个人努力。

首先是危全讽重修了抚州城。原来的抚州旧城屡经兵火,一度为盗贼焚毁,早已破败不堪,而且旧城地势低洼,抚河及其支流在东西两个方向绕城向北,经常引发洪水倒灌。中和五年(885),危全讽下令将州治向东移至形势险峻的羊角山,两年后又开始修筑城墙,历时三年竣工。新建成的抚州城分内外两重,内为子城,设有三门,外为罗城,设有八门,就此奠定了今日抚州城的基础。

危全讽还招抚流亡、鼓励农商,新修的抚州城日渐兴旺,百姓富足。今存一篇《抚州罗城记》,撰于唐末大顺元年(890),以时人的视角描绘了当时抚州城的繁华景象,"贾货骈肩,豪华接袂"。清版《光泽县志》"宦绩"一条,也记载了危全讽的功绩:

> 时郡遭寇变,郊郭焚荡略尽。讽殚心为理,招怀流离,以利除害,数年境内大安。

同书载危全讽还曾经赴京面圣,昭宗皇帝听闻抚州大治,高兴地说:"不知全讽有辅翼之才!"昭宗这一评价未见于正史,但危全讽作为抚州新城的开创者,毫无疑问是有大功的。

危全讽对于抚州教育和文化的振兴功劳更大。天复二年(902),他在抚州设立文庙、力兴儒学,同时鼓励地方发展学校。天祐年间,宜黄棠阴人罗坚、罗信捐田产创建了湖山书院和三湾书院,开抚州私人办学之先河。抚州城的安定富足加上尊文重教之风吸引大批北方士人前来,而人口增长尤其是文人学士的迁入又带动了当地经济文化的发展,一时间抚州成为天下"名邑"。

江西的文化地位本来在唐朝并不高,但经过唐末五代的发展,在宋朝开始勃兴。宋代江西出现了数量庞大的进士家族,跨南北两宋的进士家族有上百家,其中抚州一地就有二十五家之多,为江西之冠。抚州名人辈出,北宋名相王安石,南宋大儒陆九渊,都是抚州人。抚州作为江西文化重镇,至今仍被誉为"才子之乡"。这一切,都可以追溯至危全讽在唐末乱世中难能可贵的苦心经营。

与儒学和教育一同在抚州蓬勃发展的还有佛教,历史上社会动荡往往是宗教发展的催化剂,而抚州这样的乱世乐土则为当时的名僧所青睐。危全讽本人十分笃信佛教,延请了一大批禅师来抚州传经讲佛,还施以山田资助寺僧。曹洞宗师本寂大师(840—901)也曾在抚州宜黄的曹山寺开山说法,危全讽对之礼遇无比,多次亲身参禅听讲。当时洪州的钟传也屡次想请本寂和尚前去讲经,但本寂不为所动,还赋诗一首作答:

摧残枯木倚寒林,几度逢春不动心。

樵客遇之犹不顾，郢人那解苦追寻。

本寂和尚婉拒了钟传之请，选择留在抚州，也许在大师眼里，危全讽治理下的抚州更适合弘法。其实早在危全讽入主抚州之初，就曾邀请本寂的得意弟子匡仁禅师住持疏山寺，弘扬曹洞佛法，匡仁弟子文偃亦曾在疏山寺侍奉尊师，后南下韶州创立了云门宗。开平二年（908），禅宗大师文益也应危全讽之邀来到抚州，后来创立了法眼宗。在短短的时间里，一个小小的抚州竟然生发出禅宗的几大宗派，堪为传奇，而这段佛学昌盛的背后也离不开危全讽的努力。

然而乱世终归是乱世，夹缝中的乐土也总有尽时。

随着杨行密在淮南的强势崛起，危全讽也渐渐感到了压力。早期的危全讽虽然也剿灭过不少盗贼，但在真正的战争来临之时，他的军事实力并不足以安身立命。早在897年，淮南杨行密手下一个叫马珣的将军，因遭遇兵败流亡到抚州地界，仅带着三百败军就敢四处劫掠，而当时危全讽麾下有上万军队，阵容整齐，但一仗下来却惨遭大败。《新唐书》生动地记录了这一场交锋：

> 珣谓诸将曰：为诸君击中壁，食其谷以归。乃夜击之，全讽走。明日，珣高会，广旗帜，伐鼓循山而下，连营溃。既还，行密骂曰：竖子，不遂据其城邪！

马珣兵少，在抚州抢了粮食就跑回了淮南，气得杨行密大骂

滚滚长江里的失败者 | 253

他愚蠢，为什么不顺势占据抚州城呢？杨行密的愤怒值得理解，危全讽能被区区三百人打得溃不成军，如此孱弱的抚州不占白不占，危全讽的军力之弱可见一斑。

天复二年（902年），抚州遭受了第二次入侵危机。当时洪州的镇南军节度使钟传想收复管内各州，于是发兵攻打抚州，一时难以攻克，钟传就亲自带兵围攻。这次围城之战出现了个有意思的小插曲，使得二人和解。围城中抚州城内忽然起火，钟传手下建议趁机急攻，钟传答："吾闻君子不迫人之危"，不但不攻城，还扫地祭天，向着抚州跪拜祈祷："全讽不降，非民之罪，愿天止火"云云。钟传如此仁义的言行，传到抚州城里，危全讽深为感动，就主动归顺了钟传，还把女儿嫁给了钟传的儿子。

二人的结盟并不长久。906年钟传去世，其子钟匡时继位，听到女婿主政洪州的消息，危全讽十分高兴，狂妄地说："听钟郎为节度三年，我自取之"，言下之意就是既然钟传已死，该轮到他来做镇南军节度使了，但自己暂时给女婿一个面子，让其先做三年。但危全讽忘了，钟传一死，缓冲消失，更危险的敌人就要来了。很快，杨吴军队攻占了洪州，危全讽眼睁睁地看着女婿被掳走，自己却无能为力。失去了洪州这个屏障，抚州已经山雨欲来了。

危全讽当然也感到了危机，开始扩充军队，积极备战。这时候有一个人路过抚州，他就是当年杨行密的手下大将王茂章。杨行密死后其子杨渥继位，王茂章因得罪过杨渥，在淮南无法立足，想经由抚州一路向北投奔朱温。王茂章对危全讽说，听说你要跟淮南打仗，能给我看看你的军队么。据说当时危全讽搜罗了十万大军，请王茂章一同阅兵，以将才闻名当时的王茂章一看就笑了，说吴国的兵有上中下三等，你的兵也就是人家下等的水平，这样的军队再多十万又有什么用呢？史书写"全讽不能答"，没有应声，尴尬之余，估计还有些恼怒，恐怕他也不相信王茂章的话。

后梁开平三年（909），危全讽联合江西几个小军阀包括他弟弟一起，进攻占据洪州的杨吴军队。当时驻守洪州的吴军只有一千人，但危全讽还是没能取胜。杨吴守军的将军叫刘威，他一边暗地向总部求援，一边做出气定神闲的模样，连日与僚佐奏乐宴饮，旁若无人。这么简单的一出空城计，竟然把手握大军的危全讽给镇住了，他怕有埋伏，大军驻扎在洪州外围，犹豫不前。

很快吴国的援兵到了，带队的是名将周本。虽然吴国援军也才七千人，但双方的指挥能力和战斗力都相差太远。两军陈兵象牙潭（今南昌西南锦江与赣江交汇处）展开决战，周本隔着溪水列阵，先派老弱士兵挑战，以试探虚实。本来谨慎过度的危全讽此时却开始轻敌了，下令渡溪追击，谁料周本乘其半渡之际，发兵攻击，危全讽大败，部下自相践踏，溺水者无数。周本分兵截断其归路，最后生擒了危全讽。

危全讽的败亡其实早有迹象。先前危全讽听说饶州有个叫陈允升的道士很神奇，就把他请来抚州。一天危全讽想吃橘子，陈道士说，现在有一艘运橘子的船在十五里外的牢城港，我去给你取点回来，出去不一会儿就提着一大袋橘子回来，和危全讽一起大吃。还有一次危全讽因为州里财政紧张很烦躁，陈道士说别急，拿一堆纸涂点药水，丢到火里，竟一下都变成了黄金。这些来自野史的奇谈故事，真实性值得怀疑，但却能折射出晚年的危全讽痴迷术数，根本无心军事。

后来在危全讽与杨吴开战前，陈道士辞行，离去前跟危全讽说了一句话："慎勿入口中。"字面意思似乎是劝危全讽小心别误入某地，但到底作何解，危全讽也是不明所以。直到危全讽后来兵败象牙潭落水被俘后，时人以为这就是陈道士对其象牙潭之败的预言。

危全讽的结局也不算太坏。被俘后他被送到扬州，因为多年前他曾经给创业之初的杨行密提供过军粮，算是于杨氏有点旧恩，杨吴新主杨隆演并没有杀他。客居他乡的危全讽不久后病逝，还被杨吴追封为南庭王，其尸骨被子孙归葬江西，后迁到闽赣交界的光泽县（今福建南平）。直到今天，危氏一族在光泽还有不少后人，他们在此建危氏宗祠、修危氏家谱，近年来还集资修建了一座危全讽纪念馆，其中立有危全讽金像一尊。

危全讽虽然最终未能守住抚州，但他有营造抚州乐土的历史功德，也确实配得上后人的祭祀了。

卢光稠与谭全播：二把手的秘密

在唐末之乱中，江西与相邻的其他南方地区不同，这里在长达三十年左右的时间里一直处于分裂状态，没有任何一个势力能够吞并全境，形成一统。当时湖南被马殷割据，淮南为杨行密掌控，浙江归属钱镠，福建被王潮、王审知兄弟攻占，岭南则归了刘隐兄弟。反观江西境内，却同时有数个小军阀并立，各自占据一州或数州,虽然偶有冲突,但大部分时间也能相安无事,各自为政,直到最终被强大的杨吴逐一吞并。这种难得的"小割据"平衡状态,为唐末江西地方经济和文化的发展提供了稳定的政治环境,成为晚唐五代史上一个独特案例。

除了洪州的钟传与抚州的危全讽,地处江西南部的虔州(今江西赣州)也存在着一个小小的割据政权。割据者为一对同乡姑表兄弟,表弟叫卢光稠,表哥叫谭全播,二人主政赣州前后三十余年,成为九、十世纪之交江西大地上又一朵意义非凡的浪花。卢、谭这对表兄弟的出身与江西其他割据者相比,可谓"另类"。二人虽然都是虔州本地人,但却并非出身微贱、起于草莽,而是有着世家大族的背景。

卢光稠祖上是河北名门望族,其祖为汉代涿州大儒卢植(139—192),其五世祖卢宗泰(674—737)曾在唐初武周时任兵部尚书。卢宗泰目睹了玄宗即位之初太平公主事件的血腥宫斗,于是萌生退意,于713年辞官携诸子南下隐居避世。一家人辗转经湖南至江西虔化(今江西赣州宁都),"见其山水之胜,遂卜居焉"。后卢家在此地安居繁衍,卢光稠之父还曾出任过虔州刺史,其家在当地属于绝对的望族。谭全播的家族世系史料介绍不多,但能与卢家结为姻亲,应该也是有乡宦背景的。

卢光稠和谭全播在一起长大,十分要好,但二人也有着不同的天赋与个性。《新五代史》说表弟卢光稠"状貌雄伟",却"无它才能",而表哥谭全播则"勇敢有识略",于是作者欧阳修接下来很不理解地写道:"然全播常奇光稠为人",似乎对有勇有谋的表哥仰慕"无它才能"的表弟颇为不解。其实欧阳修这句

"无它才能"未免过于刻薄了，毕竟表弟长得又高又帅，这样出众的容貌从古至今都是绝对的先天优势，而且卢光稠也一定具有一些不为人知的长处吧，而表哥谭全播肯定清楚。所以当机遇来临的时候，表哥义无反顾地支持表弟上位，自己甘当绿叶。

唐末天下大乱，地方上盗匪横行，谭全播就对表弟卢光稠说："天下汹汹，此真吾等之时，无徒守此贫贱为也！"于是哥儿俩也拉起一支队伍，准备大干一场。当时众人都推举有谋略的表哥当头，但谭全播却说："诸君徒为贼乎？而欲成功乎？若欲成功，当得良帅，卢公堂堂，真君等主也。"谭全播力推表弟，大家听了都不置可否，这时谭全播拔剑将一根木头砍断，说："不从令者如此木！"众人畏服，于是尊表弟卢光稠为首领。

从这段记载看，表哥谭全播行动果敢，人望也远超表弟卢光稠，但为什么他不当这个头呢？他给出的理由是，要成功必须要找良主，而相貌堂堂的卢光稠就是良主。这个理由乍一看很搞笑，长得帅怎就成了"良主"的标志呢？但细想想，恐怕也有道理，除古人迷信相术的原因外，在乱世的枭雄如果有形象、有气质就容易吸引追随者，这恐怕就是现代人所谓的"领袖气质"。

当然，这也许还不是谭全播的全部想法。从后面的历史里，我们会看到他是一个谦逊内敛、不愿出头的人，很懂得守拙和谋略。中国儒家政治文化历来欣赏不露锋芒、明哲保身的智慧，也许在谭全播看来，与其争做领袖，承担全部压力，不如做个掌握实权、出谋划策的二把手更安全。他能挥剑断木，一下子镇住群雄，说明他并不缺少决断和刚毅，此时让位给表弟，一方面是为成事考虑，另一方面更有自己深远的规划和考量。就这样，表哥将表弟推上领袖位置，从此在汹汹乱世开始了割据之路。

光启元年（885），二人起兵占据了家乡虔州，天复二年（902）又向南发展，夺取了粤北的韶关，接着又向东拓展到福建，一度占据潮州。在这几场战役中，表哥谭全播充分展现出了能人本色。一开始卢光稠是派自己的亲兄弟卢光睦去打潮州，但"光睦好勇而轻进"，谭全播力劝不听，果然兵败而归。幸亏谭全播早有布局，埋伏下奇兵伏击追兵，最后反败为胜，又顺势追击攻取了潮州。

不久岭南的刘隐、刘龑兄弟强势崛起，不但夺了潮州，还派出数万大军进攻虔州。面对气势汹汹的敌人，卢光稠"大惧"——欧阳修在《新五代史》里再次饶有兴致地将这对表兄弟进行对比，用"大惧"这个词来揶揄表弟。卢光稠再次需要表哥相助，他对谭全播说："虔、潮皆公取之，今日非公不能守也。"危急关头，谭全播当仁不让，他还是埋伏下精兵，先派老弱残军诱敌深入，然后一举出击大败敌军。取胜后卢光稠很兴奋，要给表哥记首功，但谭全播却高风亮节，谦虚地把功劳都给了手下的将领。这一战不仅再次证明了表哥的能力，谭全播功成而身退的态度也足以证明前面的推断：他应该是主动甘当二把手，于是"光稠心益贤之"。

卢光稠以区区虔、韶二州在唐末倒也安然自立，但很快杨吴势力开始沿长江侵入江西，连灭洪州钟传和抚州危全讽后，虔州也开始面临新的压力。卢、谭兄弟采取的策略与其他江西军阀一样，就是向中原的朱温称臣，"遣使者入朝，重赂朱全忠以自固"。朱温还赐给虔州一个百胜军的名号，惠而不费就得到虔州输诚,何乐不为呢?但卢、谭兄弟要更实际得多,面对南汉和杨吴从南北两个方向的直接威胁,哥儿俩务实地对邻居也表示依附,谁都不得罪。这个策略一度倒也很有效,卢、谭兄弟在虔州安稳地统治了二十多年。

其实表弟卢光稠作为一把手,治理虔州的功绩也不容否定。他跟前面提到的其他几个江西军阀一样,都采取了鼓励农商、轻租薄赋的政策,虔州地方稳定、经济繁荣,吸引了不少北方流民前来。卢光稠自己祖上就是河北人,所以他对北方移民非常关照。当时很多北方移民避乱南下来到虔州,有不少经此地继续向南向东迁移,有的去了福建,有的去了广东,构成了今天南方客家人的一部分。唐末五代是中国客家人群体形成的一个关键历史时期,而虔州(赣州)作为客家人南下路上一个重要的中转地,今天还被称作"客家摇篮"。

卢光稠在位时还有一个贡献就是扩建了虔州城,为该城后来的发展奠定了基础,当时拓建的旧城墙体有部分一直留存至今。到了北宋嘉祐年间(1056—1063),孔子后人孔宗瀚主政虔州,又率军民以砖石砌城墙,并冶铁浇之,使城墙免于连年水灾的侵扰。虔州城在宋朝名气很大,其中也有大诗人苏轼的加持。他在好友孔宗瀚绘成的《虔州八境图》上题诗八章,开篇写道:

> 《南康八境图》者,太守孔君之所作也,君既作石城,即其城上楼观台榭之所见而作是图也。东望七闽,南望五岭,览群山之参差,俯章贡之奔流,云烟出没,草木蕃丽,邑屋相望,鸡犬之声相闻。

苏轼笔下的北宋虔州，一派安宁清新气象。南宋绍兴二十三年（1153），校书郎董德元认为虔字虎头，虔州亦称虎头城，此非佳名，奏请改名，于是诏改虔州为赣州。从此，赣州之名沿用至今。

北宋赣州的勃兴如果追溯前缘，当然也有一百多年前卢光稠的功劳。所以我们不得不承认表哥谭全播的眼光，卢光稠对赣州城的建设和维护起到了不可替代的作用，深受百姓爱戴。据说卢光稠在位之时，从不妄杀一人，对老百姓很宽厚，他还经常告诫手下"毋得恃富欺贫，毋得倚强凌弱"。

911年卢光稠病逝，据说当地百姓痛哭不已，如丧考妣。后梁太祖朱温追封卢光稠为"忠惠广利王"，并下谕在虔州为之建祠供当地百姓祭祀。从此虔州百姓多呼卢光稠为"卢王"，直到今天他的家乡赣州虔化还有卢王庙，海内外不少卢姓之人都来这里寻根祭祖。

但一把手的离世，让二把手不得不走向前台。卢光稠临死前，就想传位给表哥谭全播，但谭坚决不受，而是奉卢光稠的儿子卢延昌继位。不久赣州发生内乱，延昌被杀。谭全播为了自保，称疾闭门不出。后来赣州群龙无首，老百姓都去敲谭全播的家门，求他出来主持大局。无奈之下，表哥终于出山接管了虔州。谭全播谦让了一辈子，现在实在无人可让了，只好勉为其难，当上了一把手。

谭全播在虔州主政七年，继续施行着与以前卢光稠一样的仁政和外交策略。但是失去了洪州和抚州的屏障，杨吴的军事威胁终究还是无法回避。918年，杨吴大军进攻虔州，围城将近一年，最后城破，谭全播被俘送至扬州，不久死去。史料载谭全播享年八十五岁，这在唐末五代绝对算高寿了。

唐末江西涌现出的这几位割据豪强——钟传、危全讽和卢、谭兄弟，有着太多的相同点。他们都在家乡面临王仙芝、黄巢起义的威胁下集乡兵自保，占据家乡州府而形成小规模的割据，在乱世中利用大军阀间的势力平衡保持地方长时间的安定，他们普遍重视发展当地经济，维护百姓生活，几乎都毫无例外地改造和扩建旧城，既防水患又助城防，受到当地百姓的拥戴和支持。只是在风云变幻的时局下，这样的地方"小割据"状态很难长久维持，一旦强敌入侵，这些以州为单位的弱势政权旋即倾覆。

大浪淘沙，他们注定都是乱世中的匆匆过客。

马　殷（852—930）

唐末五代枭雄，木匠出身，割据湖南，任武安军节度使，受封楚王，奉行保境安民之策，发展生产，鼓励贸易。

马殷：请给我一杯茶

　　唐末的混乱局势在九世纪末逐渐开始清晰，几大势力各霸一方，形成一种短暂的平衡。朱温在中原称霸，李克用在山西力抗朱温，杨行密占据淮南与朱温南北对峙，四川的王建依险而守坐观天下时局。虽然长江中游的广大区域仍然山头林立，但随着杨氏的吴国政权不断向西向南拓展，湖北和江西那些小割据政权纷纷败亡。

　　然而，湖南一境却始终独立，强大的杨吴也无法染指，因为一个极具人望的乱世枭雄已经成功崛起。此人在与杨吴和南汉一北一南两个强敌的军事互动中丝毫不落下风，开创了十国之一的楚国政权，这个人就是马殷（852—930）。

　　马殷，字霸图，许州鄢陵人（今河南许昌市鄢陵县）。他跟大部分割据政权的开创者一样，出身低微，"少为木工"，算是个手艺人。后来马殷发达以后，曾冒称自己是东汉伏波将军马援之后。早年的马殷埋头于木屑斧锯之间，恐怕做梦也不会想到有朝一日自己的名字可以如此荣光。

乱世改命，只有从军。黄巢起义时小木匠马殷也"应募从军"，只不过他加入的是河南秦宗权的乱军，也就是所谓的"蔡贼"。很快他就成为秦宗权手下大将孙儒的麾下裨将，跟着孙儒南下，掠地淮南。不久孙儒在淮南败给了杨行密，而马殷等人"无所归"，只好带着一群"蔡贼"残部，四处劫掠谋生。他们先是进入江西烧杀一番，随后又窜入湖南。

这一年是乾宁元年（894），马殷的湖南事业就此展开。

湖南之主不好当

在马殷这群河南人到来之前，湖南的局势混乱不堪。这里大部在名义上都隶属武安军节度，但在节度驻地潭州（今湖南长沙）之外，其他各州都被地方豪强占据。从黄巢起义起一直到九世纪末，先后有多个武人趁乱入主长沙，但这些人最后都成为乱世中的失败者，逐一败亡在洞庭湖畔，成为马殷一统湖南的铺路石。

中和元年（881），当长安被黄巢起义军搅得一团糟时，湖南地方也盗寇横行。这时有一个叫闵勖的武人夺取长沙，自任留后。闵勖传檄各州，晓谕地方官说："天下未定，今与君等保护州邑，待天子之命，如何？"竟然获得各州支持，在湖南境内维持了几年名义上的统治。不过，闵勖在湖南的地位很快就受到了周岳的挑战。

周岳与唐末割据朗州的雷满是同乡，很有可能也是朗州当地少数民族。两个人关系不错，曾经一起打猎喝酒，后来聚起数千人成立土团军，但有一次二人因为分肉发生了争执，最后分道扬镳。很快雷满占据了朗州，周岳攻取了衡州（今湖南衡阳），于是闵勖在湖南建立的短暂秩序瞬间崩塌。周岳在886年发兵进攻长沙，闵勖在形势危急之际，邀请了附近一伙流寇来帮忙守城，结果这伙人来了以后鸠占鹊巢，杀了闵勖占了长沙。但没过几天，周岳就率军攻破了长沙，成为新的武安军节度使。

周岳对长沙的控制，也没能持续几年。闵勖生前有个手下叫邓处讷，此时任邵州刺史。他听到闵勖身死，周岳占了长沙，就召集手下誓为闵勖报仇。邓处讷精心练兵准备了好几年，在893年的冬天，联合朗州的雷满一起攻入长沙，杀了周岳，成为长沙的新主人。邓处讷在长沙也没安然多久，很快又遇到了新的挑战者。这伙新来的敌人就是从河南辗转入湘的"蔡贼"流寇、兵败淮南的孙儒余部。这伙人主要有三个头领，一个叫刘建锋，一个叫张佶，还有一个就是笑到了最后的马殷。

刘建锋曾为河南秦宗权手下大将，在孙儒南下淮南时任先锋，在现在这伙"蔡贼"余部里地位最高，有着绝对的权威。892年孙儒败亡前，刘建锋等人分兵四处搜刮军粮，侥幸逃过一劫。逃离淮南后，刘建锋带着几千人马先是来到了江西，在各地骚扰一番，兵力迅速扩张到了几万人。也许是在江西遇到了根深蒂固的钟传等人的有力抵抗，这群流寇又继续向西，进入了本土势力还比较薄弱的湖南。当然，作为流寇刘建锋等人本来就是漫无目的，一路劫掠，在乱世里讨个生活而已。湖南会是他们的终点么？

马殷是这支流寇的先锋官。乾宁元年（894）五月，他们到达了湖南醴陵，遇到了邓处讷调来防守关口的几千邵州人马。马殷的智慧和勇敢在这次遭遇战中显现无遗，他单骑跑去跟守将说：我们的主帅刘建锋智勇双全，术士都说他会发达，现在我们有十万大军，精锐无敌，而你们只有几千乡兵，恐怕难以抵挡——"不如先下之，取富贵，还乡里，不亦善乎？"一番话把利害说得明明白白，邵州兵听罢一片欢呼，纷纷丢下军旗盔甲都回家了。于是马殷就让手下换上敌人丢下的衣服，大摇大摆来到长沙，轻松骗过守军就进了城，邓处讷当时还在喝酒，毫无防备地就被抓起来杀掉。就这样，这群河南流寇占了湖南，刘建锋成了新的湖南节度使。

这一晃儿没几年，湖南已经换了四个节度使了，但这换人的故事还没完。

刘建锋这个人其实没什么大志，史书说："建锋庸人，不能帅其下，既得志，即嗜酒不事事，常与部曲等狎饮欢呼。"喝酒不干事也就罢了，更糟糕的是，刘建锋竟然与手下一军官的老婆私通，埋下了身死的祸根。一日这个被戴了绿帽的军官求见刘建锋，突然从袖子里拿出铁锤击杀了他。此时马殷正带兵在外，于是大家奉队伍里的二号人物张佶为节度使。

张佶其实是个文人，还曾考过进士，一直在"蔡贼"军中当参谋做文职，当节度使实在是勉为其难。有一天他骑马外出，马受惊了又踢又咬，飞腿把张佶的大腿踢折了，文人的虚弱尽显无遗。张佶很有自知之明，他趁受伤对大家说："马公勇而有谋，宽厚乐善，吾所不及，真乃主也。"他认为马殷才是真正的明主，写信招其回来接掌帅位。身在外地的马殷突然接到张佶让他回来上位的信，一时犹豫不决，这时手下一个将军说：刘建锋和张佶一死一伤，现在也该轮到你了，正所谓——"天命人望，舍公谁属哉？机不可失，愿公勿疑。"于是马殷回了长沙，成为新任湖南节度使，这一年是896年。

在马殷之前，湖南走马灯一样在短短十五年间换了六任节度使，最后终于迎来了一位乱世能人。马殷很快就控制了湖南大部，成为南方无人敢小觑的割据新势力。

马殷的成功之道

与朱温、杨行密和王建这些人相比，马殷崛起的时间晚，而且他的上位有一定偶然性和运气成分。但不能不说马殷具备了一个优秀领袖的核心素质：勇毅果敢，善用人才，亲和力强。他很快就统一了湖南大部，拥有了一定的领土规模和武力优势。在邻国淮南和南汉的军事威胁下，马殷从容应对，以实用主义为导向，在军事、外交和经济建设上都取得了不小的成功。

马殷的立国策略，可以用《资治通鉴》上的八个字来概括，那就是："上奉天子，下抚士民。"马殷上位之初实力不足，面对强敌环绕，似乎还有些缺乏自信。此时湖南之北有荆南的成汭，东面隔着江西就是强势的杨行密，南方是占据岭南的刘龚。马殷曾一度想给这些邻居送礼结交来缓和关系，但他手下最重要的谋士高郁建议说："成汭不足畏也，行密公之仇，虽以万金赂之，安肯为吾援乎！不若上奉天子，下抚士民，训卒厉兵，以修霸业，则谁与为敌矣。"

高郁这一番话的意义对于马殷而言，颇似前文提到的周庠对王建的建言，都不亚于当年初出茅庐的诸葛亮为刘备开出的隆中对。确如高郁所分析的那样，荆南地小不足畏，而杨行密的扩张必然将成为马殷的死敌，所以当时最合理的策略就是北尊中原，获得外部支持，然后增强实力，割据湖南。

马殷深以为是，于是对朝廷表示尊重，但此时唐王室已在朱温控制之下，所以马殷奉天子实际上就是尊朱温。其实在天复初年朱温与李茂贞大战于凤翔城外时，受困于凤翔的昭宗皇帝还曾派人给马殷送信，让他联合杨行密讨伐朱温。但马殷很聪明，他是不会去招惹北方霸主朱温的。

淮南的杨行密也曾一度派使者联络马殷，希望"约为兄弟"，一起对抗朱温。但马殷手下将领许德勋劝他——"全忠虽无道，然挟天子以令诸侯，明公素奉王室，不可轻绝也。"马殷非常认同，"从之"。从朱温挟天子迁都洛阳起，马殷就一直在名义上服从朱温。其实这种名义上的顺服惠而不费，"岁贡不过所产茶茗而已"。朱温称帝后，封马殷为楚王。马殷每年就进贡点儿湖南茶叶特产，换来了中原王朝的册封与支援，何乐而不为？

对其他邻国，马殷则走的是务实路线，一切以自身利益为核心，随时调整攻守策略。903年淮南大军围攻鄂州杜洪，马殷并没有听从朱温的命令全力去救，反而趁机派人洗劫了空虚的荆州城，害得跑去救杜洪的成汭丢了大本营，最后兵败身亡。905年，淮南军队在攻灭鄂州杜洪后，顺势进攻湖南，马殷对于打到了家门口的敌人毫不退缩，全力击败了来犯之敌。马殷的战略可以说是相当成功的。他在名义上服从朱温，但实际上一切以自身利益为核心考量，举措务实，不断巩固和经营湖南的地盘，一旦敌人进犯，又毫不退却、死磕到底。

这种务实的定位,也决定了马殷并没有太大的野心。比如荆南高季兴曾两次挑起战争,马殷立刻派兵打击高季兴。928年,楚军一度兵临荆州城下,高季兴被迫请和,楚军撤走。当时马殷曾埋怨带兵攻荆南的将领王环没有顺势攻下荆州,王环解释说:"江陵在中朝及吴蜀之间,四战之地也,宜存以为吾扞蔽,安可徒快一时心而自失唇齿之形乎?"马殷听了,深以为然,"以为识时势,大悦之"。就这样,马殷成功地在湖南形成割据,与四川的王建、荆南的高季兴和淮南的杨吴政权一起笑傲在长江流域。

除了正确的策略外,马殷手下也有一批能臣良将,他们对马殷忠心拥戴,辅佐他成就了楚国基业。

大将许德勋,河南蔡州人,最初跟马殷一起随孙儒南下,后又一起到湖南。在北方的朱温行将灭唐之际,淮南杨氏曾经力邀马殷一起反梁,但许德勋认为朱温有挟天子令诸侯的优势,"不可轻绝也"。这个思路与谋士高郁为马殷规划的立国策略一脉相承。后来淮南大军进攻湖南岳州,被许德勋使计前后夹击,鏖战一夜,"吴师大败,斩获无算",还俘获了吴国带兵的将领。在双方和解后,许德勋摆酒为释放的吴将践行,对他们说:"楚国虽小,旧臣宿将故在也,愿吴朝勿以为念。"一番话不卑不亢,绵里藏针。

李琼也是跟马殷入湖南的旧将,史书上说他"骁勇饶胆略,冠绝一时"。楚国在一年之内,向南攻取连、邵、衡、郴、道、永六州之地,"皆琼力也"。

大将秦彦晖,就是攻灭朗州雷满的主将。当时他派人夜里凫水进城,内外夹攻,终于破了易守难攻的朗州城。在此役声威下,湘西的辰州、溆州等地的"溪洞诸蛮"纷纷来附,"不数年,湖南略平,彦晖功为最焉"。

大将王环,"为人勇悍,善兵法"。他曾经六破吴兵,名震一时。王环每战必身先士卒,与众同甘共苦,士兵深受感动,每战都奋勇争先,"所向克捷"。正是王环建议马殷暂时放过荆南,以之为楚屏蔽,可见这些楚国良将不仅善战,而且有谋略。

当然马殷对麾下将领也非常尊重,常常予以厚赏。许德勋在马殷立国后拜右丞相,李琼被表为静江军节度使,那位曾让节度使之位给马殷的张佶,也获得回报,很早就被马殷表为永顺军节度使。当年被张佶派去迎马殷回长沙的将军叫姚彦章,就是他力劝马殷"机不可失",对马殷回长沙接位出力甚多,后来马殷建国,拜其为左丞相。

马殷为人宽厚,远近闻名,所以经常有一些邻国叛将前来投奔。如吴国名将吕师周,曾任黑云都指挥使,因被怀疑有异志,不得已准备出逃。吕听说"马公长者,待士有礼",最后选择投奔楚国。马殷得之大喜,说"吾方南图岭表,得此人足矣"。吕师周被任命为马步军都指挥使,带兵向南夺取了昭州、贺州等六州,又平定了辰州土著,为楚国开疆拓土立下大功。在江西诸势力被杨吴逐一兼并后,吉州刺史彭玕带着数千军民投奔长沙。高州(今广东茂名)刺史刘昌鲁被南汉攻击,无法在岭南立足,也刺血致书马殷,请求归附,后来率全族三千多口进入湖南。容州(今广西玉林市容县)的庞巨昭也因同样原因,在南汉的压力下,写信给马殷希望归顺,马殷立刻派兵至边境,保护其全族千人来长沙。这些降将叛将的归附体现了马殷的人望,他们的加盟也充实了马殷的实力。

对于马楚能在杨吴和南汉之间强势崛起，顺利统一湖南、夺取桂北，《十国春秋》认为"非诸臣莫为功"。马殷以其宽厚而得众人忠心扶持，应该是其成功的一个重要因素。

湖南在马殷的统治下内政清明、社会稳定，本地经济也得到了恢复和发展。开平二年（908），在谋士高郁的建议下，马殷下令鼓励当地百姓种茶，不但积极吸引全国各地客商前来购茶贩茶，还在北方设置回图务这样的营销机构来贩卖湖南茶叶。茶叶生意让楚国获利丰厚，《旧五代史》说楚国"于中原卖茶之利，岁百万计"。不仅如此，马楚还利用茶叶与邻国发展贸易，换回丝绸和战马等物资，充实自身。

除了茶叶贸易，高郁还建议马殷铸造楚国自己的铅钱和铁钱。由于只能在湖南本地流通，所以各地商贾来湖南做生意，离开时只能用这些钱购买本地商品而去，于是大大促进了湖南的物资流通和商品贸易。本来湖南不产桑蚕，高郁建议马殷允许百姓以帛代钱来交税，很快湖南"机杼大盛"，丝绸纺织业也发展起来。湖南这些经济措施都十分有效，"遂致一方富盛"，在五代十国时期的南方诸国里也算富足的一个了。兵强马壮而且富足安定，马殷治下的湖南已经成为任何人都无法忽视的割据势力。马殷也正是以此为本钱，频频向中原王朝索取政治好处，这也就是《新五代史》所说的"地大力完，数邀封爵"，而后梁也只得"为时姑息，所求皆允"。

在后梁时期，朱温拜曾马殷为侍中、兼中书令，封楚王；朱温死后，后梁末帝朱友贞加封马殷为天策上将军，这是唐初高祖李渊为儿子李世民所置的官爵，位在三公之上，有权自属官吏。后梁灭亡后，马殷向北称臣的策略不变，派儿子马希范去洛阳觐见庄宗李存勖，还奉上了后梁所授的大印以表忠心。李存勖大喜，设宴招待马希范，席间庄宗打听洞庭湖的大小，马希范回答得很艺术，说"车驾南巡，才堪饮马"。意思是湖南是小地方，不足以让皇帝牵挂，既捧了庄宗，又打消了庄宗对楚国实力的猜忌。庄宗对这个回答很满意，"嘉之"。

后唐明宗继位后，马殷还是一如既往地尊奉中原，遣使者入朝庆贺新皇登基，获封守尚书令的荣衔。第二年，明宗再封马殷为楚国王，允许他开国立行台，承制置百官。于是马殷得以光明正大地称楚国，礼仪制度"皆如天子"，一时荣耀无比。

在北奉中原的国策下，马殷对其他邻国继续采取相对保守的自保策略，经常是人不犯我、我不犯人，还努力改善与吴国和南汉这两个主要敌国的关系。马殷有个弟弟叫马賨，当年哥儿俩一起在孙儒军中，后来孙儒战死，马殷跑到了湖南，弟弟在淮南投入杨行密麾下，一直做到了黑云都指挥使。有一次杨行密问其家世，马賨回答"马殷弟也"。杨行密大惊说，你哥哥现在发达了，我送你去他那儿吧，马賨默不作声。过了几天杨行密又提及此事，马賨说我本来是孙儒手下的败卒，幸亏遇见您才得以不死，我不死不足以报答您的恩情，湖南就在临境，我早晚能听到兄长的消息就知足了。杨行密很感叹地说："昔吾爱子之貌，今吾得子之心矣"，说你回湖南能够让两国交好，互通商贸，就算是报答我了，于是送马賨去湖南。

马殷见到失散多年的弟弟，大喜，让弟弟做了节度副使。马賨劝兄长跟杨行密交好，说："杨王地广兵强，与吾邻接，不若与之结好，大可以为缓急之授，小可通商旅之利。"但马殷却有些生气，说"杨王不事天子，一旦朝廷致讨，罪将及吾，汝置此论，勿为吾祸"。兄弟俩对于湖南的生存策略似有分歧，马殷还是坚持尊奉中原为先，尽管如此，吴楚两国的贸易还是发展起来了。

对于其他邻国，马殷也逐一以通婚手段缓和关系。913年，南汉国主刘䶮向楚国求婚，马殷应允，两年后送女儿出嫁广州。920年，吴越钱镠为其子求婚，马殷也答应了。

马殷在湖南的成功之道与当时其他枭雄相比，既有共性，也有其独特性。他能审时度势，从谏如流，攻守兼备，发展经济，在唐末五代的乱世中，他的成功绝不是偶然的。

英雄迟暮的悲情

与同时代的其他枭雄相比，马殷算是比较长寿的。他经历了唐末动乱，目睹了后梁和后唐的先后建立，但可惜长寿的马殷在暮年之时，也无力阻止自己亲手建立的楚国走向没落。他也遇到了几乎所有五代枭雄一样的临终困境：继承人的无能。

谋士高郁之死，可以说是马楚由盛转衰的一个信号。高郁是马殷成功开国的第一功臣，史书说马殷之所以可以"地大力完，得邀封爵，以与诸镇抗者，郁谋居多"。马殷对高郁非常信任，但高郁的才华、功劳和受宠，也无可避免地遭到马楚内外各种势力的妒忌，皆欲除之而后快。

邻国势力目睹马楚的兴盛，也将之视为威胁，当然不希望高郁这样的能臣存在。后唐灭梁后，马楚虽然尊奉中原，但可想而知刚刚一统中原的庄宗也不希望看到湖南强大。早在马殷遣子马希范入洛阳觐见庄宗时，李存勖就曾经试图挑拨这位马楚王子与高郁的关系。《资治通鉴》载，庄宗曾抚着希范的背说："比闻湖南必为高郁所图，有子如此，高郁何能可得邪！"这番话的离间之意明显，一方面称许抬高马希范以拉拢楚国第二代，一方面诋毁高郁以期除掉这样的能臣，可谓一箭双雕。

荆南的高季兴目睹楚国的强大，对给马殷出谋划策的高郁也非常忌惮。他先是派间谍入楚，在马殷前面毁谤高郁，但并没有奏效，继而又在楚国王子中间散布流言，说荆南"闻楚用郁，大喜，以为亡马氏者必郁也"。楚国二代们显然缺乏其父的智慧，针对高郁的流言蜚语果然产生了效果，如当时掌管湖南内外军事的马殷次子马希声就深以为然。

当然高郁也确实有自己的问题。史书载其"性贪，颇尚奢侈"。他曾经因井水不洁，下令用银叶包裹井壁，称之为"拓里"，还曾强行作价购买民间的珍宝，这些都成为他人攻击高郁的口实。马希声等王子们趁机向马殷告状，说高郁："奢僭不法，外结邻藩，不除将有尾大患。"但马殷对于高郁仍然十分信任，他对儿子们说："成吾大业者，郁也，汝休矣，勿为此言。"只可惜马殷此时已年过古稀，力不从心，在马希声等人的力请下，只好将高郁降职。高郁文人傲骨，即使遭降职仍然怒怼马希声等人，而他的自负孤傲和不妥协最终让王子们痛下杀手。929年马希声诬陷高郁谋反，伪造马殷的命令将之杀死于家中。

这一年马殷已经垂垂老矣，在深宫里无法视事，对高郁之死毫不知情。在高郁被杀当天，据说天降大雾，马殷在宫内非常诧异，对左右说：以前我跟随孙儒时，每次孙儒妄杀他人时，总是有怪异之事发生，今日大雾难道是因为楚国有冤死之人么？随从随即告知高郁的死讯，马殷抚胸悲恸莫名，说我已经老了，无法亲政，致使元勋横遭冤死。但此时的马殷也无可奈何，最后他悲伤地对近侍说"吾亦不久于此矣"，连续几日为高郁之死伤心不已。

高郁之死也成为马殷去世的前奏，第二年冬天，马殷病逝于长沙，终年七十九岁。马殷子嗣众多，按《十国春秋》最少有三十五子之多，可惜马氏子孙普遍无能，第二代里无人有乃父之风。马殷死前，在众多子嗣中找不出一个有能力的继承人，只好立下遗命，让诸子昆弟相继，最先继位的正是主谋害死功臣高郁的次子马希声。

关于马楚的衰亡，宋人笔记《青箱杂记》中记载了一个故事：有一个颇会谶纬之学的人来湖南投奔马殷，有人问马楚和杨吴哪一个国祚更久，他说，我来的路上听到小孩子在唱歌谣："三羊五马，马自离群，羊子无舍。"他给出了命理解释："自今以后，马氏当五主，杨氏当三主。"

马殷死后，马氏第二代中先后有五人相继上台，兄弟相残的血腥故事反复上演，直到951年楚国被南唐攻灭。宋人陶岳在其《荆湖近事》中如此记录楚国二代的无能："马氏奢僭，诸院王子仆从烜赫，文武之道，未尝留意，时谓之酒囊饭袋。"

可怜马殷一世英雄，众多儿子却都是些酒囊饭袋，只能让人一声叹息。

钱　镠（852—932）
唐末五代枭雄，割据浙江，受封吴越王，在位时尊奉中原、修杭州城、筑海塘、浚西湖，人称"海龙王"。

钱镠：不当皇帝又如何

提起江浙，无人不爱其婉约柔美，总让人想到绿柳如丝的江南和水光潋滟的西湖，想到龙井茶和孤山寺，想到白娘子和断桥。但在唐末五代的乱世里，江浙其实硬气得很，因为这里出过一个响当当的人物——钱镠（852—932）。

在唐末五代的割据政权里，钱镠开创的吴越绝对是一个神奇的存在。自黄巢起义起，中国大地从北到南有太多的枭雄称霸一方，割据势力此起彼伏、旋起旋灭，没几个能够持久善终。而吴越却能从唐末一直坚持到宋初，屹立八十多年而不倒，最后毫发无损地归宋，可以说创造了一个乱世中的奇迹。

这一切，都离不开钱镠的奠基之功。没有钱镠和他的吴越国，这段乱世一定会少了许多精彩。

自古英雄皆"无赖"

852年早春的一天，浙江临安大官山下一处叫钱坞垅的小村庄里突然喧闹起来,原来是一户"家世田渔为事"的钱家有子诞生。关于钱镠出生时的异象,史料有不少记载,除了有"红光满堂"这种比较程式化的描写,也有些独特的情节来渲染此子的诞生与众不同。据说钱镠出生时其父钱宽正好外出,一个邻居路过他家,听到里面隐隐传出马鸣甲兵之声,邻人大惊,飞奔告知其父。等钱宽回到家时,孩子已经出生。只是这孩子生出来容貌奇丑,其父怪之,都想把他丢到井里不要了,幸亏有祖母护佑,最后钱镠的小命才得以保全。因此钱镠的小名就叫"婆留",这口由钱镠祖父打下的水井也被称作"婆留井",至今尚存。

幸亏钱镠保住了小命,不然晚唐五代史上就少了一位枭雄。

小钱镠很早就展示出了天生的魅力。《新五代史》载:"临安里中有大木,镠幼时与群儿戏木下,钱镠坐大石指麾群儿为队伍,号令颇有法,群儿皆惮之。"小小年纪能让小伙伴们都听他指挥,发号施令,排兵布阵,这份天赋实在难得。《旧五代史》说钱镠:"少拳勇,喜任侠,以解仇报怨为事。"看来少年钱镠很不安分,能打好斗,一身侠气,天天帮人调解恩仇,颇似香港电影里的"话事人"角色,妥妥的江湖大哥风范。

《新五代史》里甚至直接用"无赖"一词来形容钱镠。今天我们说起流氓无赖,充斥着贬义色彩,但古人所谓的"无赖"其实还没有那么负面。比如《史记·高祖列传》中就称汉高祖刘邦为"无赖",刘邦功成名就后,有一次在席间举酒为其父祝寿,说您以前"常以臣无赖,不能治产业",不如我那二哥,今天您看我跟他谁混得好呢?这里的无赖,其实指的是没什么正经事干,无以谋生的意思,用学术一点的话说,就是脱离了古代社会最基本的生产资料——田地，没有正当职业的社会底层人员。但"无赖"这个词在唐末五代之后就逐渐开始有了贬义，成了一个人无所事事、游手好闲、骚扰地方的代名词。

前面提过朱温"壮而无赖，县中皆厌苦之"和王建"少无赖，以屠牛、盗驴、贩私盐为事"，现在又出来一个无赖钱镠。在唐末乱世里，这一"无赖"群体的特点鲜明，他们往往"不务正业"，喜欢在社会上游荡，其为人处世多背离传统价值观和道德文化，他们好勇斗狠、敢于冒险，甚至从事一些破坏社会秩序的不法活动。所以我们很好理解，为什么年纪轻轻的无赖钱镠最后也去干了当时最"流行"的职业——贩私盐。在唐末这个天下大乱的时代，可以说英雄往往出无赖，而无赖都爱贩私盐。

史书记载了一个关于钱镠发迹前的故事。当时钱镠老家有个地方小吏，他的几个儿子都喜欢跟着钱镠厮混，这人很生气，但屡次约束儿子也没有效果。这时候来了个算命的术士，他望见临安有王者之气，一路寻到此地，后来找到这个小吏，说我算出此地有贵人，却找了半天也没找到。小吏说好办，就召集本地所有青年才俊来喝酒，让这个术士躲在一旁看，结果看了半天都不是。正在这时候，钱镠从外面过来了，术士一看大惊，说："此真贵人也！"那个小吏就笑了，说你没搞错吧，这小子就是个无赖啊。算命的说没错，正是此人。从此那个小吏就经常接济钱镠，也不再限制儿子们与钱镠交往了。这个故事中的相术之说恐怕是钱镠发达后时人的比附，但从中也能看出钱镠年少时就为同辈推崇，人望很高。

钱镠的起家路径跟五代其他"无赖"枭雄们一样——从军。

875年，当黄巢大军纵横北方之时，浙江也发生了骚乱。钱镠老家临安有个叫董昌的人，组建"民团"护卫乡里，钱镠也投入董昌军中。钱镠天赋异禀，是块当兵的料，不但能打，而且有脑子，史书上说他"善射与槊，骁勇绝伦"，很快就被提拔为偏将。这一年，钱镠二十四岁。

这时候北方的黄巢起义也波及浙江，而钱镠开始大显身手。一次敌军锋压境，他对董昌说："今镇兵少而贼兵多，难以力御，宜出奇兵邀之。"于是带着二十个劲卒藏在山谷里，等敌方先锋骑马过来，一箭射死，然后带兵冲锋，大胜一场。但敌方兵多，很快又追过来。于是钱镠引兵退到附近一个叫"八百里"的地方，跟路边一个老妇说，一会有人追过来问，你就说"临安兵屯八百里"。不一会儿贼军到来，问老妇看到临安兵了么，老妇回答"临安兵屯八百里"。不明就里的追兵一听，大为惊恐，刚才二十个兵就如此了得，何况现在的屯兵八百里的大军呢，于是匆忙遁逃，从此不敢再犯临安。

经此一役，董昌升为杭州刺史，当地"民团"也被编为八都兵，号称"杭州八都"，由钱镠任都指挥使，这八都人马成为钱镠后来崛起的军事基础。

当北方诸路官军围剿黄巢之时，钱镠也在浙江逐渐打出了一片天地。当时浙江分为浙西和浙东两镇，是谓"两浙"，杭州属于浙西，而以越州（今浙江绍兴）为中心的浙东为他人占据。很快，钱镠就带着八都兵击败对手，攻下越州，董昌进驻越州，还受封为陇西郡王，风光无限。钱镠也在887年被僖宗皇帝亲授为杭州刺史，从此开始了与杭州城长达四十多年的情缘。

这时候淮南地区的杨行密正在大战孙儒，钱镠也趁机在苏南、浙北扩大势力，夺取了苏州和常州等重镇。893年，昭宗皇帝任命钱镠为镇海军节度使，开始了统一浙江的雄图霸业，此时的钱镠四十二岁。

但这时候钱镠面对的最大障碍，就是他曾经跟从的董昌。其实董昌属于典型的志大才疏之人，史书说他："小人意足，浸自侈大。"最初凭借着频频向朝廷进贡，董昌多获封赏，但后来野心膨胀的董昌要求朝廷封他为越王，昭宗皇帝没有答应。董昌大怒，在身边几个术士的怂恿下，自立为帝，国号"大越罗平"。

董昌的反叛给了钱镠一统浙江的机会，朝廷命钱镠出兵讨伐董昌，钱镠说了一句"董氏于吾有恩，不可遽伐"，似乎还在念其当年的提携之恩。他在出兵之前写信劝说董昌："与其闭门作天子，与九族、百姓俱陷涂炭，岂若开门作节度使，终身富贵邪！"可惜良药苦口，董昌不听，于是钱镠带兵三万直抵越州城下。此时董昌才怕了，上表谢罪，但不久又旧态复萌，钱镠再度讨伐。不久董昌兵败被俘，从水路被押送杭州，船行到半路，董昌越想越羞愧，说："吾与钱公俱起乡里，吾常为大将，今何面目复见之乎！"董昌的心态可以理解，毕竟当年在临安起兵时，钱镠还是他的属下，而今自己却沦为昔日小弟的阶下囚，未免太丢人。于是董昌大叫一声，跳水自杀。

这一年是896年，从此钱镠统一两浙，成为南方最主要的割据势力之一。昭宗对连续平叛的钱镠大加赏赐，还命人画钱镠像于凌烟阁，与大唐开国功臣并列。第二年朝廷又赐给钱镠金书铁券，上有"卿恕九死，子孙免三死"云云。这块钱镠铁券历经千年，屡遭磨难，至今尚存，现在作为国家一级文物保存于中国国家博物馆。

902年，钱镠进封越王，也加入了唐末的王者之列——在这一年前后，朱温、王建、杨行密等也纷纷封王。可以说钱镠的创业速度，与另外几个唐末枭雄相比毫不逊色。在朱温称帝后，又封钱镠为吴越王，此后钱镠的浙江政权被称为吴越。

钱镠从一个流氓无赖，于乱世中崛起，成为一方诸侯，其兴奋之情也溢于言表，于是衣锦还乡，极尽铺陈之能事。钱镠故里当时被朝廷下诏更名为衣锦城，他返乡之时，曾下令用锦缎覆盖山林，并将儿时玩耍的那棵大树封为"衣锦将军"。钱镠在家乡大宴父老乡亲，八十岁以上者用金樽，百岁以上者用玉樽，席间钱镠还亲自执杯，给大家唱了一首《还乡歌》：

三节还乡兮挂锦衣，碧天朗朗兮爱日晖。
功臣道上兮列旌旗，父老远来兮相追随。
家山乡眷兮会时稀，今朝设宴兮觥散飞。
斗牛无孛兮民无欺，吴越一王兮驷马归！

可以想见，钱镠席间放歌时的豪情，他心中恐怕也将自己比作吟唱"大风起兮云飞扬"的汉高祖刘邦。不过他的那些乡下邻里大概是听不懂这种高雅的古体诗，钱镠一看大家没反应，只好放下身段，又扯着嗓子用家乡吴音唱了一曲小调：

你辈见侬底欢喜？别是一般滋味子。永在我侬心子里！

此曲唱完，大家都听懂了，这不就是哥哥妹妹你爱我我爱你么，于是轰然叫好，尽兴而归。

不当皇帝又如何

乱世里成功崛起的钱镠，并未像大多数唐末枭雄那样流星般倏然划过夜空，而是稳稳地在江浙一带经营，他开创的吴越政权成为五代十国历史上国祚最长、统治最稳定的一个政权。那么他是如何做到的呢？

这其中的因素很多，如钱镠一生谨慎小心，有着出色的领导才能，极具领袖魅力，也有一支战力不俗的军队和一批有为的文臣武将。他重视经济发展，其治下的吴越贸易繁荣、社会安定。但还有一个原因恐怕更为重要，那就是钱镠自割据伊始就奉行了务实的外交策略，北尊中原、外拒淮南，积极外交，不图虚名而重实效。

钱镠的谨慎来自父亲的教诲。他作为起于草根的乱世枭雄，最初也曾得意于自己的成功，但当他大张旗鼓、衣锦还乡时，他的老父亲却常常有意避开。钱镠有点纳闷，于是有一次就很低调地步行回家，问父亲原因。钱宽说："吾家世田渔为事，未尝有贵达如此，尔今为十三州主，三面受敌，与人争利，恐祸及吾家，所以不忍见汝。"这番话无异于当头棒喝，让志得意满的钱镠顿时警醒，终于明白了父亲的良苦用心。于是他哭着拜谢父亲，从此开始谨慎低调行事。

钱镠的谨慎多为史书称道。史载钱镠曾用圆木或大铃为枕，如果睡得过熟，枕头滚动，人即惊醒，号为"警枕"。不仅对自己如此，钱镠还要求手下保持警醒，他经常在夜半时分用弹弓向城墙外射铜弹，以检查部队的反应，听到声音的守城卫兵立时呼应，丝毫不敢懈怠。有一次钱镠微服夜行，想从北门入城，但门吏坚持法令不肯开门，说"虽大王来亦不可启"，最后钱镠只好另寻路进城。但钱镠非常满意这位门吏的认真谨慎，第二天就重赏了他。钱镠还有一个多年养成的习惯，在其卧室里放置一个盛着白粉的盘子，夜里他临时想起什么事，就会立刻爬起来记下来，以免白天忘记。

堂堂一国之主，睡警枕、弹弓示警、微服试关、夜半记事，种种钱镠这些"怪异"的生活细节在吴越流传开来，经过百姓演绎，传为钱镠天赋异禀，能够整宿不睡觉，从此人称"不睡龙"。多年以后，北方的契丹使团在出使中原的后晋朝廷时，一位契丹使者还曾向后晋负责接待的官员打听，吴越的钱镠怎么样了，还是整宿不睡吗？其实此时钱镠已经去世，只是由于南北消息不畅，契丹人尚不知道。足见钱镠"不睡龙"的名号，在当时已经四海皆知。

对于谨慎小心的钱镠而言，初期要面对的最大敌人，就是淮南霸主杨行密。

放眼吴越所处之地，其形其势，并不如王建的前蜀或刘氏的南汉更有地理安全优势。其所辖疆域主要在今天浙江一带，还有苏南和闽北一部分，苏杭以北以西就是淮南杨行密的势力范围。从九世纪末到十世纪初，杨吴政权可谓风头正盛，连灭淮南、安徽、江西各地诸侯，又几次挫败了朱温南下的企图，隔淮河与后梁形成对峙。在同一时期,杨吴也成为吴越的头号大敌,杨行密与钱镠二人也各自不服对方,双方多次发生激战。宋人陶岳在《五代史补》里记载,杨行密曾下令用大绳子串起一串铜钱,号曰"穿钱眼";钱镠听说后,也命人用大斧砍树,谓之"斫杨头"。二人互不相让、针锋相对的置气劲头,倒也很有趣。

其实,钱镠对淮南杨行密这个强邻的态度,一直比较暧昧。奉行保守和实用主义的钱镠最初也许并不想与杨行密为敌,但面对杨行密咄咄逼人的进攻,他也会毫不示弱、强力反击。所以双方在九、十世纪之交一直是有和有战,两国关系变化频频,时而温情脉脉,时而疾风骤雨。

最早杨行密在淮南大战孙儒的时候,钱镠也曾给杨行密提供过援助,但杨行密的扩张野心却常常引发双方冲突。895 年钱镠讨伐董昌的时候,董昌曾向淮南求救,杨行密派了大将安仁义进攻苏州,从北面向钱镠施压,这应该是双方的首次军事冲突。其实杨行密此举也可以理解,他肯定不愿意看到身边的浙江出现一个强大的对手。第二年钱镠顺利统一浙江后,他手下的婺州刺史反叛,杨行密又派兵接应。在这两次交手中,钱镠都成功击退了敌人。

902 年,钱镠迎来了统一两浙以来的最大一次危机。他的两个部将趁其出巡之际,起兵叛乱,急攻杭州内城。钱镠听到消息,乘小船潜回杭州内城,翻墙而入时看到城上值更的士卒抱着鼓在睡觉,不觉大怒,亲自将之处死。进城后的钱镠一边布置防卫,一边派大将顾全武去守护另一重镇越州,以备不时之需。作为钱镠手下的第一战将,顾全武头脑清晰、谋略过人,他说别管什么越州了，现在最大的危险是淮南方向，如果叛军联合杨吴那就麻烦了，不如直接找杨行密求和。另一个手下说得更明白，既然昔日我们曾帮助过杨行密，"彼大丈夫者，岂不能报王"！

叛军果然向杨行密麾下的宣州刺史田頵求助，田頵正有自立的野心，于是带兵进入浙江。吴越的形势立刻危急起来。在顾全武的建议下，钱镠决定跟杨行密联姻，以化解危机。军阀之间的联姻在五代乱世屡见不鲜，是军事和政治联盟的一种有效方式。钱镠让他最喜爱的六子钱传璙跟着顾全武，前去扬州求婚。

顾全武和钱传璙到扬州面见杨行密，力劝他召回田頵，杨钱两家结为婚姻之好。《五代史补》载传璙"风神俊迈，行密见之甚喜"，而后来的《十国春秋》则把传璙见杨行密的情节写得很夸张："传璙指陈顺逆之理，吴王为之动容，叹曰：'此龙种也！生子当如钱郎。吾子真豚犬耳！'遂以女妻之。"这番话与朱温对李克用之子李存勖的评价，几乎如出一辙。908年李存勖在三垂冈之战中大破梁军，朱温闻讯感叹："生子当如是，李氏不亡矣！吾家诸子乃豚犬尔！"

与朱、李两家难解的死仇不同，杨、钱之间的关系则是弹性的。杨行密惊叹钱镠之子的才华和风度，更担心田頵的野心，于是同意联姻，下令田頵撤军，吴越危机终于化解。

这次危机和联姻足以说明钱镠的实力与杨行密相比还是有差距的，他必须小心谨慎、保持低调以谋求生存，而遣子联姻无疑是一步好棋。至此，"二境渐睦"，从前杨、钱两人那些"穿钱眼""斫杨头"一类斗嘴的说法，也都不再提了。第二年，淮南大将田頵、安仁义等起兵反叛杨行密，这回轮到杨行密向吴越求助了,钱镠则欣然应允。

905年杨行密去世,儿子杨渥继位,吴越和杨吴之间又开始了忽和忽战的关系。如在909年,杨渥派兵围攻苏州,钱镠派弟弟带兵去救。当时淮南军队包围了苏州,苏州城外河网密布,吴越军在水里立下栅栏,水栅上绑网并系上了铃铛,只要有人触碰就会触发警报。吴越一名军士潜泳来到水栅前,用竹子去撞栅栏,铃声大作,趁吴越兵拽起网查看之际,从水底游进苏州城通报了救援计划。最后吴越军队内外夹攻,淮南军队大败而归。

就这样,在与强大近邻的交锋中,钱镠以区区两浙十三州之地,丝毫不落下风,最后安然无恙。对比之下,与之纷争多年的杨吴政权在杨行密死后就早早被权臣控制,后又被南唐取代,直到被中原王朝攻灭。而吴越则历经三代五王,最后平安归宋。

对中原王朝,钱镠的策略跟湖南的马殷一样,都是以尊奉为主,但钱镠表现得更为保守和务实。当年他劝董昌说的那句话,"与其闭门作天子,岂若开门作节度使",很快就成为他自己的政治理念。钱镠很清楚,与其不切实际地更进一步做皇帝,还不如踏踏实实做一方诸侯。在唐末五代乱世想做皇帝的人很多,但称帝就意味着要承受更大的内外压力,最后有几个皇帝得以善终呢?那些能力不够、实力不强的,如浙江的董昌和河北的刘守光,往往都如昙花一现、迅速败亡,即便强如朱温这样的中原霸主,最后也难逃横死。相比之下,钱镠更聪明。

所以不难理解当朱温称帝时,钱镠立刻表示臣服。朱温当然高兴在南方劲敌杨吴的背后得到一个强力支持者,马上封钱镠为吴越王兼淮南节度使。淮南一直是杨吴的核心地域,所以钱镠这个淮南节度使的头衔无非是朱温挑拨双方争斗的伎俩而已。当时手下劝钱镠拒绝接受册封，毕竟朱温有着弑君篡位的恶名，但钱镠笑着说："吾岂失为孙仲谋邪！"要知道三国时候江东的孙权也曾向北方篡汉称帝的曹丕称臣，如今钱镠面对朱温册封，对其割据浙江毫无影响，何乐不为呢？

很快钱镠派人去中原进贡，朱温问吴越使者："钱王平生有所好乎？"吴越使者回答："好玉带、名马。"朱温一听就笑了，说："真英雄也。"于是赏赐钱镠玉带一匣、御马十匹。很明显双方的说辞都非实话，吴越使者的回答一定有钱镠的授意，故意示弱，表明自己毫无野心；而朱温对钱镠所谓"真英雄"的评价，恐怕只是虚伪的客套，甚至还多少有点嘲讽的意味。

当时大唐已然落幕，中原混乱不堪，南方也有割据者建国称帝。有人写信劝钱镠也称帝，钱镠笑曰："此儿辈自坐炉炭之上，而又置吾于上耶？"对于帝王的虚名，钱镠看得很透彻，自己不会"图一时之利"而随波逐流，对各国送来劝他称帝的龙袍和玉册等礼物"皆却之不纳"。当时天下称帝者很多，但有意思的是，几乎所有称帝的君主对并无帝王名分的钱镠都恭敬有加，史书载："诸国之主，无不咸以父兄事之。"

钱镠以其资历和威望，成为乱世里的无冕之王。

终其一生，钱镠对中原政权的尊奉态度始终不变。甚至在杨吴截断了吴越去北方的陆路后，钱镠还千方百计派船走海路去中原进贡——"当五代时，常贡奉中国不绝。"这个尊奉中原的政策一直延续到五代结束、北宋开始，吴越历经三世五主，从未改变。

如果要评选五代时期外交最积极的地方政权，那一定非吴越莫属。其实吴越的外交对象不只中原和南方政权,也包括北方的契丹。据《辽史》记载,整个五代时期,吴越曾先后十一次派使者到契丹,都走海路,从杭州湾北上至大连。近年来在内蒙古自治区、辽宁和北京的契丹遗址中都曾出土了来自吴越的贡物,如越窑青瓷等,证明了吴越与契丹的频繁交往。如果细读《辽史》,我们可以发现"吴越遣使来贡"这样的写法,既然是"来贡",那就是吴越以属臣身份遣使赴辽。

吴越为什么要甘愿俯下身段来结交比中原更北的契丹呢?这大概有两个原因:一是政治上的考量:契丹势大,足以影响中原政权的更替,契丹还曾经灭后晋而短暂入主中原,所以吴越尊奉契丹跟尊奉中原王朝的外交思路是一致的;二是经济上的考量:吴越与契丹之间通过朝贡和贸易,互通有无,吴越运到契丹去的主要有瓷器、丝绸和象牙,而从契丹得到的则有南方紧缺的皮革、战马等。钱镠不傻,我尊你一声皇帝又何妨,得到利益最实惠。

吴越的外交范围甚至扩大到了东亚范围,跟朝鲜和日本也有很多外交和经济往来。当时朝鲜也处乱世,史书称之为"后三国"时代,有高丽、后百济、新罗等政权,相比中国割据势力,这些朝鲜政权的实力并不强。钱镠对朝鲜人倒是一点不客气,经常出面调停朝鲜政权间的矛盾,还在书信里对朝鲜国王以"卿"称之,自己俨然大国领袖,号称"真王"。据《新五代史》载,钱镠"遣使册新罗、渤海王,海中诸国,皆封拜其君长"。在面向东海的东亚世界里,钱镠终于也过了一把"君临天下"的瘾。

932年,钱镠薨于临安王府,终年八十一岁,是整个五代十国史上活得最长、在位最久的开国君主。在今天的杭州西湖南岸，还有一座钱王祠供奉着钱镠的塑像。明代文人张岱曾游览于此，写下一首《钱王祠》的七律：

> 扼定东南十四州，五王并不事兜鍪。
> 英雄球马朝天子，带砺山河拥冕旒。
> 大树千株被锦绶，钱塘万弩射潮头。
> 五胡纷扰中华地，歌舞西湖近百秋。

钱镠死前，传位于儿子钱元瓘（原名传瓘），并留下遗言："子孙善事中国，勿以易姓废事大之礼。"其子孙谨记父嘱，一直奉行北事中原的国策，直至北宋太平兴国三年（978），纳土降于宋。

英雄自古是多情

五代乱世，史籍散佚损毁严重，南方诸国史料尤少。但相比其他南方政权，吴越因其平安入宋，不少钱氏子孙都在宋朝为官，著书写史者亦不少，保留下来的吴越故事尤其是关于钱镠的记载就比较丰富。这为我们近距离观察钱镠其人提供了更多素材和视角。作为五代十国开国君主里面唯一的南方人，钱镠能在一个北方人称霸的乱世，打下一块不小的疆域而守之，称得上英雄了得。与其他枭雄相比，钱镠身上更有几分南方人独特的婉约与柔情。

钱镠是个大孝子。虽然有过险些命丧婆留井的往事，但钱镠富贵之后对父亲仍然十分敬畏，言听计从。最初钱镠衣锦还乡，大宴邻里，极尽奢华，引得钱宽对儿子极为不满，留下了那句"恐祸及吾家"的警告。面对父亲的警示，最后钱镠哭着认错，父子之间的感情在这个故事里尽显无遗。随着钱镠官职的不断提升，钱宽也屡获朝廷封赏，有子荣耀如此，想来钱宽应该也庆幸当初没有把这儿子丢进婆留井吧。

钱镠的母亲娘家姓水邱，一般称作水邱氏。《吴越备史》载，钱母有一次游览后庭高楼，但因为岁数大了腿脚不好，无法登高，钱镠马上躬身背起老母上楼，"王亲负而登焉"。据说现在钱氏故里还流传着一句俚语："侬要孝敬爹娘，看看钱王背娘！"水邱氏墓在1980年出土于杭州临安明堂山，离钱宽墓不远。这座墓保存完整、从未被盗，出土了不少精美的越窑青瓷，现在都作为国家一级文物在临安博物馆展出。从水邱氏墓的规格和丰富的陪葬品上，能看出钱镠对其母的深厚感情。

钱镠父母去世后，钱镠逢年过节仍不忘祭奠父母，每次都十分伤心。《吴越备史》写钱镠——"纯孝之道禀于天性，每春秋荐享，必呜咽流涕。"他也没有忘记昔日曾救下自己一命的祖母，曾说："今日贵盛，皆由积善所致，但恨祖母不能见耳。"钱镠惋惜祖母阿婆有生之年不能亲见自己功成名就、同享富贵。

钱镠与兄弟间的感情比较复杂。据《十国春秋》载，钱镠排行老大，有四个弟弟。从史料上看，钱镠这个大哥对弟弟应该既有仁爱的一面，也有严厉的一面。他最小的弟弟钱铧，跟钱镠年龄相差很多，在父亲去世之时，此弟尚幼，钱镠细心将之抚养大，"多方鞠育"，最后官至节度使。但钱镠另外一个弟弟钱镖就没这么幸运了，他在湖州刺史任上，有一次醉酒杀人，怕大哥惩罚逃离了吴越之地，一辈子没敢回来。钱镖害怕责罚不惜叛国越境，想来应该是钱镠平日对兄弟的约束极为严厉。但即便如此，钱镠仍然收留了钱镖的两个幼子，让他们与自己的孩子一起读书，取名为"可团""可圆"，以"冀其父得归相聚"。恐怕，钱镠心中期待的不只是这一家父子的团圆，也是他们兄弟的重聚。

钱镠的子女众多，据《十国春秋》载，钱镠光儿子就有三十八个之多，应该是唐末枭雄里子嗣最多的一个。相比之下，杨行密只有六子，朱温有七子，王建有十一子，而狂收假子的李克用其亲生子不过十几个，也就只有楚王马殷在这方面可以与钱镠一拼。当然帝王生育能力强也不一定就是明君霸主，北宋的徽宗也是子女众多，最后还是昏聩亡国了，可见生育能力和治国能力绝非正相关。但子女众多在晚唐五代这样的乱世环境里也有一个好处，地方军阀往往通过子女联姻的手段结交邻国、巩固政权。前面提到钱镠的六子传璙迎娶了杨行密的女儿，还有一子娶了闽国公主，一子娶了楚国马殷的女儿，还有一子成为后梁的驸马，吴越跟所有邻国以及中原王朝都有姻亲关系，这也充分体现了钱镠务实的外交策略。

在天复二年（902）的杭州叛将攻城危机中，吴国大将田頵虽然同意退兵，但要求钱镠以一子为质，并要此子与自己的女儿成婚。当时钱镠诸子无人愿去，最后只有七子钱元瓘站出来愿为父分忧。当时钱镠的夫人心疼这个儿子，说这不是把孩子往虎口里送么？钱镠答道："纾国家之难，安敢爱身！"话虽如此，钱镠也对元瓘刮目相看。后来田頵败亡，元瓘大难不死归来，终成吴越第二代国主。

最后来说一下钱镠的夫人们。见于史书的钱镠妻妾共六人，其中正室夫人吴氏，出身官宦世家，为钱镠生育了十三个儿子。这位吴夫人与钱镠可以说是情投意合，极其恩爱。有一年春天吴夫人回临安省亲，而钱镠因公务繁忙留在杭州未能同归。过了些日子，钱镠思念夫人，就派人给吴氏送了一封信，吴夫人收到信一看，上面只写着一句话："陌上花开，可缓缓归矣。"

天啊，谁会想到叱咤风云的一代枭雄钱镠竟有如此儿女柔情！他没直接说我想你了，赶快回来吧，他说的是路边花已开，你也别急，可以一路观花、缓缓而归，话里说"缓缓"不着急，但背后的那份迫切思念之情却溢出笔端，跃然纸上！这封短信堪称古往今来的第一情书！清代学者王士禛如此评道："陌上花开，可缓缓归矣，二语艳称千古。"应该是文人所见略同吧。

后来钱镠的这句"陌上花开"在吴越民间流行，百姓甚至还编成山歌来唱。一晃儿到了北宋，大诗人苏轼来到杭州，他听到当地传唱的这首民歌后，撩动了诗人心底的浪漫，挥笔写下三首《陌上花》，其中一首如下：

陌上花开蝴蝶飞，江山犹是昔人非。
遗民几度垂垂老，游女还歌缓缓归。

后来苏轼的学生晁补之也就此题目相和为诗，其中一首也值得一录：

云母蛮笺作信来，佳人陌上看花回。

妾行不似东风急，为报花须缓缓开。

两张面孔，谁是谁非？

从北宋至今，无论是官方史书还是民间叙事，对钱镠造福地方的功绩都交口称赞。钱镠起于乱世，有统一两浙、稳定一方之功，为浙江尤其是为杭州的发展贡献极大。

可以说没有钱镠的经营，就没有后来杭州城的繁荣与盛名。历史上杭州在隋文帝统一中国后开建城垣，自隋朝开凿了京杭大运河后，杭州地区很快成为南北交通要地，历经隋唐盛世，地方经济和人口都发展很快。但经过唐末兵乱后，在钱镠于887年正式入主杭州时，这里已是民生凋敝、城垣残破。

是钱镠改变了杭州。

钱镠一生中曾三次拓展杭州城。第一次是在890年，刚入主杭州不久的钱镠下令向西南扩展城池，修筑新城墙，长达五十余里，史称"夹城"。史载钱镠还经常亲自赴工地运土石，让修城的军民备受鼓舞，"无不毕力"。三年后他又开始了第二次扩建，这次规模更大，先后调动二十余万民工和士兵筑城，杭州城规模继续扩大，当时号称七十里罗城。此后钱镠对扩城执着依旧，910年又借治理钱塘江潮，第三次扩建杭州城，"大修台馆，筑子城"。经过这三次扩建，从夹城到罗城再到子城，杭州城面貌焕然一新，已经完全变成一座大城，城域南到钱塘江、北至武林门、西到西湖、东至东河，从此奠定了杭州"三面湖山一面城"

的城市格局。

钱镠之于浙江的第二个贡献是修筑钱塘江堤。钱塘江作为浙江第一大河，由于地形等原因，在经杭州湾入海过程中经常形成特大涌潮，引发海水倒灌，不仅毁坏田地，也令杭州城的井水又苦又涩。钱镠在《筑塘疏》中表明其筑塘之决心："民为社稷之本，土为百物所生，圣人曰有土斯有财，塘不可不筑。"

910年八月，钱镠开始了他与钱塘江潮之间的决战。他下令在钱塘江沿岸修筑捍海石塘，"以折水势"。但江潮汹涌，海塘基础难成，其时皆以为是潮神作怪。于是钱镠命人——"采山阳之竹，造箭三千只，羽以鸿鹭之羽，饰以丹珠，炼刚火之铁为镞……募强弩五百人，以射涛头。人用六矢，每潮一至，射以一矢。射止五矢，潮乃退。"随后钱镠命将余箭埋入江滨，镇以铁幢。在射潮之后，钱镠又在吴山伍子胥庙祷告神灵，还为诗一首，其末句云："为报龙神并水府，钱塘借取筑钱城。"此诗写就被装入铁匣置于海门山，相当于写给龙王的通报。在史书描写的这场天人之战中，钱镠霸气侧漏，造铁箭、募强弩、射潮头、告龙神，完全是以两军对垒的战争方式，强行压制对手而胜出。

记载钱镠射潮的史料众多，应该确有此事，但捍海石塘的筑成当然并非强弩射潮之力。据《吴越备史》载，射潮之后："王乃命运巨石盛以竹笼，植巨材捍之，城基始定。"这种在水下打桩压石的手段，在今天的防洪中也很常见。不仅如此，钱镠又下令建造了龙山、浙江两闸，阻止江潮倒灌入河。

近年来杭州考古发现了昔日钱镠捍海塘的遗址，证明了当时确有以竹木为桩、中间实以巨石的筑塘之法。在出土的实物中，考古人员还意外发现了当时工人留下的十几只草鞋。可以想象，如果没有当年参加筑塘的二十万杭州军民挥洒汗水，仅凭钱镠的强弩与祷告是不可能战胜钱塘江潮的。在这场天人斗法中，群众与英雄实现了完美结合。钱镠射潮筑塘意义重大，捍海石塘的修建，保证了杭州城扩建的顺利实施，城外有了四通八达的阡陌平原。《吴越备史》写道：杭州城外"重濠累堑，通衢广陌，亦由而成焉"。

然而，钱镠的天人之战仍未停止，这一次他将目光投向了西湖。当时的杭州西湖四处淤泥堵塞，水草丛生，沼泽遍地，于是钱镠萌生治理之意。据说此时来了几个方士，跟钱镠说："王若改旧为新，有国祚及百年；如填西湖，垂祚当十倍于此。"可以想象，在迷信盛行的晚唐五代，术士之语足以影响君主的判断。是疏通西湖仅得百年国运，还是任其堵塞以垂祚千年？这对一国之主来说绝对是一个艰难选择。但钱镠最终选择了疏通治淤，以利百姓。他设置都水营使主管治湖，又募卒为都，号曰"撩浅军"，有七八千人之多。这些兵卒"常为田事，治河筑堤"，而当地居民"旱则运水种田，涝则引水出田"，尽享治湖之利。

经过钱镠的拓城、筑塘和浚湖三大举措，杭州城有了空前的发展，加之吴越长期的和平环境，杭州乃至整个吴越之境天下客商云集，经济繁荣、贸易活跃，"钱塘富庶由是盛于东南"。后来北宋仁宗皇帝曾盛赞杭州："地有湖山美，东南第一州。"到了南宋，杭州更成为南渡朝廷的行在，成为当时世界上人口最多的城市之一，昔日钱镠的吴越王宫也成为南宋皇帝的行宫所在。

在钱镠死后又过了一百年，有个叫柳永的词人如是描写杭州城的繁华：

> 东南形胜，三吴都会，钱塘自古繁华。
> 烟柳画桥，风帘翠幕，参差十万人家。

可以说杭州城在唐末五代的兴盛，钱镠堪称第一功。在钱镠暮年之时，身边群臣经常赞叹杭州巨变、称颂钱王功绩，但钱镠自己却很清醒，他说："千百年后，知我者以此城，罪我者亦以此城。"

钱镠是聪明人，他深知他所做的任何一件事情，总会有人赞之，也有人诟病，何况是拓城、筑塘以及浚湖这些影响深远的大事。修杭州城，费资巨大，据说耗钱上亿。另外，这几项大工程动辄需要调动一二十万军民，浙江百姓的劳苦可想而知。种种这些，在当时的吴越应该引发了不少非议。知我罪我，钱镠最后如此总结："苟得之于人而损之己者，吾无愧欤！"只要于老百姓有利，就算别人骂我又有什么关系呢？话虽如此洒脱，但真正面对批评，钱镠很难表现得洒脱。

当时有人半夜在府衙门外发牢骚："没了期，没了期，修城才了又开池。"钱镠听闻，心中不免五味杂陈，他出去命人改为："没了期，没了期，春衣才罢又冬衣。"钱镠的反驳之意很明显：我知道你们工程劳碌，但你们一年四季的衣食饷银哪一样少了你们的呢？此诗一改，"士卒嗟怨者遽息"。在近年发掘的钱镠捍海塘遗址中，还出土了不少当时工地上吃剩的鸡骨猪骨，看来修塘工程中劳工的伙食不差。当年钱镠的自辩，如今看来也是有理有据。

钱镠遭受的批评不仅仅来自当时的吴越，后世史书对于钱镠的记载和评价也充满着矛盾。有史书说钱镠生性俭朴，平时穿细布衣服，用普通的瓷器。《吴越备史》里记载了一个小故事：钱镠夫人看到他卧室寝帐破损，就自作主张想用普通的粗绸来替换，钱镠见了说："作法于俭，犹恐为奢，但虑后代皆施锦绣耳。此帐虽故，犹可蔽风。"最后还是坚持不换，继续使用旧帐。

还有一个故事说，一次过年，钱镠全家一起吃饭，旁边有人奏乐助兴，才奏了几曲，钱镠就下令罢宴，说"闻者以我为长夜之歌"。新年晚宴奏乐，于王者之家而言本不是什么大事，但钱镠还是担心外人听到会误解，以为他通宵享乐、夜夜笙歌。

但是在其他一些历史叙述中，钱镠的节俭形象却完全遭到颠覆。《旧五代史》载钱镠"在杭州垂四十年，穷奢极贵"，还说他在衣锦还乡时，在临安"兴造第舍，穷极壮丽"，车驾所过之处，"车徒雄盛，万夫罗列"，更言其"季年荒恣"，在晚年也豪侈不减，"左右前后皆儿孙甥侄，轩陛服饰，比于王者"。

现存史料对钱镠的文化水平的记载，也颇有分歧。《旧五代史》称钱镠"学书，好吟咏"，《宣和书谱》也说"镠喜作正书，好吟咏，通图纬学"。1924 年，钱镠三十二代孙钱文选纂修的《钱氏家乘》，更是详细介绍了钱镠从幼年到成年的学习经历：七岁从师就学，十二岁受径山书院道士点拨而潜心攻书，尤喜读《春秋》，十五岁后虽因家贫废读，仍然温习如故兼治《武经》诸书，二十一岁好读《孙子兵法》等。该书还在所辑钱镠家训中引钱镠自述云："吾七岁修文，十七岁习武。"果如是，钱镠绝对是一个勤勉好学、文武兼备的典范。

但如此好学的钱镠形象并未被所有史家所认同：《新五代史》

只说"镠善射与槊，稍通图纬诸书"，认为钱镠仅仅是"稍通"诸书而已；清人王士禛的《香祖笔记》甚至断言"钱武肃王目不知书"。但从现存钱镠诗句看，如果非他人代笔，那他的文字水平当然不仅仅只是"稍通"，起码在晚唐五代诸多"目不知书"的创业枭雄里，钱镠的诗文水平绝对是第一档的，恐怕不亚于以诗人自比的魏博节度使罗绍威。

爱屋及乌，钱镠也多与文人往来。但他对于文人的态度，史书也有着矛盾的记载。乱世中，晚唐大诗人罗隐曾投于钱镠帐下——"镠常与隐唱和，隐好讥讽，常戏为诗，言镠微时骑牛操挺事，镠亦怡然不怒。"罗隐用诗讥讽钱镠却没有被怪罪，看来是受到钱镠的优待和礼遇。然而对罗隐宽容的钱镠在其他文人那里却有些暴戾。史载其早年在军旅之时，有儒士求见主帅，"见镠稍倨，镠怒，投之罗刹江"，等到主帅召见该人时，钱镠却谎称"客已拂衣而去矣"。如果这时的钱镠年轻易怒尚可理解的话，在他成功称霸浙江后，对文人的不宽容却并未缓解。有人曾献诗给他，其中有一句"一条江水槛前流"，这句诗中的"前流"与"钱镠"之名谐音，引发了钱镠不悦，"以为讥己，寻害之"。

后人一般认为钱镠宽民善政、愿意纳谏。《渔隐丛话》记载了一个罗隐讽谏钱镠的故事：

> 钱氏有国，西湖渔者，日纳鱼数斤，谓之使宅鱼。一日，罗隐题磻溪垂钓曰：吕望当年展庙谟，直钩钓国更谁如，若教生得西湖上，也是须供使宅鱼。王览诗，蠲其征。

从这个故事看，西湖渔民苦于供奉王府，而罗隐为民请命，钱镠也从谏如流，取消了征鱼。这些小事与拓城筑塘这样的大功业一起，都让他赢得后人赞誉。北宋的苏轼说他"有德于斯民甚厚"，南宋的文天祥也赞其"武足以安民定乱，文足以佐理经邦"，甚至说他"堪为百世之模范"。但有意思的是，宋人欧阳修对于钱镠却完全是另一种评价。在《新五代史·吴越世家》中，欧阳修写道：

> 自镠世常重敛其民以事奢僭，下至鸡鱼卵鷇，必家至而日取。每笞一人以责其负，则诸案史各持其簿列于廷；凡一簿所负，唱其多少，量为笞数，以次唱而笞之，少者犹积数十，多者至笞百余，人尤不胜其苦。又多掠得岭海商贾宝货。

这些"重敛其民以事奢僭"的记载如果是真的，那前文钱镠的伟岸光辉形象将轰然坍塌。很难想象一个统治者能贪婪到连百姓家的鸡蛋都不放过，为了逼取财物、笞责百姓，人们"不胜其苦""不胜其暴"。无独有偶，宋人野史《江南余载》也有类似记载：

> 钱氏科敛苛惨，民欠升斗，必至徒刑，汤悦、徐铉尝使焉，云夜半间声苦獐麂，号叫及晓，问之，乃县司催科耳，其民多身课行，或以篾竹系腰。

这个记载比《新五代史》那段还要可怕，老百姓欠一点税粮就要遭受徒刑与拷打,地方官催逼之下,贫苦百姓甚至裸身而行,这样的暴政简直已经超乎想象了。

不同史家对同一历史人物事件的评价,由于立场和视角的不同,有所分歧,本来很正常。但关于钱镠,史家记载竟然如此正反不同、泾渭分明,这就有些不正常了。到底怎么回事呢?有人认为这是欧阳修的主观偏见。据宋人别史《丹铅录》称,欧阳修为推官时喜欢一个歌妓,此女被钱镠后人当时的枢密使钱惟演得去,这让欧阳修很不忿,于是在写《新五代史》时挟私愤报复,故意抹黑钱镠。后来,钱氏子孙又有人写文反过来泼了欧阳修的脏水。这一段历史公案,至今也没有结论。

我个人不太认为欧阳修会挟怨报复、不顾事实地"痛毁吴越",尽管其描述的钱镠重敛之事也许有所夸张。毕竟现存很多关于吴越国和钱镠的正面记载,不少也出自钱氏后人。双方因各自的立场和视角不同,恐怕都会模糊真实的历史。

当然即使欧阳修所记为实,我们也不能就此否定钱镠的功绩。从更长的历史时段来看,钱镠修城、清湖、筑堤,无疑都是有利于地方、有利于吴越民众的。人无完人,每一个历史人物都是复杂的、具体的,而又无时无刻不处于自身和历史的变动之中。《旧五代史》在叙罢钱镠事迹后小结道:

> 待于晚岁,方爱人下士,数十年间,时甚归美。

人到晚年的钱镠,一定有着与征战不休的往日不同的心境与感悟。

王审知（862—925）

唐末五代枭雄，与其兄王潮从河南家乡辗转南下入福建，形成割据，受封闽王，对福建发展贡献很大。

王审知：开发福建的河南人

晚唐五代的乱世枭雄里，不少人都与中原尤其是河南有着千丝万缕的联系。例如先于黄巢揭竿而起的王仙芝是河南濮阳人；前蜀高祖王建是河南许州舞阳人，后参加河南忠武军；楚王马殷是河南许州鄢陵人，加入河南蔡州秦宗权的乱军，后随孙儒南下；荆南的高季兴原籍陕州（今河南三门峡），自幼在河南汴州为奴，后投入河南宣武军中效力；朱温和杨行密虽然不是河南人，但他们的崛起正是建立在击败河南"蔡贼"秦宗权和孙儒的基础之上。

可以毫不夸张地说，河南人搅动了唐末天下，中原成为诸多乱世枭雄的发源地，而更多的河南人为避乱流向广袤的南方，开枝散叶。

同样来自河南的还有一个人，那就是成功割据福建的王审知（862—925）。他与两个哥哥也是因为不堪秦宗权暴虐，才逃离了河南老家，不远千里一路辗转南下，最终在福建落地生根，开创了闽国政权。

一群河南固始人

王氏兄弟来自今天河南省最南端一个叫固始的小县城，此地唐时隶属光州，紧邻淮南。王家是当地一普通农户，其父"世为农民"，但却生了三个了不起的儿子：大哥叫王潮，为县衙小吏，《资治通鉴》说他"沈（沉）勇有智略"，在当地颇有威望，王潮还有两个兄弟，老二王审邽，老三王审知。三兄弟能文能武，被乡人称为"三龙"。

唐末大乱中，有一个叫王绪的屠夫拉起一支队伍，攻陷固始，占了光州。王绪听说了王潮三兄弟的名头，把他们招至麾下，但光州很快就受到当时河南的头号军阀秦宗权的威胁。885年，秦宗权向光州征兵派赋，王绪稍有迟缓，引得秦宗权大怒，派兵攻打光州。面对穷凶极恶的秦宗权，王绪不敢应战，只好带领手下部众向南逃亡，其中就有王潮一家和众多的固始乡亲。

这群逃出秦宗权魔爪的河南人，扶老携幼一路向南，漫无目的，如同流寇一般，沿途皆以劫掠为生。他们一路经安徽到江西，又从九江渡过长江，经赣州进入福建。这条南下之路，应该也是唐末五代来自中原的客家人的南迁路线。

初入福建时，王绪发布了一道不得人心的命令，引发了部下骚动。当时队伍粮草极度匮乏，王绪下令"以老孺从者斩"，即军士不得携带家属同行，以节省军粮。但当时众多士卒都是携妻挈子，几乎是带着一家老小南下求生，王潮兄弟此时也带着他们的老母董氏一起行军。哥仨都是孝子，不可能抛弃老母，于是他们对王绪说："人皆有母，未有无母之人，将军奈何使人弃其母!"这番话触怒了王绪,威胁要杀掉王潮的母亲,王潮哥仨也急了,想要杀我妈,那先把我们杀了吧。这时候不少将士纷纷求情,军中乱作一团,王绪只好暂时作罢。

但队伍里的危机并没有过去,王绪此人"多疑忌,部将有出己之右者皆诛之"。有人对他说队伍里有"王者之气",王绪一听很紧张,怀疑有人会取而代之,开始大肆清除异己,除掉了不少能干的将领,连自己的妹夫也不放过,整个队伍人心惶惶。这时候大哥王潮站了出来,对其他将领说:"今绪雄猜,将吏之材能者必死,吾属不自保朝夕,况欲图成事哉!"王潮以自保和成事为号召,带领众人发动兵变,设下埋伏,兵不血刃就抓了王绪。但谁来当首领呢?王潮很谦虚,推让别人,其他人却说:"吾属今日不为鱼肉,皆王君力也,天以王君为主,谁敢先之!"

于是,众望所归的王潮成功上位。但王潮念及旧情也没杀王绪,把他一路关着,王绪此时又羞愧又后悔,说了一句"此子在吾网中不能杀,岂非天哉",最后自杀而死。这一段情节与吴越钱镠和董昌之间的故事颇为相像,都是昔日小弟成功上位后,往日大哥羞愧不已、愤而自尽。

《旧五代史》里关于王潮上位的故事颇有迷信色彩:在兵变成功后,大家歃血为盟,立剑于前,一个个挨着上前去拜,说"拜此剑动者为将军",当别人参拜时,那把剑纹丝不动,轮到王潮去拜的时候,剑一下子就弹落在地。于是大家都认为此乃神意,遂拜王潮为帅。这个故事过于神异,欧阳修在《新五代史》里并未采用,应该是王氏兄弟掌权后为增加大哥王潮的光环而编造出来的神话。

王潮之所以能成功上位并在异乡立足，归根结底是民心。当时福建泉州刺史为政贪暴，"泉人苦之，闻潮略地至其境，而军行整肃，其耆老相率遮道留之"。王潮成为这群河南人的首领后，军纪焕然一新，也让福建当地百姓寄予厚望，主动请求他相助。886年，王潮挥兵围泉州而克之，随后又荡平了附近的强盗，让福建百姓交口称赞。王潮出任泉州刺史，他"招怀离散，均赋缮兵"，深受民众爱戴。自此，这一群来自中原的流民终于有了落脚的地方，在距家乡千里之外的福建，找到了新生活的希望。

此时的福建观察使陈岩很看好王潮，在他病入膏肓之时曾想把福建托付给王潮，但在他死后，他的小舅子却夺了大权。王潮于是派三弟王审知带兵攻打福州，他们受到福建百姓的支持，乡民纷纷送粮助战。

老三王审知从此闪亮登场，开始逐渐在大哥的光芒下有了自己的影子。王审知虽然是小弟，但在军中应该也有一定的影响力。史书上说他："为人状貌雄伟，隆准方口，常乘白马，军中号白马三郎。"明朝时，有人见过从王审知墓出土的画像，如此描述画中王审知的相貌："方面大耳，巨目弓鼻，紫面修髯，俨然可畏。"在相术流行的晚唐五代，有着如此不凡相貌的王审知一定被不少人看好。但既帅且酷的白马三郎，首次出场却并不成功。

王审知围着福州打了一年多也没打下来，还损失了不少军队。他想退兵，但大哥王潮不答应，还派人给弟弟送来一句话："兵与将俱尽，吾当自往。"言下之意很清楚，就是哪怕战至最后一人，也要夺取福州。这句话激发了王审知的斗志，继续奋力围攻，终于在 893 年攻克福州。至此，王潮兄弟正式占据了福建。很快昭宗皇帝就下诏任命王潮为威武军节度使，王审知为副使，一个崭新的南方割据势力就这样横空出世。

898 年初，一代雄杰王潮去世，三弟王审知接任节度使。关于这次继位，《新五代史》写得非常简洁，就一句话："乾宁四年，潮卒，审知代立。"似乎这一兄终弟及的权力传承是水到渠成、十分自然的事，但此次传位的背后恐怕也没有这么简单。为什么王潮没有传位给自己的四个儿子，甚至也越过了二弟王审邽呢？

《旧五代史》提供的信息则要丰富一些："潮薨，审知以让其兄审邽，审邽以审知有功，辞不受。"从这段话看，兄弟三人之间似乎早有默契。老二审邽是个极聪明的人，也是兄弟里面最有文化的一个，史书说他——"少年苦读，能解《尚书》《春秋》，颇通经学。"他应该清醒地知道，在如此危机四伏的乱世，像他这样的一介书生肯定不适合接任节度使。

相比之下，老三王审知一直随大哥在军中历练，王潮对他也一直刻意培养，要求极为严格。史书载，审知"有过，潮犹加捶挞"，而在大哥拳脚相加之时，"审知无怨色"。所谓爱之深、责之切，王潮应该早就看好三弟。据说王潮曾经找人给两个兄弟看相，相士说了一句"一人胜一人"，言下之意即兄弟里面一人更比一人强。王审知当时就在旁边，听罢浑身大汗而退，也许是怕大哥怀疑自己有逾位之念。

当时福建民众也一致看好王审知，在一次礼佛盛会上，一位坐禅的大和尚突然伸手指着人群中的王审知，嘴里念念有词：

"金轮王第三子降人间，专生杀柄。"当时福建民众极为崇佛，听闻此言，都相信审知是佛教金轮王三子转世，注定会掌管福建。当时福建民间又有民谣云：

潮水来，岩头没；潮水去，矢口出。

这句话从当时政局演变看大概可以解释为：王潮来了，陈岩死了；王潮去世，审知继位。所谓"矢口"二字合而为一正是审知的"知"字，这是以字谜的方式隐晦地表达出人心所向。

就这样，白马三郎王审知接任了威武军节度使，很快又被昭宗皇帝封为琅琊郡王，朱温篡唐后又封其为闽王。

开门节度使

王审知于898年接掌福建，一直到925年去世，统治闽国几近三十年之久。他的治国方略与吴越的钱镠和湖南的马殷颇有相似之处，基本可以归结为八个字：外奉中原、内抚百姓。

名义上尊奉唐天子并获得朝廷册封，这是很多唐末地方势力尤其是大部分南方军阀的一个共同特点。因为只有这样他们才能获得政治上的合法性，继而获得四邻认可和朝廷支持，在乱世中更容易存活。反面教材如河南的秦宗权和浙江的董昌这些企图自立称帝的，很快受到周围新兴军阀们的围攻，最后成为他人崛起的铺路石。

至于唐朝灭亡以后，这些割据势力是不是还继续尊奉中原王朝，那就要看每个政权的具体情况和领导人如何决策的了。像四川的王建，在朱温灭唐之后，他也马上称帝，与朱温平起平坐、兄弟相称，那是因为王建的军力不俗且坐拥四川独特的地理优势。但像湖南的马殷、浙江的钱镠这些人，仍然选择继续坚持"外奉中原"的立国之策，唐在则尊唐，唐亡则尊奉继起的后梁、后唐等中原政权。究其主要原因，就是这些政权需要面对更大的生存压力，尤其是来自吴国及其后继者南唐的军事压力。

杨行密开创的吴国在南方实力最强，而杨吴又与中原政权势不两立，所以其他南方诸国也只能在二者之间选边站队。如果有可能，他们宁愿两边都不得罪，但如果必须做出唯一选择，他们往往会选择北方的中原政权作为盟友。这其中有对中原之地历史正统性的考量——中原在历史上往往作为正统所在，而从后梁开始的北方五代王朝也一般被视为唐朝的历史继承人。但更主要的原因应该是出于军事和外交战略考量，三十六计中有一计为"远交近攻"，即所谓"混战之局，纵横捭阖之中，各自取利。远不可攻，而可以利相结；近者交之，反使变生肘腋"。这种军事外交策略的好处是通过与远方的国家结盟而与相邻的政权为敌，既可以防范邻国野心又使敌国两面受敌。所以面对吴国（及后来的南唐）的威胁，江南诸国在五代初期几乎无一例外都采取了北奉中原的策略。

福建的王审知也不例外。他对唐末时局和闽国自身的实力有着清醒的认识，一面在名义上尊奉中原政权，一面保持着自身独立性。《十国春秋》上记录了王审知说的一句名言，堪称这一策略的完美概括："时四方窃据，有劝其称帝者，太祖曰：我宁为开门节度，不作闭门天子也！"在"闭门天子"与"开门节度"之间，王审知明智而实用主义地选择了后者。

王审知继位后就开始接受名存实亡的唐朝廷册封，成为唐昭宗封授的琅琊郡王。在朱温篡唐后，王审知继续向朱温称臣纳贡，又受封为闽王。当时从福建北上中原进贡并不容易，因为陆路已经被占据淮南的吴国阻隔，王审知就派人走海路北上，先在山东莱州湾登陆，然后西行去开封。这条艰难的进贡之路与同时期吴越使团的北上路线基本一致。在当时技术条件下，茫茫海路并不安全，"使者入海，覆溺常十三四"，但王审知为表忠心，一直坚持派使者北上。在909年朱温过生日的时候，王审知还特意把福建泉州的九仙山改名为寿山，向朱温表达祝寿之意，表现得极为恭顺。

对其他邻国，王审知也展示出了和平姿态。即使对于杨吴政权，王审知在一开始也努力维持着关系，但他最终还是不得不在梁、吴之间做出选择。909年，也就是他接受朱温册封为闽王的那一年，吴国也派使者来到福建，但因为吴使举止傲慢，王审知怒而杀之。在这个时间节点上的如此举动，可以理解为王审知在向后梁表明立场。后来江西赣州的谭全播在遭到吴国攻击之时，还曾请王审知出兵相救。在对梁、吴两个大国的态度上，王审知的选择经典地诠释了什么是"远交近攻"。

对于福建北边的邻国吴越，王审知一直保持着不错的关系，他和钱镠同为朱温名义上的追随者，也同时要面对共同的敌人杨吴。916年，王审知还把女儿嫁给了钱镠的第十二子钱元珦。对于南边的邻国南汉，王审知也大搞姻亲外交，在917年让他的儿子王延钧娶了南汉刘隐的次女清远公主刘华。

王审知终其一生没有称帝。但在他死后，诸子争位，次子王延钧杀死王延翰后最终于933年称帝，并尊王审知为太祖，就此打破了王审知一生北奉中原的国策。王延钧在为父亲祭灵时，还为其披上帝王所用的"御衣"，估计是想表表孝心，让死去的父亲也体会一下当皇帝的感觉吧。但据说当晚王审知就"托梦"给儿子，并大加斥责，"不肯服其灵"。王审知托梦的故事虽然过于传奇未必可信，但可以想见如王审知泉下有知，应该不会认可儿子做"闭门天子"的选择。

王审知成功的外交策略，促成了福建的和平环境，成为闽国社会发展和经济繁荣的重要前提。我们前面提到过一些长期割据一方的唐末五代军阀，他们成功的秘诀之一就是重视经济发展、维护百姓的安定生活，所以受到地方民众支持。就连朱温这样的残暴武夫，为了维护政权，上位后也选择了关注农桑。而像秦宗权和孙儒这些失败的军阀则成为反面案例，他们凶残无道，只知破坏而不知建设，最终被历史抛弃。当然注重经济、爱护百姓也只是成功的一个必要条件，而非充分条件，不是说所有那些爱民亲民的军阀都会成功，如江西军阀钟传、危全讽、谭全播这些人，毕竟域小兵弱实力有限，最后仍难以抵挡大国倾轧。

毋庸置疑，王审知是一个极为成功的地方实力派，福建在他的统治下，长期安定，经济和文化都有了很大发展。要知道在中国历史上很长一个时期内，甚至一直到晚唐，整个福建地区还是比较落后的，山多地少，土地贫瘠，交通不便，经济远远落后于江淮地区。晚唐诗人杜荀鹤曾到过福建，一度赋诗感叹道："北畔是山南畔海，只堪图画不堪行。"说福建山水是真美，但身在其中却体会到当地恶劣的条件和生活的艰苦。然而到了北宋，在文人笔下的福建已经完全是另一幅图景了。诗人谢泌在宋真宗景德元年（1004）任福州知州，他看到的福州城就已经变成了"城里三山千簇寺，夜间七塔万枝灯"。唐宋八大家之一的曾巩眼中的福建则是"万家市井鱼盐合，千里平原彩错明"，一片欣欣向荣之景。

那么为什么福建从唐到宋竟然会有如此大的变化呢？这其中当然离不开王审知的奠基之功。

王审知割据福建，一生宽厚爱民。他来自社会底层，随大哥王潮一路辗转南下，好不容易在异乡打出一片江山，这段艰辛的经历让他深知民间疾苦。王审知平日很节俭，住的地方十分简陋，穿衣服也很随便，跟普通百姓一样穿麻布衣服，有时候袖口破了，就随便找块破皮子补上。《十国春秋》载其——

> 虽据有一方，府舍卑陋，未尝茸居，恒常蹑麻履，宽刑薄赋，公私富实，境内以安居。

王审知对百姓很仁慈，有可能也是受到大哥王潮的影响。当年王潮带兵进入福建时，史书上说他"约其属，所过秋毫无犯"而"吏民悦服"。王审知继位后，一开始在闽西有饥民动乱，他曾亲自带兵去平定，但当他了解到当地百姓是因为地方官盘剥严重导致缺粮而闹事，就没有动用武力，而是对百姓说："吏实为虐，尔复何辜？"王审知能够换位思考、以民众视角看问题，让老百姓都很感动，最后他不费一兵一将，平息了动乱。

此外，王审知还非常注意任用官员，让利于民。《旧五代史》评价他说：

> 审知起自陇亩，以至富贵。每以节俭自处，选任良吏，省刑惜费，轻徭薄敛，与民休息。三十年间，一境晏然。

在王审知治下，闽国依托临海优势，海外贸易得以蓬勃发展。福州和泉州成为当时中国外贸的主要海港，各国客商云集。王审知还下令在福州北部凿建甘棠港（旧名黄崎港，今闽县琅岐港），极大促进了福建的海上贸易。

关于王审知建甘棠港还有个传说。王审知有一次梦见一尊金甲神人，说我来帮你开凿港口。王审知从梦中惊醒后，就派人去海边祭拜，祭神的时候突然电闪雷鸣倾盆大雨，海上惊现一个大怪物，红须黄鳞，既像鱼又像龙。三日之后暴风雨终于停歇，一个海湾港口已经开出来了，是为甘棠港。

关于营建甘棠港的历史事实，可在刻于唐天祐三年（906）的《恩赐琅琊郡王德政碑》上找到：

> 闽越之境，江海通津。帆樯荡漾以随波，篙楫崩腾而激水。途经巨浸，山号黄崎。怪石惊涛，覆舟害物……赐名其水为甘棠港。

宋人王象之在《舆地纪胜》里也记载：

> 甘棠港在闽县,旧名黄崎港,先有巨石为舟楫之患,唐天祐中闽王命工凿之,忽然震碎,敕改。

如此看来,民间所谓海神开港的神话,不过是福建百姓对王审知仁政的一种充满想象力的赞美罢了。

福建南边的泉州港在唐朝已有,但在王审知时代,泉州变得更加繁荣。王审知的二哥王审邽和其子王延彬先后主政泉州,父子任内都曾积极招徕外国商贾,人称"招宝侍郎"。历史上有名的海上丝绸之路,它的起点就是泉州。今天在泉州还建有一座海外交通博物馆,展览着泉州海洋贸易的丰富历史,非常值得一去。至宋朝,泉州已成为中国第一大港,超过了南方的广州。

可以想见在海外贸易如此繁荣的闽国,来自海外的奇珍异宝广为当时的富贵人家所追捧。王氏父子曾多次向中原王朝进贡来自国外的香料、犀牛等。《十国春秋》里曾提到过一个王审知与西亚玻璃瓶的故事:

> 一日,有使南方回者,以玻璃瓶为献,太祖视玩久之,自掷于地,谓左右曰:好奇尚异,乃奢侈之本。今沮之,俾后代无为渐也!

王审知见到精致漂亮的玻璃瓶,先是把玩良久,后来却把它摔碎在地上,他是怕玩物丧志,兴奢侈之风,担心后代效仿。

可惜的是,王审知节俭一生,还是没能挡得住子孙的奢侈。他死后诸子争位、血光四起,继承人一个个在位短暂却穷奢极欲。1965年福州北郊莲花峰南麓出土了一座闽国古墓,墓主人就是王审知次子王延钧的夫人、南汉清远公主刘华。墓中出土的三只大型孔雀蓝釉陶瓶,釉色晶莹,造型独特,据考证皆来自波斯。这些波斯瓶应该就是通过甘棠港上岸,作为奇珍异宝成为这位闽国皇后的陪葬品。

更为讽刺的是,就连王审知自己的墓里也曾被子孙放入各种宝物陪葬。史料载王审知墓曾在明朝被盗掘,后因盗墓贼分赃不均闹上公堂,致使墓中珍宝见光,有一碗"其底寸许如橄榄,莹如金色",官府特地招穆斯林商人辨识,发现是来自西亚的玻璃碗。显而易见,这些都是他那些不成器的儿子们又一次违背父志放进去的。

福建响起读书声

唐末乱世有一个很显著的社会现象就是大量北方人南下,其中除了像王审知兄弟这样的底层流民,也有不少南下避难的衣冠士族与文人。王审知虽然没什么文化,但他十分尊重文人,重视教育和文化,史书说他"好礼下士",他治下清平安定的福建很快吸引了不少北方文人前来,成为读书人的一方乐土。

诗人韩偓(842—923)是北方文人入闽避乱的一个最好例子。韩偓,京兆万年(今陕西西安)人,少年成名,才华横溢,在晚唐五代名气很大。十岁时,韩偓曾经即席赋诗送给当时名满天下的大诗人李商隐。李商隐读罢十分赞叹,写了首诗称赞这个天才少年:

十岁裁诗走马成，冷灰残烛动离情。

桐花万里丹山路，雏凤清于老凤声。

一个十岁小孩能得到李商隐如此推崇，可见韩偓才情。当然小韩偓能与李商隐同座论诗，也因为二人是亲戚，李商隐是他的姨夫，近水楼台。但想来李商隐应该不至于因为这层亲戚关系，就对一个小孩子的诗才如此高看，李商隐的眼光很快得到了证明。

韩偓长大后考中进士，出任翰林学士，忠心耿耿，深得末世皇帝唐昭宗器重，据说昭宗还一度想拜韩渥为相。可惜很快奸雄朱温就把持了朝廷大权，对于忠于唐室的韩偓而言，他的政治生涯已经失去了前途。

乱世忠贞是有代价的。有一次朱温上殿，文武百官都马上站起来恭迎，只有韩偓端坐不动，朱温大怒，逼着昭宗将韩渥贬出长安。昭宗没有办法，只能拉着韩偓的手痛哭流涕说："我左右无人矣。"很快昭宗就被朱温逼着迁都洛阳，随后被弑。此时朱温为了收买人心，又想招回韩偓，但韩偓也不傻，知道回去就是死路一条，索性举家南下，逃到了江西抚州。

福建的王审知听说韩偓到了江西，就派人请韩偓入闽，于是韩偓又来到福建。韩偓在闽虽然受到礼遇，但他对王审知北奉中原的政治立场十分不满，因为此时的中原已是朱梁的天下，这不就是尊奉国贼朱温吗？于是韩偓又想要离开福建，王审知一听，马上派人追他回来。看得出来王审知此时心情矛盾，一方面他不得不在名义上尊奉中原、向朱温称臣，一方面他也想笼络人才、对忠于唐室的前朝文人心存敬意。最终，韩渥虽然留了下来，但从此拒绝住在福州，而是去了泉州隐居。泉州在王审知二哥王审邽的治理下，对来归的文人也非常友好，还设立了招贤院。后来韩偓终老于泉州，其墓至今尚存。

从韩偓与王审知的互动中，我们可以看到乱世文人与军阀之间的差异，不一定说谁是谁非，但他们的格局与考量还是不同的。王审知为政权安全着想，尊奉新朝霸主，而韩渥对大唐忠心不二，痛恨篡唐的奸雄。韩偓虽然身受王审知庇佑，但终身不仕闽国，在南下流亡避难的文人群体中颇为少见。

韩偓素以诗名闻世，《唐诗三百首》里也选了他的一首诗，题为《已凉》，多为人熟知：

> 碧阑干外绣帘垂，猩血屏风画折枝。
> 八尺龙须方锦褥，已凉天气未寒时。

但其实韩偓在入闽后所作的诗歌，更能体现其偷安于乱世的复杂心境。比如他的一首七绝《醉着》，可以看出韩偓在福建生活安定，心情还是不错的：

> 万里清江万里天，一村桑柘一村烟。
> 渔翁醉着无人唤，过午醒来雪满船。

韩偓晚年老于泉州时写过一首《江岸闲步》，也看得出他在福建生活的安适与知足：

一手携书一杖筇，出门何处觅情通。
立谈禅客传心印，坐睡渔师著背蓬。
青布旗夸千日酒，白头浪吼半江风。
淮阴市里人相见，尽道途穷未必穷。

最后一句"尽道途穷未必穷"，似乎道出了其时韩偓心中的一丝庆幸。也是，能在天下动荡之时寻得一方乐土，平安终老，也实在难得。而能遇到王审知这样识人容人的一方明主，是韩偓和所有避难于闽的文人最大的幸运。

另一个幸运的文人叫徐寅。这位来自福建莆田的士子在唐末乾宁年间中过进士，在归闽途中，路经开封，不巧遇到了不可一世的朱温。也许是在朱温的胁迫之下，徐寅不得已献上一篇《游大梁赋》，其文献媚于朱温本来也是可以理解的，但这位徐寅却偏偏多嘴，骂了一句朱温的死敌李克用："一眼胡奴、望英威而胆落。"意思再明白不过，说独眼龙李克用一见到英雄威武的朱温就吓得胆战心惊、落荒而逃。偏偏又有好事者将此文传到了太原，李克用看了大怒，却鞭长莫及无可奈何。

徐寅返回福建，同样受到求才若渴的王审知礼遇，仕途一帆风顺。但让他始料未及的是，当年他在开封写文章埋的雷，二十几年后会在乱世的政权更迭中引爆。《五代史补》中记载了徐寅的最终命运：

及庄宗之灭梁也，王审知遣使至，遽召其使问曰：徐寅在否？以无恙对。庄宗因惨然曰：徐寅指斥先帝，何以容之。使回，具以告审知，即日戒阍者不得引接徐寅，坐是终身止于秘书正字。

923 年庄宗李存勖灭了后梁，一跃成为中原新主。尽管事过多年，李存勖竟然还记得昔日父亲因为"一眼胡奴"之语的愤怒，看来徐寅的文章把李克用伤得不轻。面对庄宗咄咄逼人的质问，以奉中原为大的王审知也无可奈何，为了避嫌，只好从此不再见徐寅，而徐寅的官职也一生再无升迁。好在天高水远，徐寅也得以善终，王审知能顶住庄宗的压力而放过徐寅，也算是尽力了。

受益于王审知文化政策的不仅仅是流亡文人，还有福建地方的莘莘学子。921 年，王审知听从文臣的建议，在福州设立四门学，并聘黄滔等大文士任"四门博士"，"以教闽士之秀者"。风气一开，福建各地纷纷开设府学、县学、私塾，一时福建全境读书之风大盛。现存福州闽王祠北墙的《忠懿王庙碑铭》中，如是称颂王审知："怀尊贤之志，宏爱客之道，四方名士，万里咸来。"这个赞誉并不为过。

福建人在宋朝科举考试中也创造了各种传奇记录，曾经出现过包揽进士科前三名的盛况，人称"一榜三鼎甲"，还有连续三届状元都被福建士人夺得，是谓"三科三状元"。

南宋绍兴八年（1138），当得知福建士子包揽当年礼部贡举前三名时，当时的皇帝宋高宗非常惊奇，特意召见三人问对。高宗问同出福建莆田的状元黄公度和榜眼陈俊卿："卿土何奇，辄生二卿？"你们福建为啥如此神奇，出了你们两个大才子呢？黄公度以诗作答："披锦黄雀美，通印子鱼肥。"意思是说我们福建物华天宝、人杰地灵。但陈俊卿的回答更是别出心裁："地瘦栽松柏，家贫子读书。"福建地贫而偏，而学子皆能奋发自强，勤勉读书以求上进，这就不仅仅是外部环境影响，更是福建人对教育的极度重视和大力投入。宋高宗对陈俊卿的回答更为满意，说了一句"公不如卿"。后来陈俊卿果然成为一代名相。

这则出自宋人笔记的故事揭示了福建士子的天赋和努力，但如果我们纵观由唐入宋这一更长的历史时段，就不难推出福建人才的爆发离不开五代这一过渡期的文化积累。清代福建闽侯人陈衍曾对福建文化发展史有一个精当的总结："文教之开兴，吾闽最晚。至唐始有诗人；至唐末五代，中土诗人时有流寓入闽者，诗教乃渐昌；至宋而日益盛。"可以说，唐末五代"诗教渐昌"的背后，离不开王审知的努力。

925年冬，六十四岁的王审知病逝于福州。王审知有功于福建，死后也受到福建百姓和历朝尊崇。至今福州尚存一座闽王祠，里面有一块石碑，上书"恩赐琅琊郡王德政碑"，为唐亡前夜唐朝最后一个皇帝唐哀帝御赐给王审知的原碑实物。闽国为吴越所灭后，吴越主政者将王审知故宅改为庙祀，以念其德政。976年宋太宗也曾下诏修复王审知祠。此后一直至清代，闽王祠五度重修，至今屹立不倒。

王审知在福建民间有很多尊称，如"白马将军大王公"和"白马尊王"，这应该来自他昔日"白马三郎"的外号。王审知也被闽人尊为"开闽尊王"，意即闽国开创之王，而他的大哥王潮则被尊为"威武尊王"、二哥王审邽为"泉安尊王"，三兄弟合称"开闽三王"。来自河南的王氏三兄弟在乱世中对于福建的发展之功，为世人铭记。

福建人的河南根

生逢乱世的王审知兄弟，从河南光州南下入闽，随行的中原士卒近五千人，算上家属应该有数万人之多。这批北方人就这样扎根福建，开花结果，世代繁衍至今。时代的动荡引发人口的流动，一南一北，河南人与福建人，就这样上演了一段族群与文化大融合的历史。

河南是这群南下移民的根。中原文化历史悠久，在中国三千多个姓氏中很多都与中原大地相关联，我们耳熟能详的《百家姓》里，就有上百个姓氏源自河南。而在中国历史上，中原大地却屡遭劫难，历次王朝更替往往引发中原动荡不堪，为躲避天灾人祸，大批中原人扶老携幼向南逃亡。历史上的河南人，就这样慢慢流向全国。

唐代的光州大致在今天河南最南边的信阳地区东南部，已过淮河，地通南北。光州下辖的固始县，也就是王审知兄弟的老家，最初为春秋古国领地，在东汉时光武帝赐名"固始"，至今建置已近两千年。固始在河南东南一角，南依大别山、北临淮河，是北方与南方、中原与江淮的交融地带。这也解释了为什么固始在历史上历次北方人南下的路线上是如此重要，它不一定是北方移民的出发地，但却是中原人渡淮后向南进入皖赣乃至闽浙的必经之处，是历代中原民众南迁的集散地之一，更是五代十国以后不少福建人的家族之根。

历史上河南人南迁入闽主要有三次。第一次发生在唐朝以前,从汉至两晋南北朝时期北方人陆续南下,尤其是西晋末年"八王之乱"后,北方异族混战于中原,一些北方士族为避战乱而渡江南下。史书上说"中州士女避乱江左者十六七",这就是历史上有名的"永嘉南渡"。其中一些士族进入福建,《闽书》中记载:"中原板荡,衣冠始入闽者八族。"所谓八族就是林、黄、陈、郑、詹、丘、何、胡这八个中原姓氏。

第二次河南人大规模入闽发生在唐朝初期。公元669年,闽南发生叛乱,大唐岭南行军总管陈政(616—677)带军平叛。陈政也是河南固始人,跟他一起入闽的兵将也大多来自固始。河南士兵因为不适应当地气候,很多人病倒,于是陈政的两个哥哥又从河南带兵入闽支援,队伍里主要军校有五十八姓,皆为固始人。《漳州府志》上记载了这批将校的名单,有姓陈、许、卢等姓,这些南下的固始军人最后都在闽南落户。陈政死后其子陈元光(657—711)出任漳州刺史,他厉行法治,兴修水利,后来被漳州百姓尊为"开漳圣王",据说现在闽南祭祀陈元光的圣王庙有上百座之多。在今天的河南固始,也建有陈氏将军祠,县中心还建有一个陈元光广场,立有福建漳州所赠的陈元光戎装骑马像。陈元光就这样成为福建和河南人共同尊崇的祖先。

第三次河南人南下入闽,就是唐末王潮、王审知兄弟这一波了。这应该是历史上河南人最后一次大规模入闽,对福建的影响也最大。随王氏兄弟入闽的光州人主要也以固始人居多。《固始县志》记载有十八姓,号称"十八姓随王",即陈、林、刘、郭、谢、吴、张、黄、周、许、杨、苏、邹、严、薛、詹、郑、连等,而《台湾通志》中说"随王"的有二十七姓之多,也有三十六姓甚至更多的说法。相比集中于漳州地区的陈元光父子所率部卒,王氏兄弟带来的河南乡亲此时已经遍布整个福建了。这批中原人渐渐与本地闽人通婚,繁衍不绝。有研究称今天福建人的父系基因与北方人几乎一样,而母系跟北方民族则只有30%相同,果真如此的话,那在历史上数次入闽的河南人"王审知们"可以被视为今天福建人的族群祖先了。

今天福建一些大姓的族谱,如王、陈、刘、黄、郑等,大都有其祖先由固始入闽的记载。其实自从唐末五代以来,不少福建家族都宣称出自河南固始,其中也真假难辨。《十国春秋》里说得明白:王审知"崛起闽徼,攀鳞附翼,济济多人"。来自福建莆田的南宋史学家郑樵也曾一语中的:

> 夫闽人称祖皆曰自光州固始来,实由王潮兄弟以固始之众从王绪入闽,王审知因其众克定闽中,以桑梓故独优固始人,故闽人至今言氏族者皆云固始,以当审知之时贵固始也,其实滥谬。

这些家族自称出自固始,在当时政治环境下也很好理解,毕竟这种固始背景在王氏统治下的闽国当然容易获得一定的政治与经济利益。其实是否出身固始不重要,重要的是来自中原河南的种子就这样融入八闽大地,而王审知兄弟作为"开闽三王"的传奇也永远留在了福建人的历史之中,再难分开。

刘　龑（889—942）

唐末五代枭雄，与其兄刘隐割据岭南，917年称帝，建立南汉。

刘龑：一个庶子的岭南皇帝梦

在唐末五代之初，"天下四分五裂，大者称帝，小者称王"，可谓遍地豪强。在所谓"十国"政权之中，恐怕最不为五代时人所知的应该就是偏据岭南的南汉了。不是南汉想低调，而是它所处的地方实在偏远，疆域主要在今天的广东、广西和越南北部，是当时南方诸多割据势力中距离中原最远的一个。天高皇帝远，在北方战乱、江淮纷争的形势下，南汉隔岸观火、自得其乐，而大家对这个南陲小国也实在关注不起来。

对比今天的广东——曾经改革开放的桥头堡和现在中国经济最发达的省份，唐时的岭南让人记住的只有偏远和湿瘴。史书说唐朝廷并未因其地远而轻视岭南节度使的人选，"多委宿德重臣"，恐怕有点夸大其词。对于朝廷而言，岭南往往不过是对罪臣的惩戒之所，而那些被发配来支边的"重臣"们未必心甘情愿，只是不得已踏上这漫漫长途，于是就有了大诗人韩愈"夕贬潮阳路八千"的哀叹。

然而唐末的动荡，却让岭南在朝廷心目中的地位有所提升。

岭南的经济在当时已经有所发展，秦汉时期就兴起的广州古港在唐宋之交也成为著名的"通海夷道"，贸易活跃，岭南给中央的贡赋也从不小气，成为朝廷眼中的"珠翠之地"。尤其在黄巢乱后，各地军阀纷纷自立，把持地方赋税，使得唐王朝的中央财政捉襟见肘，而岭南还一直听命于中央，赋税供应不断。《新五代史》说："唐末，南海最后乱，僖宗以后，大臣出镇者，天下皆乱，无所之，惟除南海而已。"当时中央已经失去了对大部分地方的实际管辖权和人事任免权，可以派出的节度使也就只有岭南一地可去了。

但动荡之时，岭南又怎能独善其身呢？很快，当南方大地枭雄辈出之时，偏远的岭南也见证了一个野心勃勃的家族迅速崛起，历经父子两代三人的努力，最终在一个叫刘龑（889—942）的庶子手中正式完成了割据建国。

一个地方家族的崛起

唐末实现割据岭南的是刘隐（874—911）和刘龑兄弟。由于现存史料对于刘氏祖上籍贯和出身众说纷纭，刘氏家族的来历也曾一度成为中外学者讨论的一个热点。关于刘氏家族的来历一般有三种说法：有日本学者认为刘氏家族是客居广东的阿拉伯人后裔，这个说法虽然听起来有点不可思议，但其实这个论断一度还广为流行；也有学者认为刘氏出身于岭南蛮族，在当时冒姓刘；当然目前较为通行的观点是刘氏家族最初也来自河南，祖上从中原迁入南方避难。《新五代史》这样介绍这个家族的来历："其祖安仁，上蔡人也，后徙闽中，商贾南海，因家焉。"按此说法，刘氏祖上为河南蔡州人，辗转南下至福建，后因经商安家于岭南。那么，这又是一个北方人在南方逆袭的故事。

刘氏家族在广东的崛起始自刘隐兄弟的父亲刘谦。史书说刘谦"素有才识"，起先虽只是广州一个小小牙校，"职级甚卑"，但他有一个天生的优势，那就是相貌不俗。关于刘谦的容貌，诸多史书都重点强调，《新唐书》说他"状貌非常"，《旧五代史》说他"气貌殊常"，《北梦琐言》也说他"气宇殊异"，到底怎么个与众不同，史料里并未具体描述。拥有一副如此另类的外表，这也是有学者认为刘谦并非汉人血统的原因之一。

刘谦与众不同的气质引起了当时岭南节度使韦宙的注意。韦宙出身名门，曾做过唐朝宰相，他看到刘谦小伙儿长得不错，就想把一个侄女嫁给他。但韦宙的夫人不同意，"以非其类，坚止之"，看来对刘谦的家庭出身很不满意。要知道韦家世代公卿、家财万贯，当时长安谚语云"城南韦杜，去天尺五"，说的是当时韦家和杜家两个宰相世家，家中豪宅高耸，都快接着天了。连当时的懿宗皇帝都叫韦宙为"足谷翁"，艳羡韦家有七千堆的存粮。所以韦宙的老婆没看上长相怪异又毫无背景的刘谦，在那个非常讲究门第出身的时代，也非常可以理解。但韦宙很有眼光，他说："此人非常流也，他日吾子孙或可依之。"认定刘谦不是一般人，将来肯定会发达，说没准日后韦家子孙还得仰仗他呢，最后做主把侄女嫁给了刘谦。

刘谦果然不负众望，很快当上了封州刺史兼贺江镇遏使。封州在今天的广东省封开县，地处粤西北，跟广西梧州接壤，境内有贺江流过。作为西江支流的贺江,连接两广,是北方内地经桂林再沿贺江进入岭南的主要通道。刘谦当上封州刺史的时候,黄巢大军刚撤离广州没几年,地方上盗贼横行,但在刘谦治下治安迅速好转。《新唐书》说他在当地:

> 抚纳流亡,爱啬用度,养士卒,未几,得精兵万人,多具战舰,境内肃然。

刘谦在封州经营多年,有精兵万人,战舰百余艘,为其子割据岭南奠定了坚实的军事基础。894年,刘谦临死前,招来几个儿子说:"今五岭盗贼方兴,吾有精甲犀械,尔勉建功,时哉不可失也!"用今天的话来说就是,后浪们,好好努力,千万不要辜负了这个时代!

史书载刘谦有三子,长子刘隐为正妻韦氏所生,理所当然地接掌父位。当时部下有人不服,刚接位的刘隐迅速展示出不俗的能力,定下计谋,只用一个晚上就平定了军中骚乱,诛灭了不法士卒,史书上的原话是"一夕尽诛之"。刘隐对反叛者出手迅速精准、毫不留情,看得出来拥有杀伐决断的果敢与谋略。

九世纪末的乱局给了刘隐进入广州的机会。刘隐继位的这一年,唐昭宗派宗室李知柔出任广州刺史、清海军节度使。李知柔是唐睿宗的玄孙,皇室子弟,当时昭宗派他来广州的目的应该是想加强对岭南这个最后财政来源地的控制。可还没等李知柔进入广东境内,广州的两个牙将就兴兵作乱、封锁边境,拒绝李知柔入境。这次叛乱给了刘隐一个天赐良机,他马上起兵斩杀了叛将，平定乱局后进驻广州，恭迎李知柔入城。识相的李知柔于是上表奏请任命刘隐为行军司马，"委以军政"。几年以后，李知柔卒于广州任上，刘隐毫无意外地接管了岭南。虽然后来朝廷又派来大臣出任清海军节度使，让刘隐为节度副使，但可想而知此时的刘隐已经大权在握，"事皆决于隐"。等到节度使病死，岭南就正式落入刘氏手中。本来昭宗还想派大臣节度岭南，但此时"岭表多盗"，路途艰辛，再加上刘隐这个地头蛇在侧，已经没人再敢赴任了。这时候朱温已经彻底控制朝局，很快逼迫昭宗迁都洛阳，刘隐于是"遣使持重赂以求保荐"，朱温当然乐得送一人情。天佑二年（905），刘隐正式被拜为清海军节度使。朱温灭唐以后，又封刘隐为南平王，"恩宠殊厚"。911 年，刘隐英年早逝，年仅三十八岁，其弟刘龑继位。

刘龑是刘家的"庶子"。关于中古时期的庶子地位，恐怕看过电视剧《知否知否应是绿肥红瘦》的朋友都知道，作为非正妻所生的子女，在官宦家族中地位低下，如果碰上强势的主母，庶子的日子更为难过。不巧的是，刘谦的正妻出身韦氏名门，脾气大也善妒。刘龑之母段氏作为刘谦外室，一直连家门都进不了，而小刘龑刚出生，就险遭主母毒手。

> 谦妻韦氏素妒，闻之怒，拔剑而出，命持龑至，将杀之。及见而悸，剑辄堕地，良久曰：此非常儿也！后三日，卒杀段氏，养龑为己子。

《新五代史》这段极富镜头感的描写，读来让人心惊肉跳。

要不是刘䶮完美地继承了父亲刘谦的不俗相貌，估计难逃一死，但他的亲生母亲段氏最后还是遭到韦氏毒手，而小刘䶮也被韦氏收养。

韦氏的判断不错，刘䶮长大以后，身手不凡，"善骑射，身长七尺"。唐朝的七尺大概有现在的两米，所以刘䶮长得高大威猛。史书还说他"垂手过膝"，这与《三国志》里"垂手下膝"的刘备颇为相似，这在古代是标准的帝王之相。巧的是刘䶮后来声称他也是汉室子孙，上承汉朝，国号因此也改为大汉。

从公元901年刘隐正式掌控岭南军政大权，到917年刘䶮建国，再到971年北宋平定岭南，刘氏家族在岭南的统治长达七十年之久。与唐末其他军阀通过武力霸据一方略有不同，南汉刘氏是通过在地方多年的家族经营，基本以和平与合法的方式实现了对岭南的控制，大大减少了政权交替过程中的杀戮和动荡。

我们前面说南汉在当时算是不为人熟知的"南陲小国"，但其实南汉在五代十国诸政权里面疆域算是比较大的。它向北依次与楚国、吴（及后来的南唐）、闽国接壤，西通云南，南濒大海，版图最大时包括现在的广东、广西、海南及湖南、贵州一部，越南北部也曾在其势力范围之内，足可以称得上"南陲大国"了。

可怜白藤江边骨

位置偏远、地处南陲，这个地理特点对南汉的政治、军事和外交都有非常大的影响。由于与中原交通不便，信息不畅，南汉对于五代中原政局几乎毫无影响力可言，但这样的隔绝环境在另一方面则成为南汉的一个地理优势。正是由于与中原距离最远，也与实力强大的杨吴（及其后继者南唐）政权交界不多，加上粤北五岭的天然屏障阻隔，南汉从来不用担心任何强敌的军事威胁，而其地又背靠大海，自成一统，这样的割据条件堪称完美。

在五代初期，南汉的外交对象主要有四个，即中原的后梁王朝，北边相邻的闽、楚二国，以及西南一侧的越南地方政权。刘隐、刘䶮兄弟治下的南汉在外交上表现得相当积极。整体上看他们对后梁的态度和对邻国闽与楚的关系呈现出一种反向相关：即当他们与邻国发生战争时，就会对中原政权相当谦卑恭顺，以获得政治合法性和中央的道义支持；而当他们与邻国交好时，则对中原无所需求，对后梁的态度也往往冷淡起来。

前面说过，刘隐几乎是以一种和平、合法的方式接管了岭南，并受昭宗册封为节度使。在907年朱温灭唐后，刘隐与湖南的马殷、福建的王审知一样，一开始也对朱温称臣纳贡。坐拥南海贸易之富的刘隐在进贡上表现得极为大方，还真送了不少好东西给朱温，曾经一次就向后梁进贡了"助军钱二十万"，还有很多来自海外的奇珍异宝，有一年甚至还千里迢迢献上一头北方少见的犀牛。这一方面说明南汉通过发达的海洋贸易积聚了大量财富，同时也能看出刘隐工于谋划，为了结交朱温不惜血本。作为交换，很快刘隐就获得了朱温回馈的一系列封号，《旧五代史》记录得清清楚楚：

> 梁开平初，恩宠殊厚，迁检校太尉、兼侍中，封大彭郡王。梁祖郊禋，礼毕，加检校太师、兼中书令，又

命兼领安南都护，充清海、静海两军节度使，进封南海王。

在911年刘隐死后，弟弟刘龑继位，刘龑在最初几年里继续着大哥的对梁策略，即承认后梁的中原正统地位，同时又保持着自身独立性，也进贡过不少奇珍异宝给朱温。其实在这一阶段，哥儿俩对朱温名义上的服从也有另外一个原因，那就是岭南当时面临着边境威胁。

岭南以北跟闽湘赣接壤，而此时的福建有王审知，湖南有马殷，江西南部的赣州有卢光稠、谭全播兄弟，都已形成割据之势。闽国威胁不大，前面提过王审知的外交策略一贯以睦邻友好为主，双方比较客气，在刘隐病死的时候王审知还特意派人前来吊唁。江西赣州的实力较弱，也无法对南汉形成实质性威胁。本来卢光稠有一个儿子占据着粤北韶关，911年刘龑上位后曾多次发兵攻之，终于趁卢光稠死后赣州内乱的机会，攻占了韶关。从始至终，湖南方向的马殷一直是刘氏岭南政权面对的最大威胁。马殷跟王审知不一样，虽然两人都是河南人，对后梁也都采取了一样的尊崇策略，但对于南汉这个南陲邻国，马殷比王审知要显得更咄咄逼人，一直采取攻势。908年，马殷派兵南下越过五岭山区，并多次击败刘氏兄弟，还占据了桂北地区。在五代之初，可以说马殷是南汉最直接也最危险的敌人，给南汉的北部边境尤其是广西方向造成了巨大压力。

恐怕这就是为什么刘隐兄弟对远在中原的朱温恭敬有加的一个重要原因，既然马殷尊奉后梁，刘隐肯定是想通过朱温来约束一下马殷。刘䶮也抱着同样目的，史书记载他在继位的当年就一边积极对马殷作战，同时又千里迢迢大送犀牛、大象和奇珍异宝给朱温，估价千万。刘氏恭顺的态度和贵重的礼物应该起了作用，912年朱温特意派使者前来调停马殷和刘䶮之间的矛盾。这次调停效果显著，第二年刘䶮以晚辈姿态向楚国求婚，想娶马殷的女儿，马殷则随即应允，于是双方停战，开始互结姻亲。915年，马殷派人送女儿去广州完婚。就这样，刘䶮摇身一变成了马殷的女婿，双方化干戈为玉帛。

成功与马楚联姻之后，边境矛盾解决了，刘䶮的心也有些飘了。放眼南国繁华，他开始踌躇满志起来，毕竟天高皇帝远，为什么不能自己称帝立国呢？此时的朱温已死，刘䶮也未必把刚政变上位的梁末帝朱友贞放在眼里。就在迎娶楚国公主的同一年，刘䶮上表梁末帝，要求加封四邻都统并求封为南越国王。这个要求在当时恐怕有点过分，因为当时南方还没有一个割据者获得"国王"的称号，即使最为中原看重的钱镠，也是在923年即梁末帝执政的最后一年才获此殊荣。在遭到梁末帝拒绝后，刘䶮求之不得，借此机会随即断了朝贡，自立为南越王。此时的后梁王朝已经风雨飘摇、自顾不暇，对南汉也是鞭长莫及，只有看着刘䶮随心所欲。

917年，刘䶮在广州称帝，国号大越，第二年又改国号为汉，史称南汉。

称帝后，刘䶮算是跟后梁公然闹崩了，反而开始非常积极地对南方各国展开外交。不仅与吴越、荆南和前蜀这些不搭界的政权都有所往来，甚至还把一个侄女嫁给了远在云南的大长和国国王。在称帝的当年还与福建的王审知结成儿女亲家，把大哥刘隐的二女儿清远公主刘华嫁给了王审知的次子王延钧。更有意思的是，刘䶮还曾派人去扬州劝杨行密的儿子杨隆演也称帝，大家索性一起当皇帝好了，还不寂寞。

刘䶮的种种"僭越"和"不臣"行为，终于激怒了梁末帝。朱友贞命令吴越的钱镠派兵去讨伐南汉，但钱镠当然不会傻到从浙江跨过福建去攻打广东，况且刘䶮即使当了皇帝，对钱镠也非常尊重，还"以兄事之"——尽管钱镠的年龄其实足可以当他爹。史书对刘䶮的积极外交颇有好评，《十国春秋》说："行李往来，常勤聘问，区区岭外，晏然小安。"可以说五代初期南汉的外交形势一片大好。然而中原形势却很快发生剧变，后梁王朝在后唐庄宗李存勖的打击下轰然垮掉。庄宗一统北方之初，刘䶮听说庄宗"兵威甚盛"，一度颇为忧惧，他派使者北上想一探虚实。南汉使者带去的国书抬头写得很艺术，"大汉国王致书上大唐皇帝"，一方面以其南汉政权对等后唐王朝，另一方面又谦称"国王"，同时尊称庄宗为"皇帝"，追求平等地位的同时又不失恭敬，可谓不卑不亢、滴水不漏。使者回来说庄宗"骄淫无政，不足畏也"，这就打消了刘䶮的顾虑，"自是不复通中国"。不仅如此，刘䶮再次狂妄起来，说自己出身汉室贵胄，不可能尊奉出身沙陀的庄宗，甚至轻蔑地"呼唐天子为洛州刺史"。《旧五代史》说他"妄自尊大"，可谓一语中的。

面对遥不可及的中原，狂妄一下也就罢了，但刘䶮经常暴露出的神经质本性有时也会招致边境之危。922年，他听信了术士的话，跑去闽粤边境躲灾，这种毫无道理的跨界行为招致闽国的怀疑。于是闽国军队冲过来，刘龑只得匆匆逃跑。两年以后，刘龑亲自带兵侵入福建，结果被王审知击败。放着本来好好的儿女亲家不做，徒增无谓的纠葛，可见刘龑乖戾怪异的性格已经成为南汉政权外交最大的隐患。

刘龑在位时最大规模的一次对外战争在938年终于爆发，而这一次的对手不在北边，而是来自南边的安南。

自秦汉以来，越南北部地区一直为中国王朝统治，唐初在此设立过交州总管府，唐太宗贞观元年（627）归岭南道管辖，唐高宗调露元年（679）改设安南都护府，治所就在今天的河内。玄宗以后，随着南诏的崛起，安南屡屡受到侵袭，懿宗咸通年间（860—874）安南治所曾两度被南诏攻陷。咸通七年（866）安南改置静海军节度，晚唐名臣高骈在击败南诏收复安南后，出任静海军的首任节度使。其后安南节度使往往由在广州的岭南（清海军）节度使兼任。这也就是为什么自刘隐兄弟占据岭南后，名义上都同时兼任岭南（清海军）和安南（静海军）两地节度使，只不过山长水远，很多时候对于安南也是鞭长莫及。很快在唐末各地纷纷割据的混乱形势下，当地豪族曲氏占据安南，几与南汉分庭抗礼。

在刘氏兄弟割据岭南后，安南与南汉也一直保持着联系。刘龑称帝建国时，安南之主还派儿子以"欢好使"身份来广州参拜。但刘龑既然当了皇帝，怎么也得有所作为，在他看来安南为唐朝旧地，本就该臣服自己。930年，刘龑派兵进入安南，灭了曲氏政权，但之后南汉军队却无法控制乱局，很快又被安南本地势力给赶了出来。

刘䶮对于安南的不臣无法容忍。938年，安南两派势力内斗，其中一派向南汉求救，正中刘䶮下怀，"欲因其乱而取之"。刘䶮派出儿子刘洪操率大军从海路再度攻入安南，计划从安南东岸的下龙湾沿白藤江而上。白藤江是安南北部的一条大河，向西可以直抵河内，向东由下龙湾入海，此入海口，西距河内仅170公里，是通往河内的水路门户。当时南汉军队进入安南本可水陆并进，但陆路山多林密，走水路的话只要经由白藤江就可进入安南内陆，要方便迅速得多，因此南汉军队选择了水路。但安南守军早有准备，在白藤江口以巨木为桩，包以磨尖的铁橛插在江中，然后诱敌深入。南汉水军船队在涨潮时冲进来江口，并没发现铁橛，但等潮水退去露出铁橛，南汉船只都被戳破了船底，纷纷沉没，大批士兵溺水而死，南汉王子刘洪操也丧命于此。这就是历史上著名的白藤江之战。

得知兵败子亡，刘䶮悲痛不已，但也无力再度讨伐，只好认栽罢兵。从此南汉再也没有南征过安南，而安南也正是从这个时候走上了政权独立之路。此后无论是宋朝还是元朝，宋太宗赵光义和元世祖忽必烈都曾经试图从白藤江进攻越南，但最后都以失败告终。

偷偷摸摸做皇帝

与其他南方政权一样，南汉在唐末五代也成为北方文人避难的天堂。其原因也无外乎两个：地理上岭南远离战乱纷扰的中原，甚至比吴越和福建这些地方更要往南，在安全性上可谓得天独厚；就统治者而言，刘氏兄弟初据岭南之时，对来投的文人儒士也都极为礼遇。那些衣冠士族和旧朝臣子既装点了南汉政权的门面，又成为新政权典章制度的设计者和践行者，可谓双赢。

《新五代史》如是写道：

> 隐父子起封州，遭世多故，数有功于岭南，遂有南海。隐复好贤士。是时，天下已乱，中朝士人以岭外最远，可以避地，多游焉。唐世名臣谪死南方者往往有子孙，或当时仕宦遭乱不得还者，皆客岭表。

据欧阳修的观察，避难岭南的文人大概有两个来源，一是从北方跑过来避难的，还有一群人是晚唐就在此为官，因天下大乱归路已断，不得已举家留在岭南。《新五代史》上还特意列出了一大串文人的名字，说"隐皆招礼之……皆辟置幕府，待以宾客"。即使有人不愿合作，刘隐也一样客气对待。有位擅长星相历法的前唐官员叫周杰，避难岭南后，刘隐经常找他问灾变，而"杰耻以星术事人，常称疾不起"，但"隐亦客之"。

刘隐对前唐文士的招纳和礼遇，为后来弟弟刘䶮的"帝国"建设打下了基础。刘隐死后，刘䶮延续了大哥礼遇文人的政策。《资治通鉴》说他"多延中国士人置于幕府"，还任命文人出任刺史，这在当时武人当道的晚唐五代，并不多见。920 年，刘䶮还听从宰相杨洞潜的建议，开设学校，举办科举考试，"如唐故事，岁以为常"。放眼五代十国，除了自称正统的中原王朝模仿唐朝开科取士外，在南方的割据政权里，也就只有南唐、后蜀和南汉有过科举之行，可见在文化制度建设上，偏远的南汉也有可称道之处。

在刘䶮统治时期，有三位文人值得一提，他们可以说是刘䶮成功割据岭南背后的影子。

赵光裔，陕西名门之后，其父赵隐在宣宗朝还当过宰相。光裔兄弟三个都是晚唐进士，各以品行雅正、学识清高著称，一家人在当时的文化圈里名气很大。唐朝灭亡后，赵家兄弟三人起初都在后梁入仕，908年赵光裔受朱温所派出使南汉。地处南陲文化沙漠的刘隐好不容易见到了一位当时声名显赫的大文人，十分仰慕，所以千方百计地留住了赵光裔，让他当自己的节度副使。等到刘䶮称帝时，赵光裔毫无争议地出任了开国宰相，一干就是二十年。有意思的是，他的大哥赵光逢在后梁也曾当过宰相，后来他弟弟赵光胤在后唐也出任宰相，而赵光裔死后其子赵损又继续做南汉宰相。一家两代人在五代乱世中竟然出了四个宰相，如果算上其父在前唐的宰相经历，祖孙三代、南北五人先后拜相，妥妥的宰相世家！

按理说赵光裔在岭南高官厚禄、平平安安，应该很知足，但他一开始并不开心。刘䶮偏居一隅割据称帝，在前朝士人眼里就是"僭伪"之举，光裔因此觉得羞耻。另外他自己是千里南下公干，却被硬留在广州，老婆孩子还都在洛阳，也让他无心于此。刘䶮得知赵光裔的想法后，就偷偷模仿他的笔迹，写了封家书，派人潜入洛阳，把赵光裔的两个儿子和家眷都接来广州。赵光裔忽然见到家人，又惊又喜，非常感动，自此便尽心辅佐南汉。刘䶮虽然后来行事多乖张，但此举却充满温情，殊为难得。

第二个文人叫王定保（870—954），原籍江西，也是晚唐进士，曾在广西地方任职。唐末乱起，王定保先是依附湖南的马殷，后因不得志又南下广州投靠刘隐。史书上说他"善文辞"，所著的《唐摭言》一书流传至今，生动翔实地记录了有唐一代的科举文化，为人称道。王定保还有一个比他更有名的老丈人，晚唐大诗人吴融（850—903）。不过这翁婿二人的关系未必融洽，据说王定保因为留在了岭南，"弃其妻弗顾，士论不齿"。王定保夫妇是因乱世不得已分离，还是另有隐情，我们不得而知。

王定保以其文才在岭南士人中应该颇有影响，而这种影响力也让刘䶮对他极为尊重。917 年，刘䶮谋划建国称帝，又担心前朝官员反对，尤其是王定保这样的领军人物更让他有所顾虑，于是就故意派王定保出使荆南。王定保前脚刚走，刘䶮后脚就称帝了，等王定保回来复命的时候，刘䶮派人迎接并告知了称帝一事。刘䶮此举虽然幼稚却也有些可爱，把反对派支出去，然后自己偷偷摸摸当皇帝，这样的事也就只有刘䶮能干得出来了。但从另一个角度看，也说明刘䶮对这些文人还是非常尊重的。

王定保回到广州，看到刘䶮生米已经煮成熟饭，也只得接受了既定事实。但王定保对刘䶮说了一句话："建国当有制度，吾入南门，清海军额犹在，四方其不取笑乎？"说你这都建国称帝了，怎么我回来的时候看到广州城门上还挂着昔日大唐清海军的牌子啊，这不让邻国笑话么？刘䶮一听，原来是这事啊，放下心来，也笑着说："吾备定保久矣，而不思此，宜其讥也。"为了等王定保回来解释，刘䶮估计也是煞费苦心准备了好久，根本没想到换牌子的事。于是在君臣谈笑间，南汉建国的反对声就此冰消瓦解。

每次读到这段故事，我其实很怀疑王定保从一开始就不是真心反对刘䶮称帝。一介书生辗转南国，能有刘氏的知遇之恩，这不就是他最初所追求的么？史书有一则记载也足以看出王定保对新帝的热切支持：刘䶮曾"作南宫，王定保献上《南宫七奇赋》以美之"。这篇吹捧文章号称"一时称为绝伦"，其文虽已失传，但我们也大概猜得出里面对刘䶮的谀颂。

影响刘䶮的第三个文人叫杨洞潜，唐末时在广西为官，唐亡后寄居广东，颇有清名。刘隐很尊敬杨洞潜，"常师事之"。刘䶮继位后，对大哥看重的人照单全收，还拜杨洞潜为相。杨洞潜很有谋略，对南汉政事也影响最大。他劝刘䶮跟楚国的马殷联姻，还建议任用文人当刺史，在南汉实行科举，刘䶮对他言听计从、一一照办，可见杨洞潜在其心目中的地位。

刘䶮对杨洞潜如此信赖，可能还有一个原因：君臣二人都有一个共同的爱好，就是喜欢算命占卜。史书上记载过杨洞潜的一个故事，说他见过一个地方官员一面后，就算出他有"风雷之厄"。仅凭一面就做这样的预测，周围的人都不信，结果不久这个官员的房子就着了台风，房倒屋塌，遇难身亡，大家这才觉得很神奇。看来广东自古多台风！不管此事的真实性怎样，杨洞潜的"神算"肯定对他在刘䶮心中的影响力有所加持。

南汉在十世纪初期能够保持和平富庶，可以说赵光裔、王定保、杨洞潜这些文臣功不可没。《新五代史》说："及䶮僭号，为陈吉凶礼法。为国制度，略有次序，皆用此数人焉。"《十国春秋》也评价说："五季时，中原扰攘，独岭海承平小安，民不受兵，光裔、洞潜之功居多。"

南汉在唐宋之际，富庶之名天下皆知。史书说刘䶮上位后

"广聚南海珠玑","犀、象、珠、玉、翠、玳、果、布之富,甲于天下",这当然离不开广州发达的海洋贸易。广州在唐代就已经成为中国重要的外贸港口,自开元年间朝廷就在此设立了市舶使,管理海外贸易。唐宋之际的广州与杭州、泉州等港口一样,成为海上丝绸之路的重要起点之一,其中广州海外贸易路线最长,从南海经今天越南、马六甲海峡、苏门答腊、印度、斯里兰卡,一直到西亚的波斯湾。

南汉海洋贸易之发达,可以从近年发现的两艘十世纪中国沉船得到验证。1997年"印坦沉船"在印尼雅加达以北的印坦油田海域被发现,从沉船中发现的一百四十五枚南汉"乾亨重宝"铅钱推知,该船很有可能来自南汉时期的广州,"乾亨"为刘䶮建国时的年号。同船出水的还有近百枚银锭,上有"盐税银"和"桂阳监"等字样,可能出自南汉国库。另一艘沉船"井里汶号"于2003年在印尼爪哇北岸的井里汶海域里被发现,同样满载中国货品,包括数量惊人的青瓷、白瓷和大约七千枚南汉"乾亨重宝"铅钱。这两艘沉船毫无疑问都与南汉有直接关系,成为南汉海外贸易盛况的见证者。

刘隐、刘䶮兄弟控制岭南后,对发展海外贸易应该都非常上心,哥俩能极其慷慨地多次向中原进贡,也说明他们从海洋贸易中收获颇丰。907年朱温称帝时,刘隐"遣使进奇宝名药";又在冬十月"奏进助军钱二十万,及龙脑、腰带、珍珠枕、玳瑁、香药诸物";十一月又"进龙形通犀腰带、金托里含棱、玳瑁器百余副,及香药珍巧甚多";开平四年(910),"贡犀玉,复献舶上蔷薇水"。刘䶮上位后继续向后梁入贡,乾化元年(911),"贡犀、象、奇珍及金银等于梁，值数千万"。没有海洋贸易积聚的巨大财富，南汉对中原王朝的慷慨进贡与刘䶮的奢靡生活是不可想象的。南汉几次对安南用兵，可能也有扩大海外影响、加强对南海贸易通道控制的考量。

不过到了刘䶮执政后期，昏聩之相尽显，对杨洞潜这些文人也不再像以前那样言听计从了。一次刘䶮任命一个儿子招募卫兵千人，结果招的人都是些地痞流氓，四处骚扰百姓，杨洞潜劝刘䶮对其约束，刘䶮却说："小儿教以戎事，过烦公忧。"说我儿子练兵玩得挺高兴的，您老就别瞎操心了。这让杨洞潜非常失望，愤愤地说，"政乱如此，安用宰相"，干脆称病回家不干了。

从刘隐小心翼翼地岭南起家到刘䶮的嚣张称帝，虽然各自面对的形势环境不同，但还是看得出这对同父异母的哥儿俩在性格和行事风格上大不一样。大哥刘隐低调务实、行事稳重，而弟弟刘䶮则性情乖张、作风激进。史书说刘䶮残暴好杀，很迷信，好算卦，"穷奢极侈，娱僭一方"，"悉聚南海珍宝，为玉堂珠殿"，"又性好夸大，岭北商贾至南海者，多召之，使升宫殿，示以珠玉之富"。皇帝召各地富商进宫参观、炫耀财富，五代仅此一人。

基于刘䶮的早期经历和后期表现，让人怀疑他有严重的双重人格，正常的时候真诚恳切、虚怀若谷，开国前后也展现出非凡的能力，但犯病的时候却神经乖戾、非常变态。《新五代史》说刘䶮"性聪悟而苛酷"，这个评价极为精当。如果说他的奢侈、爱炫耀和任性都还在可以理解的范围，那他残虐的嗜好就显得极为病态了。史书载刘䶮"为刀锯、肢解、刳剔之刑，每视杀人，则不胜其喜，不觉朵颐，垂涎呀呷"，不但发明出各种酷刑折磨犯人，有时候用锅把人煮了再放醋和盐，还喜欢亲自观看行刑，一看到血肉模糊竟然兴奋得流口水，这简直变态至极。

　　刘䶮这些诡异变态的古怪行止，也许跟他的庶子出身和充满阴影的早期经历不无关系。前面讲过他刚出生三天，亲妈就被嫡母害死，自己也差点丧命，后来在嫡母的严苛监护下成长，估计也是时时小心翼翼、处处谨小慎微，不敢越雷池一步。等他好不容易熬出了头，得以顺利继承权位，多年束缚顿消，压抑许久的欲望强烈反弹，未免开始胡作非为起来。

　　最后要提一下刘䶮的名字。史书上对刘䶮名字的记载五花八门，十分混乱，梳理起来，大致可以推知他曾至少四次改名。据《十国春秋》，他"初名岩"，而后梁在911年封其为节度使之时，用的是"陟"字，《五国故事》还说他"名俊"。925年冬，有人来报说看见"白虹入三清殿"，于是有谄媚文人纷纷上诗赋吹捧祥瑞，说这是天降白龙。本来就好算命占卜这一口的刘䶮当然无比兴奋，宣布改元"白龙"，自己"又更名䶮，以应龙见之祥"。

　　当然对于刘䶮来说，生命不息，改名不止，他注定要把改名进行到底。941年，垂垂老矣的刘䶮病倒，这时候有番僧对他说："灭刘氏者龙上共下也"，说这是谶书上说的，皇帝的名字不吉利啊。于是病榻之上刘䶮索性自己造字，取周易"飞龙在天"之意，新造了个"䶮"字作为自己的新名字。

　　942年，刘䶮病死，在位一共二十六年，终于再也没有机会继续改名了。他死之后，他的一群儿子们自相残杀，南汉政治日益腐败，直到亡国。刘䶮一生可谓性格复杂、行止无常，在乱世南国一隅演绎了一出庶子逆袭的传奇。

敬　翔（？—923）
唐末五代文人，朱温最器重的谋士之一，为朱温称霸中原立下汗马功劳，后梁败亡时自杀而死。

欧阳彬（？—950）
五代文人，湖南衡山人，求见马殷不得而入蜀，曾任前蜀翰林学士，后蜀宁江军节度使，擅长辞赋。

罗　隐（833—910）
唐末五代著名诗人，恃才放旷，不为公卿所喜，曾十次应举不中，晚年入江东投入钱镠幕府，多有讽谏，其诗风浅易，多有佳句。

韦　庄（约836—约910）
唐末五代文人，入蜀后出任王建掌书记，前蜀开国制度皆其所定，花间派代表词人，其诗《秦妇吟》在唐末一度流传甚广。

乱世文人的执着与无奈

唐末五代乱世，文武失衡是一个很明显的时代特色。"五代兴亡以兵"，宋人欧阳修在其《新五代史》里清醒地揭示了这一动荡时代下政权兴废的背后力量。对于唐末五代的军阀来说，武力的重要性不言而喻，几乎所有的地方军阀都凭借武力起家和上位，很多武人也很自然地轻视文人和文化，所以一般认为这是一个武人势力上升而文人地位衰落的年代。后汉时，有一个叫史宏肇的武人曾说过一句非常有名的话："安朝廷，定祸乱，直须长枪大剑，若毛锥平安足用哉？"言下之意，安邦定国靠的是武人刀剑，而非手执毛笔的文人。

在这样的历史大背景下，身处乱世中的文人往往面临艰难选择，要么归隐山野、独善其身，要么不得不依傍军阀以求安身立命，但仍然有一些文人怀揣救世雄心，希望在乱世里得遇明主、一展抱负。只是现实冰冷，无论是主动还是被迫入仕的文人们大多命运坎坷，不管他们出身士族还是一介寒门，在那个战乱频仍、人命如草的年代里，屡屡遭到残暴武人的蔑视与欺凌，甚至不得不直面动荡和死亡。

欧阳修在《新五代史》里为那些乱世文人的命运感慨道：

呜呼甚哉！……天下五代，士之不幸而生其时。

当然文人自身性格和境遇不同，在乱世中的命运也各异，而文人与武人之间的关系也具有丰富的复杂性和多样性。很多五代军阀虽然看不起文士，但却需要名士和世家子弟来装点门面以充正统，更不得不借助文人之力来实现地方政权的建设和统治。五代文人们在乱世里或有坚守，或有妥协，或有清醒，或有迷惘，或有奋进，或有颓唐，但他们之中总有一些人，用鲁迅的话说："并没有忘记天下，正是一塌糊涂的泥塘里的光彩和锋芒。"

敬翔：被皇帝"赐妻"的宰相

我们常说每个成功男人背后都有一个女人，其实在晚唐五代，每个军阀后面都有一个或几个文人的身影，即使是手染无数文人鲜血的中原霸主朱温，在其称霸和篡位过程里，也一直搜罗和培养了不少文人为己所用。这些后梁文人中对朱温影响最大的非敬翔莫属，他跟从朱温起于宣武军，一路做到了后梁宰相，可以说他就是朱温背后最重要的文人"影子"。

敬翔，陕西同州（今陕西渭南大荔县）人，也算得上世家子弟，其祖父和父亲都做过刺史。这样的家境让他从小受过良好教育，史书上说他"好读书，尤长刀笔，应用敏捷"。但敬翔在科举之路上并不顺利，年轻时赴长安考进士不中，却赶上黄巢大军攻陷长安，关中大乱，敬翔只好向东逃入河南避难，投奔了开封的一个老乡。此时朱温刚刚出镇宣武军，敬翔的同乡也在宣武军任职，却一直没有机会向朱温引荐敬翔。在开封寄人篱下的敬翔迫于生计，就在宣武军中代朱温的属下起草一些公文，换取些钱米过活。很巧的是，他写的文字被朱温偶然看到，非常欣赏，因为敬翔的文字浅显生动、通俗易懂，其间还有不少格言警句，正合"素不知书"的朱温胃口，所以"太祖爱之"。就这样敬翔被朱温录用，专门负责起草檄文奏对。

史书里记载了朱温与敬翔第一次见面时的对话。

> 太祖问曰："闻子读《春秋》，《春秋》所记何等事？"
> 翔曰："诸侯争战之事耳。"
> 太祖曰："其用兵之法可以为吾用乎？"
> 翔曰："兵者，应变出奇以取胜，《春秋》古法，不可用于今。"

朱温当时志在称霸，发问开门见山，目的性很强，就是想要知道如何用兵。而敬翔也直截了当、简单明快，说用兵就是要随机应变，不能拘泥于古人之法。二人不谋而合，相当默契。所以"太祖大喜"，立刻委以要职。

在朱温与秦宗权大战中原之时，敬翔一直在朱温身边出谋划策，为朱温的取胜出力甚多，朱温对敬翔也大为赞赏，还曾说过

乱世文人的执着与无奈 | 349

一句："天降奇人，以佐于我！"敬翔能被朱温如此看重，不仅因为他文采好，更多的是他务实高效，"为人深沉有大略"，能在战争中实实在在地帮到朱温。

追求实用的朱温得到了非传统的文人敬翔，可谓相见恨晚，从此军政大小事务都会请教他，"动静辄以问之"。朱温性格刚暴，属下对他都惧怕得不行，一般都不敢劝谏，而敬翔却往往能见缝插针地点拨几句，就让朱温有所反思，并"多为之改易"，可见二人之默契。

面对朱温的知遇之恩，敬翔也报之以一生的兢兢业业。他追随朱温三十余年，事无巨细，无不勉力为之，任劳任怨。史书说敬翔"尽心勤劳，昼夜不寐，自言惟马上乃得休息"，日夜辛劳，经常只有在骑马行军的间隙伏在马背上歇会。可以说朱温最后能称霸中原、开国称帝，敬翔功不可没。《新五代史》评价说——

> 梁之篡弑，翔之谋为多。

朱温即位后，敬翔一直担任宰相，二人继续君臣默契。有一年朱温因为西北战事而忧虑，在一次宴席上向大臣们咨询，敬翔当场把敌人的军事部署和军需情况以及战场地形一一陈述，让所有大臣"莫不惊异"，也让朱温"叹赏久之"，敬翔之才可见一斑。911年敬翔受封为金銮殿大学士，成为五代历史上第一个获得大学士殊荣的文臣。

朱温对敬翔一直宠信有加，甚至还把自己的一个女人送给敬翔为妻。

这个女子姓刘,来历颇为传奇。她最初是黄巢起义军里第二号人物尚让之妻,黄巢被灭以后,刘氏被徐州军阀时溥抢走,成了时溥的老婆,而在朱温击败时溥后,这个女人又归了朱温,很受朱温宠幸。后来朱温见敬翔的原配夫人去世,就慷慨地把刘氏赐给敬翔为妻。面对主公的"关爱",敬翔当然不敢不接受,但其实即使刘氏成了敬翔的老婆,还是跟以前一样经常出入朱温寝宫。因为朱温的恩宠,刘氏权势熏天,甚至被时人称为"国夫人",后梁朝中文臣武将都来巴结她。敬翔的心情可想而知,对夫人言语之间也许颇有微词,帽子绿油油的终归不爽。刘氏大怒,大骂敬翔说,你是嫌弃我曾失身于贼么?若论名望成就,无论是做过黄巢大齐国宰相的尚让,还是做过大唐节度使、中书令、钜鹿郡王的时溥,也都是有地位的人物,而以你敬翔的门第,又有什么资格嫌弃我呢,那干脆现在就分手吧。刘氏一怒,敬翔当然害怕,知道惹了刘氏就等于惹了朱温,也只好作罢。

当然,朱温对敬翔的倚重和偏爱并不能反映他对文人的真实态度。虽然朱温出身乡村教师家庭,但因为父亲早亡,后来寄人篱下,长大后的朱温没什么文化,这也就是他喜欢浅显文字的原因。他戎马一生,以武功击败四方诸侯而称霸中原,骨子里肯定迷信武力,自然对文人知识分子心存轻蔑和不屑。

史书里有一个朱温杀人于大柳树下的故事:有一天朱温跟一群文人坐在一株大柳树下面,朱温说:这大柳树不错,应该可以做车轮。刚开始没人敢应声,因为谁都知道朱温残暴,生怕回答不好惹上杀身之祸。但沉默不语也不是办法,有一些人站起来附和朱温说:是,做车轮肯定不错。不想朱温反而大怒,"书生辈好顺口玩人,皆此类也!"说你们文人就会顺风倒,瞎说一气,车轮要用榆木才行,怎么可以用柳木呢。随后,朱温招卫士把在场几十个附和的文人全部诛杀。这起文人附会的惨剧很清楚地表明了朱温对于文人的偏见和敌意。

朱温对文人的屠戮之惨,莫过于"白马之祸"。天祐二年(905),在河南滑州的白马驿,朱温在一夜之间下令诛杀了三十几位唐朝重臣并弃尸黄河。《新五代史》在记录这一惨案时,曾把它归因于朱温的残暴个性,并认为引发朱温杀机的是这一年的南征失利。本来在这一年夏天朱温大军向南进击,击败了盘踞在湖北襄阳和荆州的赵匡凝、赵匡明兄弟,第一次将势力拓展到长江中游地区。意气风发的朱温于是继续用兵,挥师东进征讨淮南军阀杨行密。敬翔极力劝阻,认为军队连续作战需要休整,可惜朱温不听,执意进军结果遭遇大雨,战事不利致部队损失惨重。在欧阳修眼里,这次战事失利导致朱温"大悔恨,归而忿躁,杀唐大臣几尽"。但恐怕这场"白马之祸"背后不仅仅是残暴的朱温泄愤那么简单,背后有着不可忽视的政治动机。

在"白马之祸"的前一年,朱温逼唐昭宗迁都洛阳,并除尽了昭宗身边的内侍,成功实现了"挟天子"以立威。但此时朝廷尚有一套大臣班底,多为关中士族,这些人能否为己所用一直是朱温担心的问题。迁都后朱温留下一个侄子带兵驻扎洛阳以监视朝廷,但后来这个侄子打马球摔死了,引发了朱温的愤怒和猜疑,认为是宰相崔胤所害,于是这位曾与朱温联手对付宦官的宰相被杀。不得不说在皇权旁落的唐末乱世,宰相已经是一项高危职业,后面连着几个宰相也都被朱温杀掉,都源于朱温的警惕和猜疑。有一个大臣因为被定为宰相，惶恐不已，对着家人痛哭流涕，发出"此吾家之不幸"的悲鸣。

在905年，朱温篡唐的野心已经显露无遗了，他也变得越来越多疑。南征失利固然让朱温懊恼，但让他更烦躁的莫过于缓慢的篡位进程。这时候新立的小皇帝唐哀帝偏偏还不合时宜地要举行郊天仪式，让朱温怀疑这是想延续大唐命运，于是"王怒"，结果就是小皇帝匆匆把仪式降格。

在这一年的三月还发生了一次星变，古人历来认为星相变化对应人事，朱温也非常相信占卜者对此的解释，"君臣俱灾，宜诛杀以应之"。杀人成为消灾的方法，在朱温看来当然是再简单不过的事情。那杀谁呢？当然是那批历经几朝的世家重臣，这些人在朱温看来是不会依附于他的，而只会成为他篡位的障碍。一个最好的例子就是在此之前，朱温曾想在朝廷上提拔自己的人，不料却遭到时任宰相裴枢的否决，让朱温很生气。这次星变无疑成为一次清洗朝臣的契机。于是有攀附朱温的大臣向他进言：这些朝臣总是聚在一起非议朝政，应该用他们来堵塞灾异。很快，包括宰相裴枢在内的多位朝廷重臣遭到贬逐。

这时，朱温手下另一位受倚重的谋士李振也对他说："朝廷所以不理，良由衣冠浮薄之徒紊乱纲纪；且王欲图大事，此曹皆朝廷之难制者也，不若尽去之。"这个建议无疑有着更致命的效果，朱温深以为然，于是在黄河岸边的白马驿，一夜之间把裴枢等三十多位被贬的文臣全部杀死。李振还不罢休，继续向主子建议："此辈自谓清流，宜投于黄河，永为浊流。"朱温呢，则"笑而从之"。一时黄河滔滔，可怜这些大臣最终尸骨全无。

乱世文人的执着与无奈 | 353

这个在白马之祸中沾满前唐大臣鲜血的李振，与敬翔一样都是朱温极为倚重的谋士，为后梁王朝立有大功。但李振与敬翔却好比两条平行的铁轨，虽然同力支撑着后梁政权，相互间却从未有过真正的友谊和认同。

李振的祖先是来自中亚的粟特人，隋唐时期汉化的粟特人很多，李振家族多代在中土为官，但到了李振这一代家道已然中落。虽然他从小受过很好的教育，但他的科举经历比敬翔更为悲催，接连考了几次进士也没有考上。多次"高考"失利的阴影似乎对李振影响极大，引发三观扭曲，应该是造成他极为嫉恨那些名门望族的最初缘由。

唐朝末年，李振被任命为浙江台州刺史，却正好赶上裘甫之乱，道路阻隔无法赴任，只好浪迹中原。在河南他遇到了政治新星朱温，从此开始了谋士的生涯。如果说敬翔是朱温手下第一文臣的话，那么李振绝对可以称得上是第二号谋士。敬翔善于文笔且工作勤恳，而李振则长于口才、决断力强，所以经常被朱温派出去做使者。

李振人生最开挂的时刻是光化三年（900），这时朱温已经在河南独霸一方，朝中大臣都希望与朱温结盟。这一年朱温派李振去长安，而宦官势力正密谋废掉昭宗，也希望得到朱温的支持，于是派人找到李振。李振代表朱温所做的回答干脆而犀利："百岁奴事三岁主，而敢尔邪！今梁王百万之师，方仗大义尊天子，君等无为此不祥也！"但是太监们还是发动政变，把昭宗皇帝抓起来，另立了一个小皇帝。消息传到河南，朱温一时也不知如何是好。政局混乱，到底怎么做才最有利呢？这时候宦官们派人向朱温输诚,提出可以帮助朱温上位,鉴于此,朱温手下大多都认为这是一个好机会。这时候李振回来了,他力排众议,对朱温说:"今阉宦作乱,天子危辱,此正仗义立功之时。"天子遇难你都不去讨伐,天下谁还听你的呢?力劝朱温"行正道则大勋可立",最后朱温采纳了李振的建议,支持昭宗复位。

经过这次政局变动,朱温不但获得忠义的美名,以功封东平王,还通过联合朝臣得以进一步影响中枢,政治影响进一步扩大。可以说朱温这一步"尊天子"在其篡位进程中非常关键,而李振也一举成名。事后朱温大喜,招来李振握着他的手说,老天明鉴,你和我其实想到一块去了,"自是益重之"。从此李振和敬翔一样,成为朱温的左膀右臂。《旧五代史》称"敬翔、李振,始辅霸图,终成帝业"。

随后的几年里,李振成为朱温走向帝位的实际策划人之一。他经常作为朱温的使者往来于开封和洛阳之间,每次来洛阳都"颐指气使,旁若无人",但凡有不顺其意的朝臣,他一句话就可以随意贬降,因为他背后代表的是朝廷的实际控制人朱温。当时朝中大臣给他起了个外号"鸱枭",就是猫头鹰,在古人眼里为不吉之鸟,可见时人对他的痛恨和畏惧。不得不说,心理阴暗的文人知识分子,一旦掌握了生杀大权,破坏性往往更强。

军阀与文人的关系也非一成不变,即使是对前唐文士疯狂屠戮的朱温也不例外。他需要一批像敬翔和李振这样实用的文人帮他出谋划策,也需要文人为他书写功绩、装饰正统,毕竟他不仅要马上打天下,还需要马下治天下。

历史上有一个关于晚唐才子杜荀鹤觐见朱温的故事。以《山中寡妇》和《春宫怨》等诗篇闻世的晚唐诗人杜荀鹤曾在开封拜见朱温,当朱温出来的时候,杜荀鹤马上要拜,朱温说免了,秀才可以不用行礼。久闻朱温残暴的杜荀鹤仍然十分害怕、浑身发抖,生怕不小心说错话丢了脑袋。此时正好外面下雨,朱温就问杜荀鹤,说你见过无云之雨么?这叫"天泣"。旁边的人都很惶恐,因为大家都知道朱温经常会以天象变化而无故杀人。这时朱温让杜荀鹤以此为题作诗一首,杜荀鹤安定心神,很快写就:

> 同是乾坤事不同,雨丝飞洒日轮中。
> 若教阴朗长相似,争表梁王造化功。

这首诗明显在吹捧梁王的"造化之功",朱温大喜,下令摆酒款待诗人。当天晚上杜荀鹤回去后,因担惊受怕了一天,大病一场,一个晚上拉肚子好几十回。

除了"欣赏"这位以诗来拍马屁的杜荀鹤,朱温在篡唐称帝后,也开始一反常态地对文人重视起来。他搜罗唐朝旧臣,任命了一大批文臣。所谓此一时彼一时,原先除掉唐朝大臣是为了排除异己建立霸业,现在重视唐朝旧臣、网罗文士则是为了新皇权统治需要。据《旧五代史》记载,在朱温称帝后的第二年,各地就举荐了一百五十七位士人到中央,受到了朱温的"亲切"接见。

当然朱温骨子里对文人的轻蔑并未改变,经常翻脸不留情。912年朱温亲率大军进入河北,援助被晋军进攻的幽州,朝廷几十位文武大臣同行。在途中停歇时,朱温发现不少大臣没能跟上,就派军士去催,最后到的三位文臣被朱温下令扑杀当场。

与被朱温屠戮的那些文人相比,敬翔无疑是幸运的。虽然在老婆这件事上他也许有所不忿,但终其一生还是对朱温忠心耿耿。朱温晚年在河北对晋军战事不利,大败而还,重病中还把敬翔叫到床前交代后事,悲痛的敬翔流泪哽咽不止。

在朱温死后的第二年,其子朱友贞即梁末帝上位,所谓一朝天子一朝臣,从此敬翔"郁郁不得志",不再受到重用。但敬翔不忍心看到自己倾注了无数心血参与建立的后梁帝国就此衰亡,于918年上书梁末帝表达自己的忧患,希望皇帝能让自己出来发挥余热,为国解难:

> 国家连年丧师,疆土日蹙。陛下居深宫之中,所与计事者皆左右近习,岂能量敌国之胜负乎!先帝之时,奄有河北,亲御豪杰之将,犹不得志。今敌至郓州,陛下不能留意。臣闻李亚子继位以来,于今十年,攻城野战,无不亲当矢石,近者攻杨刘,身负束薪为士卒先,一鼓拔之。陛下儒雅守文,晏安自若……陛下宜询访黎老,别求异策。不然,忧未艾也。

敬翔的上书不仅把末帝的文弱与其父朱温的勇武进行比较,还拿身先士卒的晋王李存勖来对比久居深宫的末帝。这完全就是以老臣语气在教小皇帝该如何奋进,虽然忠心可鉴,但忠言逆耳,这些话被末帝视为怨望之言,所以"帝遂不用"。

敬翔的失望可想而知,但他仍然关心着后梁的命运。923年,在后梁生死存亡的最后关头，敬翔又一次进宫求见梁末帝，说："先帝取天下，不以臣为不肖，所谋无不用，今敌势益强，而陛下弃忽臣言，臣身无用，不如死。"说着从靴子里掏出绳子，当着皇帝的面就要上吊。朱友贞赶紧拦住，问你到底想说什么，敬翔于是建议起用大将王彦章，这次他用这种极为决绝的方式，终于让末帝听了自己一回。只可惜为时已晚，很快后唐大军就逼近大梁，仓皇中的梁末帝终于主动想起了老臣敬翔，急召他入宫。敬翔对着不知所措的先帝继承人，十分动情地说了一番话：

> 臣从先帝三十余年，今虽为相，实朱氏老奴尔，事陛下如郎君，以臣之心，敢有所隐？……敌势已近，欲为陛下谋，则小人间之，必不见听。请先死，不忍见宗庙之亡！

敬翔一直视自己为朱氏家奴，对后梁无比忠心，但奸臣当道、忠言难从，到现在一切都为时已晚，敬翔也无力回天，君臣只有抱头痛哭。很快后唐兵临城下，梁末帝让亲信杀死了自己，后梁就此灭国。

后唐庄宗李存勖灭了后梁，仍打算继续留用后梁大臣。这时李振兴冲冲地来找敬翔，说新皇帝要留用我们这些旧臣了，言语神态中对后梁王朝已毫无留恋。而敬翔则说：我们跟沙陀大战几十年，势同水火，咱俩作为谋士一直出力谋划甚多，如果新皇帝问你，你将如何应对呢？第二天一大早，手下人来报，说李大人已经跑去参拜新皇去了。敬翔长叹一声说："李振谬为丈夫矣！

复何面目入梁建国门乎?"在敬翔看来,李振竟能毫无廉耻地穿过前朝的宫门去参拜新皇,根本不配做个男人,而敬翔自己,最后则选择了上吊自杀殉国。

那位跑去参拜新皇帝的李振最后命运如何呢?他投入新朝后,却为后唐权臣所轻视。后唐枢密使郭崇韬看到李振如此卑躬屈膝的小人模样,对身边人说:"人言李振一代奇才,吾今见之,乃常人尔。"很快,未获得新主信任的李振就遭到了灭族之灾。《旧五代史》对敬翔和李振两个人的结局评价道:

> 及国之亡也,一则殒命以明节,一则视息而偷生,以此较之,翔为优矣。振始有浊流之言,终取赤族之祸,报应之事,固以昭然。

纵观敬翔一生,可以说对朱温、对后梁王朝忠心不二,最后也为后梁殉国而死。在政局多变的五代十国,能从一而终的文人和武将凤毛麟角,太多的人都安然仕于多个帝王和朝代。最有名的莫过于大臣冯道,更是经历了五朝八姓十三帝。对比李振和大多数五代文人,敬翔能做到忠于一朝,还是很难得的。但欧阳修写《新五代史》只是把敬翔归入梁臣传,列为榜首而已,并没有明确褒扬他的忠贞。大概在欧阳修看来,敬翔毕竟一路辅佐朱温,也算是弑君篡位的帮凶,所以对其有所憎恶吧。

欧阳彬：一个妓女的眼光

生逢五代乱世，文人要想苟全性命或者施展抱负，往往只能依附于军阀。对于那些出身名门世家的文人来说，傍个军阀谋取一官半职混碗饭吃并非难事，毕竟他们的家世背景在当时属于稀缺资源，成为割据一方的武人们追捧的对象。但对于那些出身低微的文人而言，如果不是机缘巧合，恐怕都进不去那些狂傲跋扈的军阀家的大门。

欧阳彬，一个来自湖南的底层文人，却偶因一位妓女的垂青与资助，得以出人头地，演绎了一出落魄士子与风尘女子的动人传奇。

欧阳彬，字齐美，湖南衡山人，家里世代为地方小吏，这个家世极为普通，无权无钱，也只是让子弟有条件读书而已。史书上说欧阳彬"特好学，工于辞赋"，"其文辞切而理直"，但生逢乱世，科举之路已经不现实了，他一身才学也无处施展，只能等待机会。

他终于等到了马殷的到来。

作为楚国的开国君主，马殷的成功也离不开文人。正是因为他听从谋士高郁建议，"外奉天子、内抚民众"，最后凭借强悍的军力和合理的策略，成功割据湖南。欧阳彬听说马殷手下聚拢了一批文人谋士为其所用，也兴冲冲地前来投奔，只可惜马殷的大门并不好进。

欧阳彬带着文章去长沙求见马殷，不想却被人拦在府衙的大门外。古时候求见权贵要递送名帖，先由前门小吏进去通报。马殷府外负责通报的掌客吏姓樊，别人都管他叫樊知客，别看他一个小角色，但凭着特殊的位置，总向那些求见马殷的人索贿。这位樊知客直接向欧阳彬索贿，给点好处才肯通报。欧阳彬一个底层文人，一是没钱，二是清高，"耻以私进"，觉得给钱太丢文人的面子，断然拒绝。樊知客就怒了，把欧阳彬的名帖扔到地上，轻蔑地说了一句："岂吏人之子欲干谒王侯耶！"说你一个小吏的儿子也想见大王，门都没有，最后欧阳彬真就连马殷的大门都没进去。

从满怀希望而来到被拒之门外，这样的打击对欧阳彬实在太大，一时心灰意冷，竟然落魄在长沙街头，混迹于酒家妓院之间，"歌姬酒徒，无所不狎"。穷困潦倒之际，他生命中的贵人出现了。一个叫瑞卿的歌女，很仰慕欧阳彬的才华（当然人长得也潇洒，史书说他"雅有风仪"），就收留了他。

瑞卿的歌喉名动长沙，经常有机会出入马殷府中。于是欧阳彬写下一首《九州歌》，让瑞卿借着为马殷祝寿献歌的机会在席间唱出。马殷当时占有湖南九州之地，欧阳彬这是想通过此诗来称颂马殷之治，希望能够引发马殷的兴趣与关注。但结果仍然尴尬，瑞卿在席间唱是唱了，但马殷却毫无反应，"王竟不之问"。恐怕是欧阳彬高估了马殷的欣赏水平，马殷一个木匠出身，毫无文化，很有可能压根就没听懂，欧阳彬的诗赋当然曲高和寡、对牛弹琴。

欧阳彬备受打击，再次极度失望，感叹道："天下分裂之际，厮徒负养皆能自奋，我贫而至此耶！"他不忿这乱世那么多出身底层的人可以出头，而他却困窘如是！他思前想后，不如离开家

乱世文人的执着与无奈 | 361

乡，想去外面的世界试试运气。这时候欧阳彬听说湖南发往西蜀的货船要出发了，觉得是个机会，就跟瑞卿道别说："吾以干谒不遂，居于汝家，未尝有倦色，其可轻弃乎！然士以功名为不朽，不于此时图之，恐贻后悔。今吾他适，庶几有成，勿以为念。"欧阳彬作为文士，秉承儒家入世精神，这番追求不朽功名的执着在当时的乱世却也难得。而瑞卿的回答和举动更让人感动，她说："君于妾不可谓之无情，然一旦不以妾自滞，割爱而去，得非功名之将至耶！"说你对我并非无情，但你能如此奋发向上，不以儿女情长所累，没准还真能成功。说完瑞卿把自己多年的辛苦积蓄拿出一半，赠予欧阳彬。欧阳彬也不推让，拿着钱贿赂了商船管事，上船一路去了四川。

在四川欧阳彬终于如鱼得水。当时前蜀高祖王建已死，自幼喜好文学的小儿子王衍即位，欧阳彬一到成都，立刻献上自己的大作《万里朝天赋》。这一回他的文才终于得到赏识，受到王衍重用。欧阳彬在前蜀先后做过翰林学士和兵部侍郎，前蜀被后唐攻灭时，他还代后主王衍起草过降表。等到后蜀建立，欧阳彬继续留用，还当过后蜀宰相和宁江军节度使。

宁江军地处川东，扼荆楚上游，沿江而下可至欧阳彬的老家湖南。发达了的欧阳彬给楚国国主写了一封信，把自己从湖南到西蜀的缘由前前后后说了一遍，求楚王照顾他在湖南的亲族。他这个举动可以理解为成功后的宣泄，诚恳之外也透着一丝得意。不过此时马殷已死，其子马希范继位楚王，马希范一见信，很是惭愧，这样一个大才子竟然在湖南被埋没了，结果跑到异乡功成名就，于是下令免了欧阳彬所有湖南亲属的赋役。

欧阳彬从卑微落魄登上位高权重的人生巅峰，可以说完成了自我实现。史书载欧阳彬在后蜀广政（938年—965年）初年曾出任嘉州（今四川乐山）刺史。能去风景优美的嘉州为官，欧阳彬很是欢喜，说："青山绿水中为二千石，作诗饮酒，称风月主人，岂不佳哉"！但遗憾的是现存史料里却没再提及他的恩人歌妓瑞卿的结局。欧阳彬发达后到底有没有报恩呢？二人最后有没有团聚呢？不知道。

罗隐：运去英雄不自由

在晚唐五代，几乎每一个崛起于乱世的军阀背后都有一个文人谋士的影子，朱温的背后有敬翔，王建的背后有韦庄，而称霸两浙的"海龙王"钱镠背后的那个影子，则是诗人罗隐。

钱镠与大多数唐末军阀一样，以武功起家于乱世，《新五代史》说他"善射与槊，稍通图纬诸书"，即擅长军事，对图书只是"稍通"而已。但从史料看他的文化水平应该比朱温和王建这些"目不知书"的武人高出太多，前文说过他衣锦还乡时还临场吟诗，而且文采不俗。

但钱镠毕竟出身军旅，一开始对待文人的态度并不友好。《旧五代史》记载钱镠当年跟着大哥董昌混的时候，曾经有一文人求见董昌，钱镠负责接待，但这个文人对钱镠可能有些轻慢，惹恼了钱镠，他竟然把那文人投入罗刹江里淹死，手段之凶残，让人瞠目。后来他打下了浙江，有文人曾献诗曰"一条江水槛前流"，本有奉承之意，但钱镠却以为人家以其名入诗是在故意讥讽他，于是怒而杀之。如此文字狱一般地草率杀人，足见钱镠早期在对待文人问题上与朱温之辈并无区别。但到了立国以后，钱镠似乎经历了一个转变，《旧五代史》说他"爱人下士"，而他与诗人罗隐的交往则是他礼贤下士的最好案例。

罗隐本名罗横，浙江新城（今浙江富阳）人，与钱镠算是老乡，从小便以诗文闻名乡里，可谓才华横溢。《唐才子传》说他"少英敏，善属文，诗笔尤俊拔，养浩然之气"，评价极高。可惜这位天才少年的科举之路却极为悲催，从二十七岁第一次进京应试起，此后二十年内连考十几次都名落孙山，史称"十上不第"，如此灰暗的科举失败经历也是创了纪录。五代时南唐有一个叫丘旭的文人也曾经考了十次，经过九次失败后，最后一次终于成功登第，虽然十考九败，也还是要好过罗隐。

罗隐屡屡不第的原因除了运气不好外，恐怕与他的个性有关。史书说他恃才傲物，"雅好讥评"，写诗文总爱讥刺人，为公卿所恶。《北梦琐言》记载了一个故事，有一次罗隐乘船，船夫说船上有朝廷大员，罗隐却很轻蔑地戏说道：什么朝中大员啊，我就是用脚趾夹着笔，也可以抵得过他们几个人。罗隐少年成名，如此狂放，虽然也可以理解，但这样的名声传出去，朝中公卿大臣肯定不喜欢他，所以《旧五代史》说他"多所讥讽，以故不中第"。要知道唐朝科举并不容易，士子应试之前一般要进谒高官名士以求援引，因此世家大族子弟仍然占据优势，而普通士子出身低微，恐怕连拜见朝中权贵的机会都没有。用罗隐同时代的文人黄韬之话说，这些底层士子在通往"龙门之路"上往往会"十攻九败"。当然像罗隐这样"十攻十败"的，那也无话可说。

罗隐科举屡屡失利，肯定内心极其失落。有个故事说他有一次赶考路过江西，曾与当地一个叫云英的歌妓交往。其后十余年间他屡考屡败，一次失望之余在归途中又见到此女，当时云英仍隶乐籍、未脱风尘。云英一看见罗隐就笑了，说你怎么还没考中啊，罗隐听到嘲讽当然是又羞又怒，当即写了一首诗给云英：

> 钟陵醉别十余春，重见云英掌上身。
> 我未成名卿未嫁，可能俱是不如人。

十几年匆匆而过，罗隐老于功名，一事无成，而云英应该也渐渐年长色衰，两人重逢之际只有同感人生无奈而已。这首诗除了自嘲外，也能看出罗隐内心的极度悲愤。所以后人在评价罗隐这首《答云英见诮》诗时，曾感叹道："真堪为之涕落。"

罗隐没有考上进士可能还有一个原因，就是他相貌奇丑，还一口浙江方言，这在注重出身流品和文才风度的唐代科场，应该很难出头。罗隐的才华没的说，但论相貌和谈吐却毫无优势可言。五代时人何光远在《鉴诫录》中记载了一个故事：当时的宰相郑畋有个女儿，很喜欢罗隐的诗文，用现在的话说就是罗隐的忠实粉丝，经常在她爹面前倾诉对罗隐的仰慕。一日罗隐到访，郑畋就让女儿躲在帘子后面看，也算满足一下女儿的心愿。结果女孩一见之下、大失所望，竟"永不复吟隐诗矣"。不得不说，这女孩未免过于浅薄势利、以貌取人，但罗隐能让她对才子的美好想象瞬间破灭，他的谈吐气质估计确实难入士族公卿之眼。

罗隐屡考不中，灰心失望，而此时北方已被黄巢起义军搅得动荡不堪，他索性与友人一起隐居在池州九华山，还改名为隐。光启三年（887），罗隐已经年过半百，穷愁潦倒之际，回到了老家浙江。此时的浙江杭州已经是钱镠的天下，于是罗隐求见钱镠，献上自己的诗作，其中两句云：

　　一个祢衡容不得，思量黄祖谩英雄。

此句典故皆出三国，文人祢衡，恃才傲物，因出言不逊被军阀黄祖杀死。很明显罗隐这是以祢衡自比，就是想看看钱镠是否有容人之量。钱镠读罢哈哈大笑，从此重用罗隐。虽然罗隐恃才傲物、尖刻讥讽的毛病还是没改，有时候甚至还拿钱镠发迹前不光彩的事来开玩笑，但钱镠却"怡然不怒，人咸称其宽大"。

钱镠喜欢吃鱼，曾命西湖渔民每日都要向王府缴纳数斤鱼，名曰"使宅鱼"。罗隐知道后，写诗一首：

　　吕望当年展庙谟，直钩钓国更谁如。
　　若教生在西湖上，也是须供使宅鱼。

这首诗里罗隐的讥讽特色一以贯之，开玩笑说就算姜太公来到西湖垂钓，也得每天给钱镠送鱼。这显然是在讽谏钱镠，而钱镠不但不怒，反而下令取消了"使宅鱼"。

不得不说，钱镠的确是能成大事的人，年轻时候那么暴烈的脾气，现在却能对脾气古怪的罗隐如此尊重，实属难得。钱镠给自己的居所起名叫"握发殿"，暗含尊贤之意。"握发"的典故出自《史记·鲁周公世家》，周武王的弟弟周公很贤良，他辅佐武王之子的时候——

> 一沐三捉发，一饭三吐哺，起以待士，犹恐失天下之贤人。

就是他日夜为国事操劳，每次洗头或吃饭的时候，总有人来办事，洗一次头得握着头发跑出来三次，吃一顿饭中间得几次吐出正在咀嚼的食物，就是怕怠慢天下贤良。曹操后来在《短歌行》中也写道，"周公吐哺，天下归心"。钱镠这是在以周公为榜样，而罗隐则成为他礼贤下士最好的注脚。

钱镠善待罗隐，而罗隐也对钱镠尽心尽力。在钱镠被任命为镇海军节度使的时候，找人给昭宗皇帝写谢表，文中盛言浙西之富庶。罗隐认为这么写不妥，他说："今浙西焚荡之余，朝臣方切贿赂，表奏，将鹰犬我矣。"现在朝廷正在困窘之时，如果说浙江富庶，这不正好给朝廷以口实来要求贡赋么。钱镠就让罗隐写，罗隐一挥而就，其中一句是：

> 天寒而麋鹿曾游，日暮而牛羊不下。

言下之意是浙江以前虽好，但历经战乱也是百孔千疮、自身难保，美文之间尽显低调，而钱镠因此保存了实力。

罗隐在钱镠庇护下安居浙江，君臣和谐，一直活到快八十岁，最后终老于杭州。罗隐去世后钱镠十分悲痛，写了一首诗纪念他，其中有一句是"黄河信有澄清日，后世再难继此才"，说黄河都有清的那一天，但后世再不会有罗隐这样的人才了，这是对罗隐至高的评价。

罗隐一生著述丰富，光诗作就有四百多首。但令人遗憾和不解的是，我们熟悉的《唐诗三百首》里却没有选罗隐的诗。这也许跟一些史料对罗隐的负面评价有关，比如《唐才子传》说罗隐"恃才忽睨"，没考中进士后就"深怨唐室"。这些指责对罗隐当然是不公正的，要知道在907年朱温篡唐时，罗隐还曾劝说钱镠举兵讨梁，说："纵无成功，犹可退保杭越，自为东帝，奈何交臂事贼，为终古之羞乎"！本来钱镠也曾以为罗隐"不遇于唐，必有怨心"，现在听到罗隐如此慷慨激昂的一番话，"虽不能用，心甚义之"。后来后梁还曾以谏议大夫征罗隐入朝，罗隐当然不会去，他对大唐王朝仍怀忠心，并无"深怨"。

罗隐诗中名句颇多，如"采得百花成蜜后，为谁辛苦为谁甜"，还有"今朝有酒今朝醉，明日愁来明日愁"，都是人人皆知。据说毛泽东对罗隐的诗也十分喜爱，尤其喜欢一首《筹笔驿》，现引如下，以结此篇：

> 抛掷南阳为主忧，北征东讨尽良筹。
> 时来天地皆同力，运去英雄不自由。
> 千里山河轻孺子，两朝冠剑恨谯周。
> 唯余岩下多情水，犹解年年傍驿流。

韦庄：洛阳才子他乡老

生逢晚唐五代之际的文人往往是无力的。他们在山河巨变的动荡中，往往不得不随波逐流，依附于割据一方的武人，以保全性命于乱世。在北方纷乱之际，南方诸国在割据者们保境安民的政策之下形成短暂的偏安环境，吸引了大批北方文人南下避乱。这些北方文人或因家世、才华而被各地枭雄征为己用，寄人篱下但得偷安，在个人命运与救世情怀之间维持着脆弱的平衡。终老于四川的前蜀诗人韦庄（836—910）为我们提供了一个很好的案例，来审视乱世文人的命运与选择、进取与无奈以及悲欢与离合。

韦庄，字端己，京兆杜陵（今陕西西安）人，出身于关中有名的世家大族京兆韦氏，祖上有好几人做过唐朝宰相。只是到他这一代家族已经没落，韦庄父母早亡，家境贫寒，但他才思敏捷十分好学，从小就以诗闻名。

背着世家的声名却不得不在困顿中尝尽生活的艰辛，早期经历的贫困让韦庄养成极度节俭的习惯，有时候种种吝啬之举甚至招来时人的鄙视。《太平广记》载："韦庄颇读书，数米而炊，称薪而爨，炙少一脔而觉之。"《唐才子传》也说他："性俭，称薪而爨，数米而炊，达人鄙之。"很难想象这样一位出身世家的大才子竟然有数着米粒下锅的经历，这未必就是他天性悭吝如此，只能说是生活的重压使然。这种对早期困窘的记忆与忧虑，可能也是韦庄后来选择寄身于四川军阀王建之下的原因。

韦庄一直热衷科举，希望能够进入仕途、施展抱负，但他的科举之路充满坎坷。乾符五年（878），他第一次科举应试不利，两年后第二次应试再度落榜，而这一年又正好赶上黄巢大军攻陷长安，关中战火四起，动荡中他与弟弟妹妹也失散了。882年韦庄终于逃出关中，来到洛阳，从关中到中原一路上目睹山河破碎、感受战乱之痛，后来韦庄在其诗中写道：

  野宿徒销战士魂，河津半是冤人血。
  适闻有客金陵至，见说江南风景异。

  中原处处战乱与杀戮，他听说江南安宁美丽，于是辗转南下进入江苏，投入镇海军节度使周宝的幕府，所以江南也算是他的第二故乡。此后十年间，韦庄从南到北又由北向南奔波辗转各地，终于在893年，韦庄费尽周折再赴长安应试，再度失利后，第二年他再接再厉，终于如愿以偿得中进士，此时韦庄已经年近六旬了。从黑发考到白头，韦庄一直孜孜以求，他有一句诗写道："平生志业匡尧舜"，可见他的初心是想辅君报国的。

  可惜混乱的时局并未给有匡扶尧舜之志的韦庄太多机会，他最初只被授予校书郎一职而已。当时的朝廷早已权威不在，空有抱负的昭宗皇帝屡屡见欺于地方军阀。但在897年，韦庄却幸运地得到一个出差的机会，从此改变了人生路径。

  这一年已经成功占据西川的王建，野心勃勃，谋求统一两川，发兵攻打东川节度使顾彦晖。消息传至朝廷，昭宗派出谏议大夫李洵入川调停，而韦庄也被任命为判官一同出使。韦庄一行入蜀后，两川战事正酣，王建兵强马壮，志在必得，根本不可能放弃近在咫尺的胜利。面对朝廷使者，王建指着营门外猎猎飘扬的军旗说："战士之情不可夺也！"一句话就让韦庄的和平使命毫无悬念地以失败告终。

但此次入蜀之行，对韦庄个人命运而言却是一大转折。即将统一四川的王建正是用人之际，对韦庄的才华极为欣赏，主动上表朝廷要留下韦庄。不过韦庄暂时没有答应，恐怕他内心深处根本看不起王建这个目不识丁的武夫，一个盗驴贩盐之徒趁乱割据一方而已。但韦庄也没有立刻返回陕西，混乱不堪的关中回去还有什么意义？能比已经统一的西蜀更安全么？此时朝局动荡，昭宗被凤翔节度使李茂贞所迫逃出长安，又被军阀韩建控制在华州三年，好不容易在898年返回长安，两年后又发生了宦官政变，昭宗被囚禁。听到这个消息后，韦庄对朝局应该是彻底绝望了，在他看来此时的唐王朝已经穷途末路、危机四伏，回去恐怕凶多吉少，而身在四川，起码一家老小尚可偷安。于是他决心投靠王建留在四川，王建大喜，随即任命他为掌书记。从此韦庄再未离开过四川，最后终老于蜀。

韦庄能为文盲军阀王建看重，一是他的文才，二是他的士族背景。《新五代史》说：

> 蜀恃险而富，当唐之末，士人多欲依建以避乱。建虽起盗贼，而为人多智诈，善待士，故其僭号，所用皆唐名臣世族。

韦庄这些士族子弟在前蜀颇受王建礼遇，"恩礼尤异"。这些世家子弟中，肯定不乏不学无术之徒，但韦庄可是有真才实学的。现在能为一方霸主赏识，他心中似乎又燃起了经世济民的梦想。作为王建的掌书记，他时时劝谏王建，要以安民为本。曾有地方官扰民，韦庄帮王建起草文告，其中有一句："正当凋瘵之秋，好安凋瘵；勿使疮痍之后，复作疮痍。"这是在警示地方官员，四川刚刚经历战乱，好不容易安定下来，百姓本就遭逢苦难，正是安抚之时，千万不要让百姓生活雪上加霜。

韦庄也一直是王建在外交上的重要参谋，尤其在西蜀与中原势力的沟通中扮演了重要角色。天复三年，韦庄奉王建之命出使中原，与朱温相谈甚欢，随即梁使回访四川，梁蜀关系一时颇为融洽。但904年朱温的弑君罪行引发了王建的愤怒，"颇内怀兴复"，联络李茂贞和李克用等人，想出兵讨伐朱温。而韦庄审时度势，"以兵者大事，不可仓卒而行"，阻止了王建，可能他也知道王建无非是做个姿态表现自己的忠义而已。

这一年朱温又派使者入川，告知昭宗驾崩的消息，想继续维持跟王建的关系，但这一回却被挡在了剑门之外。韦庄又一次奉命为王建起草了一道冠冕堂皇的答词：

> 吾蒙主上恩有年矣，衣襟之上，宸翰如新；墨诏之中，泪痕犹在；犬马尚能报主，而况人之臣子乎……自闻此诏，五内糜溃，方枕戈待旦，思为主上报仇，今使来，不知以何宣告。

这一段话写得铿锵有力，既表达了王建对昭宗的忠心，又点明了王建政权对待弑君者的立场，最后朱温使者只好怏怏而还。

韦庄还是王建开国称帝最主要的策划人。907年中原的朱温率先称帝后，王建也想步其后尘，但在对待他称帝的问题上，手下文臣的立场却截然不同。比如节度判官冯涓坚决反对，甚至不惜杜门不出以示立场，但这一次韦庄却选择顺从王意，跟大多数人一起劝王建称帝。韦庄甚至还为王建找好了理由："大王虽忠于唐，唐已亡矣，此所谓天与不取也"，既然唐朝已亡，那也只好顺应天意了。于是王建率群臣对着北方大哭三日，然后称帝。这样的说辞和程序可谓无懈可击，既保住了王建的忠臣形象，又让他顺利登基称帝。如果没有韦庄的策划，王建和他那些武将假子们又怎么想得出如此妙招，可以说韦庄对王建称帝立有大功。

此时大唐已亡，昔日因"政治立场"分道扬镳的朱温与王建，如今都各自称帝，敌对已然没有必要。908年，梁太祖朱温主动派使者入蜀，给王建送来国书，还亲热地管王建叫"皇帝八兄"，二人并列为帝，王建还是哥，王建当然非常高兴。但韦庄慧眼如炬，淡淡说了一句："此神尧骄李密之意也。"神尧即唐高祖李渊，李密是隋末崛起的群雄之一，在评书《隋唐演义》里面是瓦岗寨的第一把交椅。隋末大乱，李渊曾经表示愿意推李密为天下之主，说："当今为牧，非子而谁！"但后来形势变化，李密归降了日渐崛起的李渊，最初李渊表现得很亲热，还称李密为弟，但等李渊势力已成，李密很快就被杀身亡。韦庄此时提这段旧事，就是想提醒王建，不要被蒙蔽，朱温管他叫哥无非就是拉拢他而已。我们可以脑补一下当时的朝堂情景，目不知书的王建恐怕根本听不懂韦庄这句话暗含的典故来历，他跟手下那些武将假子们面面相觑，然后一齐望着韦庄，等着韦大才子通俗一点的解释。

正是因为韦庄的学识文才和表现出的"忠心"，第二年就被王建委任为宰相。而韦庄也不负所望，前蜀制度多出其手，史书说"凡开国制度，号令，刑政，礼乐，皆由庄所定"。可以说没有韦庄，就没有王建的前蜀政权。

韦庄在前蜀身居高位，却一直小心翼翼，生活简朴，谨慎低调。贯休和尚在其《禅月集》里有一首《和韦相公见示闲卧诗》，写他在韦庄家中见到"修补乌皮几，深藏子敬毡"，说明即使在韦庄当上前蜀宰相后，还一直保持着节俭的习惯，家用的茶几还是打着补丁。韦庄的谨小慎微，在他对自己的成名之作《秦妇吟》的态度上体现得更为鲜明。

当年韦庄亲历广明之乱，眼见黄巢起义军屠戮关中，他自己也死里逃生、颠沛流离，悲痛中写下长诗《秦妇吟》。这首大名鼎鼎的长篇叙事诗长达238句，共1666字，是现存唐诗中篇幅最长的一首，与《孔雀东南飞》《木兰诗》并称"乐府三绝"。《秦妇吟》通过一个长安逃难女子之口的叙说，描写了当时关中地区在战乱中的惨状，其中一句"内库烧为锦绣灰，天街踏尽公卿骨"可谓家喻户晓。

这首诗在晚唐就流传甚广，据说当时很多人家都挂着写有这首诗的幛子（隔扇），韦庄还因此被时人称作"秦妇吟秀才"。然而就是这首让韦庄赢得大名的诗作，他入蜀以后却讳莫如深。《北梦琐言》载：

> 蜀相韦庄应举时，遇黄寇犯阙，著《秦妇吟》一篇，内一联云：内库烧为锦绣灰，天街踏尽公卿骨。尔后公卿亦多垂讶，庄乃讳之。时人号秦妇吟秀才。他日撰家戒，内不许垂《秦妇吟》障子。以此止谤，亦无及也。

韦庄对这首诗忌讳的原因，恐怕并非只是那句"天街踏尽公卿骨"令昔日世家公卿蒙羞。诗中描绘的关中硝烟和黎民惨状，难道只是黄巢大军造成的么？诗中写道：

> 千间仓兮万丝箱，黄巢过后犹残半。
> 自从洛下屯师旅，日夜巡兵入村坞。
> 匣中秋水拔青蛇，旗上高风吹白虎。
> 入门下马若旋风，罄室倾囊如卷土。

要知道王建和他麾下那批出自忠武军的假子悍将们，当时随宦官杨复光的"忠武八都"也正在关中"勤王"，烧杀劫掠不逊乱军，谁是官军谁是匪又怎么分得清呢？时过境迁，如今韦庄身在前蜀，与这些如狼似虎的武人同朝为臣，他怎敢再提这首《秦妇吟》呢？陈寅恪先生在其《韦庄秦妇吟校笺》中对此有过精辟的分析：

> 杨军之八都大将之中，前蜀创业垂统之君，端己北面亲事之主（王建）即是其一。其馀若晋晖李师泰之

徒，皆前日杨军八都之旧将，后来王蜀开国之元勋也。当时复光屯军武功，或会兵华渭之日，疑不能不有如秦妇避难之人……端己之诗，流行一世，本写故国乱离之惨状，适触新朝宫闱之隐情，所以讳莫如深，志希免祸。

韦庄虽然身居前蜀高位，但毕竟只是避乱蜀中的一介文人，他深知武人霸道、心意难测，自己一切只求一家老小偷安而已。所以韦庄讳言《秦妇吟》，也不许家人悬挂《秦妇吟》幛子，也是用心良苦。后来韦庄之弟韦蔼为兄长编定诗集《浣花集》，也没有收入这首经典之作，据说是韦庄自己的临终嘱托。也正是因为韦庄"自禁"此诗，致使《秦妇吟》后来失传，直到20世纪初敦煌藏经洞的发现，才重见天日。

然而，即使韦庄行事已如此谨慎，还是未能躲过武人的欺凌。韦庄曾有一个非常漂亮的姬妾，才貌双全，王建听说了，借口让她入宫教写词，强行夺去。寄人篱下但求安身的韦庄又能说什么呢？只有把思念之情藏在心里，据说他的《谒金门》一词即暗含对此女的思念之意：

春漏促，金烬暗挑残烛。一夜帘前风撼竹，梦魂相断续。
有个娇娆如玉，夜夜绣屏孤宿。闲抱琵琶寻旧曲，远山眉黛绿。

有后人评价韦庄说其"诗典雅绮丽，风致嫣然"，恐怕还不

确切,还是《唐才子传》说得好:

> 庄早尝寇乱,间关顿踬……举目有山河之异,故于流离漂泛,寓目缘情……四愁九怨之文,一咏一觞之作,俱能感动人也。

韦庄的身世与战乱遭遇,让其诗作平易中见深沉,读来能感受到一种人在乱世、寄居他乡的惆怅。

910年,已年过七十的韦庄逝于成都。生逢乱世,能在人生的晚年获得一丝安宁,也算万幸。他也曾在此施展了才华,帮助一个文盲军阀成功登基,他也曾心系黎民苍生,希望能让蜀中百姓安居乐业。但他也注定有过郁闷、彷徨和无奈,面对汹汹的武人和悲催的时代,他又何曾有过真正的安宁和满足呢?恐怕在他晚年的梦里,也会时时忆起当年在洛阳与江南时的美景佳人,徒留苦涩的一笑。韦庄曾作五首《菩萨蛮》,也许最能体现其晚年心境,其中两首如下:

> 人人尽说江南好,游人只合江南老。春水碧于天,画船听雨眠。
> 垆边人似月,皓腕凝霜雪。未老莫还乡,还乡须断肠。

> 洛阳城里春光好,洛阳才子他乡老。柳暗魏王堤,此时心转迷。
> 桃花春水渌,水上鸳鸯浴。凝恨对残晖,忆君君不知。

李存孝（？—894）
唐末沙陀军名将，李克用养子，骁勇善战，后背叛李克用，兵败被俘，遭车裂酷刑处死。

葛从周（？—916）
唐末五代名将，曾参加黄巢起义，后投入朱温帐下，屡立战功，当时有谚语称之"山东一条葛"。

王宗涤（？—902）
唐末名将，随王建入蜀，战功赫赫，被王建收为养子，位列五十三都指挥使之首，深得军心，遭王建猜忌而被杀。

杨师厚（？—915）
唐末五代名将，以勇武闻名，后梁末帝时任魏博节度使，手握重兵，跋扈难治，死后魏博叛乱，导致后梁尽失河北。

王彦章（863—923）
唐末五代名将，骁勇善战，外号"王铁枪"，后梁末年带兵抵抗后唐，兵败被俘，不屈而死，其忠义为后人推崇。

乱世武人的梦想与原罪

在唐末五代的乱世中，武力的重要性不言而喻。朱温、李克用、王建、杨行密这些割据一方的霸主们，无一不是依仗武力成功崛起于乱世。欧阳修在《新五代史》里曾愤愤地慨叹"五代兴亡以兵"，《旧五代史》里也通过一个叫安重荣的武人之口，道出"天子，兵强马壮者当为之，宁有种耶"这样的豪言。五代十国无疑是武人们的黄金年代。

借着乱世舞台，武人中的强力者称王称帝，更多的人则是以一身胆识与武功获得地方军阀们的青睐，以效忠来换取荣华富贵。这些武将们大多出身低微、目不识丁，通过军旅之路改变了人生，他们得意时意气风发、骄横无比，但也要面对君主们的猜忌，一不小心就粉身碎骨、家破人亡。面对动荡时世，武人们有的小心翼翼、但求善终，有的秉持忠义、甘与短命王朝死生与共，更多的则为了自身利益频频改换门庭，有的还不愿甘居人下，为权位不惜铤而走险、舍身一搏，然而迎来的最终结局更多的是悲剧与毁灭。

武人身份赋予他们立足乱世的本钱和梦想，也同时成为他们在乱世中的原罪。

李存孝："天下第一"的悲剧

在今天山西太原西南的太山山门处，有一座明显为后人所建的仿古墓，墓前立一石碑，上书"大唐李将军存孝之墓"。墓碑背后写着："古人赞誉：王不过霸，将不过李。霸是项羽，李是指存孝。被尊为太山守护神，辟邪镇魔。"果如碑文所言，这位李将军是能与西楚霸王项羽相提并论的猛将，但其实今天他的大名并不为人熟知。李存孝，这个曾经在唐末乱世中威名赫赫的沙陀将领，注定在历史长河中因后人对五代十国的忽视而淡出历史记忆。作为梁、晋争雄中一枚小小的棋子，他的功名与悲剧映射着晚唐五代武人群体何其相似的命运。

唐末梁初，兵强将广的朱温虽然称霸中原，却始终无法彻底击败盘踞山西的李克用。李克用之所以能够在中原独抗朱温多年，所依仗的同样是骄人的武力。箭法如神的李克用自己就是常胜将军，而且他除了拥有一支以沙陀骑兵为主力的番汉军队，还把一批能征善战的勇将收为"假子"。李克用认下的这批干儿子人数众多，号称"义儿军"，一些最知名的还被民间演绎为"十三太保"，其中排行十三的李存孝则被公认为最能打的一个。

李存孝本名安敬思，山西灵丘人，一次李克用纵兵劫掠代北，年幼的安敬思被掠入沙陀军中，从此开始了他幸与不幸的军旅生涯。他在沙陀军营中长大，练就了一身武功，骑马射箭无一不精，更是天生神力、勇猛过人。按照当时的风气，他很快就被李克用收为义子，"赐姓名，以为子"，成为李克用"义儿军"中的佼佼者。

收养义子之风在晚唐五代极为盛行，义子在当时也被称为"假子"或者"义儿"。中国古人为延续宗族，往往会收养义子，但在儒家宗法血缘理念下，一般会以同宗子女为收养对象，唐代在法律上一度还对收养异性男做出限制。但因为受胡人习俗影响和政治军事需求，无论是朝廷公卿巨宦还是地方强藩节帅，都纷纷广纳健儿为假子以扩充实力，据说有胡人血统的安禄山曾有假子八千。到了晚唐，大宦官如田令孜和杨复恭更是收养了大批将校为假子，并通过这些假子控制禁军。这些宦官假子后来出人头地的也为数不少，最有名的当属前蜀高祖王建和岐王李茂贞，这两人在各自的崛起之路上也效仿收养假子来获取忠诚、掌握军队，于是晚唐五代假子之风愈演愈烈。

通过收养，军阀与武将之间形成了一种超乎君臣主仆或上下级之外的特殊"父子"关系，在原本"忠"的价值要求之上又附上了"孝"的伦理要求，从而增强军队的凝聚力，结成一种更为紧密的军事集团。当然这种"假父子"关系实质是以利益为中介的相互利用与交换：军阀们以此获得属下将领的忠心与支持，更稳固地掌控军队和更高效地作战，用《旧五代史》的说法就是"蓄骁果之士，以备鹰犬之用……锡姓以结其心，授任以责其效"。而对于那些武将来说，能被收为假子更改姓名，也意味着与恩主结为利益共同体，获得信任与重用，不少人还登上了节度使的高位。

李克用麾下的"义儿军"应该是晚唐五代里唯一一支成建制的假子部队，为此欧阳修还特意在《新五代史》里写下一卷《义儿传》。除了大太保李嗣源因后来称帝被归入本纪外，共有八位李克用的假子被写入《义儿传》，个个战功赫赫，他们被收养的经历也与李存孝非常相似。比如李嗣昭（本姓韩），本来是山西太谷县一民家子，一次李克用打猎路过其家，望见附近的树林中"郁郁有气"，认为异象预示着此家孩子不凡，于是将之带走收养。李嗣昭虽然长得身材矮小，却"胆勇过人"，对李克用忠心耿耿，后来历任昭义、幽州节度使。又如李嗣恩（本姓骆），来自西北吐谷浑部落，"能骑射"；李存进（本姓孙），也是李克用在一次战役中掠得，后跟着李克用一路讨伐黄巢，被封为义儿军使；李存信（本姓张），回鹘人，不但善于骑射，还通晓几种游牧民族的语言；李存贤（本姓王），从小擅长摔跤，在李克用追击黄巢到河南陈州时才加入沙陀军。这些人在沙陀军中久经历练，在征战中脱颖而出，虽然大多并非沙陀人，却都被李克用看中，最后"赐以姓名，养以为子"，完成了从普通校尉到晋王假子的飞跃，成为李克用依仗的重要武将。

在李克用的诸多假子里，李存孝的战力无疑最强，对此史书都不吝笔墨，极尽描摹。《资治通鉴》说"存孝骁勇，克用军中皆莫及；常将骑兵为先锋，所向无敌"。《旧五代史》则如此描述战场上的李存孝：

  骁勇冠绝，每临大敌，被重铠櫜弓坐槊，仆人以二骑从，阵中易骑，轻捷如飞，独舞铁楇，挺身陷阵，万人辟易,盖古张辽、甘宁之比也。

说存孝出战时身穿重铠、手持长槊,旁边仆从还带着两匹马跟随,战斗中胯下坐骑累了,他就飞身跳上另一匹马,在万千敌军中往来冲杀。李存孝还被比作三国时的名将张辽和甘宁,前者曾以八百将士大战东吴十万大军,威震逍遥津,其名被江东父母用来吓止孩儿夜啼,所谓"张辽止啼"。而后者曾带百余骑夜袭曹军大营而毫发无伤,孙权曾说:"孟德有张辽,孤有甘兴霸,足相敌也。"能与张辽、甘宁媲美,足见李存孝之猛。《新五代史》里对李存孝的描述也一样震撼:

猿臂善射,身被重铠,櫜弓坐槊,手舞铁楇,出入阵中,以两骑自从,战酣易骑,上下如飞。

一句画面感极强的"上下如飞",把李存孝的勇猛善战写得酣畅淋漓,读来让人心潮澎湃、遥向往之。

李存孝作为沙陀军中第一猛将,跟随李克用讨黄巢、战朱温,立下赫赫战功。后世小说中曾有李存孝率领十八铁骑从黄巢手中收复长安的故事,虽说是夸张之词,但也能想见民间对李存孝武功的景仰。其实,史书上也记载了不少李存孝的真实战例。如889年李克用派李存孝带兵进击昭义军的邢、洺、磁三州,打得割据此地的节度使孟方立在窘迫中自杀,最后成功把沙陀势力推进到太行山以东,所以《新五代史》说"晋取三州,存孝功为多"。

第二年晋梁交界处的山西潞州为朱温所占，梁军又攻泽州，李存孝带兵迎战。当时梁军喊话说，你们的老巢太原都快被包围了，到时候你们这些沙陀人恐怕连地洞都没得钻了，还不投降么？如此轻蔑之语激怒了李存孝，他率五百骑兵来到梁军大营，大喊："我沙陀之求穴者，待尔肉以食军，可令肥者出斗！"说我就是钻洞的沙陀人，正等着吃你们的肉呢，快让一些胖一点的人出来应战！一场激战后，李存孝擒获梁军骁将邓季筠，梁军败走。随后李存孝转攻潞州，在路上仅凭三百骑兵就击溃了梁兵三千，擒获了朝廷派来接管潞州的官员，逼得梁军弃城而走，晋军轻松收复潞州。几个月以后，朝廷联合梁兵讨伐李克用，李存孝先是设伏挫败敌人的袭击，又带兵连取"晋、绛二州，大掠慈、隰之境"，使得朝廷禁军"望风自溃"，对河东的讨伐以大败结束。

古往今来的英雄人物，在成功的光环掩映背后，往往都有一点孤傲和倔强，而这种孤傲到了极致，也会成为其无法抑制的性格缺陷。李存孝也不例外，他个性极强，赫赫的战功也催生着骄傲，赞誉环绕之下也让他容不得一丝冷遇与不公。他与李克用之间这种基于利益交换的假父子关系，在利益得不到相应兑现时，也会变得无比脆弱。在这种情况下，任何一个微小裂痕都会让双方的"亲情"纽带崩裂。

潞州之战结束后，战功最大的李存孝却没有得到应有的封赏。他原本以为自己可以理所当然地执掌潞州，但没想到李克用却委以他人，最后李存孝仅被封为一个小州的刺史。感到不公的李存孝无比郁闷，史书上说他"愤恚不食者数日"，几天吃不下饭,甚至还"纵意刑杀,始有叛克用之志"。从不满到萌生叛意,父子之间已经有了不可弥合的裂痕。

小人与谗言的出现,给了原本脆弱的父子纽带最后一击。李克用另一个假子李存信,"材勇不及存孝",对存孝心存嫉妒,经常在父王面前拨弄是非,以致兄弟不睦。此时存孝还想通过立功来挽回父亲信任,建议李克用攻取河北成德军。892 年李克用派出存信和存孝一同带兵进攻成德,结果两个人"互相猜忌,逗留不进",而敌人援兵已至,只好撤军。存信回来后在李克用面前挑拨离间,说"存孝无心击贼,疑与之有私约",故意避敌不击,这就引发了李克用对存孝的猜疑。流言传来,让此时在河北邢州领兵的李存孝非常愤怒,他之前对于封赏不公已有不满,现在看到父王宁愿相信存信而猜疑立功无数的自己,愤怒失望之余,也开始忧虑起来。怨、怒、怕,三种情绪纠结之下,李存孝选择了与李克用彻底决裂,甚至还联络了李克用的死敌朱温以自保。

听到最能征善战的义子背叛,李克用恼怒万分,但因为在河北战事不利,一时无法顾及。893 年,李克用亲率大军进入河北,先迫使赵王王镕请和,然后带兵直扑邢州讨伐李存孝。双方相持城下,李克用下令在城外挖沟堑,要困死李存孝。最开始存孝还心存侥幸,认为即便沟堑围城,只要李克用一走,无论留下哪一个将领都不是他的敌手。但等到"堑垒成,飞走不能越,存孝由是遂穷",他困守的孤城慢慢断粮,剩下只有死路一条。894 年春,困窘无比的李存孝登上城头,对着晋军大喊:"儿蒙王恩,位至将相,岂欲舍父子而附仇雠,乃存信构陷之耳。愿生见王一言而死。"李存孝声泪俱下,重提父子恩情,又把自己背叛之举归咎于李存信的挑拨，这番话倒也让李克用有些感动，于是派夫人刘氏入城安慰他。经常随丈夫出征的刘夫人显然对这些假子更有感召力，很快就把存孝带到了晋军大营向李克用磕头请罪。存孝仍然归罪于小人谗言，乞求养父原谅，但李克用一见到他，还是怒不可遏，叱责说：你与朱温他们勾结，写信骂我，难道也是小人教你的么？

回到太原，李克用下令将李存孝车裂而死，以儆效尤。本来"克用惜其才"，对存孝还是有些舍不得，开始只是想做个样子，内心还是希望属下能够求情，他好顺势放过这个能干的义子。不料座下所有假子竟没有一个出来求情的，可能这些人内心深处对李存孝的战力和盛名也心存嫉妒，都乐见其死。事已至此，成命难收，李克用只能忍痛杀了李存孝，但心中却开始后悔了。心情极坏的沙陀老帅连续十几日不愿出营视事，对那些见死不救的将领也心存埋怨。后来李克用每次与属下饮酒喝到醉时，都会提起李存孝，泪流满面。他自毁大将的结果也可想而知，史书说"自是克用兵势浸弱，而朱全忠独盛矣"。

亲手杀了自己最勇猛的假子，李克用懊恼不已，开始迁怒于曾经进谗言的李存信，对他十分严厉。896年李存信带兵深入魏博，与山东军阀朱瑄遥相呼应对抗朱温，但他御众不严，属下劫掠河北，激怒了本来答应借道给晋军的魏博节度使罗弘信，导致魏博倒向朱温，派兵攻击晋军，李存信仓皇撤出魏博，损失惨重。不但如此，在双方随后的冲突中，李克用的大儿子落落也落于敌手、最终被杀；第二年李存信随李克用出击幽州，在李克用醉酒后存信指挥失当，全军败退。客观地说，这几场败仗虽然李存信有责任，但也都情有可原，前一次过境魏博远离大本营，这在战略上本就是一步险棋，后一次李克用自己临阵大醉，应该负更大责任。可是李克用早就因为李存孝之死一直对存信耿耿于怀，森森说道："昨日吾醉，公不能为我战邪？古人三败，公已二矣。"吓得李存信磕头求饶，好不容易才躲过一劫，但从此他就失去了掌兵的机会。失去养父信任的李存信此后一直处于恐惧之中，经常称病告假，很快就在忧虑中死去。与李存信交好的将领康君立，因为对李克用厚此薄彼的做法有些不以为意，被李克用下令用毒酒毒死。

李存孝之勇虽然被史书称道，但他的悲剧下场也被正统史家理解为居功自傲和通敌谋反的咎由自取。在写《新五代史》的欧阳修眼里，李存孝之死是五代乱世儒家伦理缺失的正常结局。他感慨："呜呼！世道衰，人伦坏，而亲疏之理反其常，干戈起于骨肉，异类合为父子。"在欧阳修看来，于此礼崩乐坏之乱世，这些异姓之所以结为父子，无非都是"以利合而相资"，相互为了利益而已，哪有什么真正的父子亲情。在这样的儒家亲疏有别观念影响下，有悖父子情理的李存孝不受正史待见就可以理解了。

然而，民间视角中的李存孝形象则完全突出他威猛无敌的一面。从元明杂剧到近代戏曲小说，李存孝的武功和战力逐渐被神话起来。元杂剧里有一出《雁门关存孝打虎》的故事，讲的是李克用进剿黄巢，一天夜里在雁门关梦到被一只飞虎咬伤，属下认为此梦兆应得一员猛将；第二天在打猎时他果然见到一个放羊娃单身打死一头猛虎，李克用爱惜其才，将之收为义子，此人正是

乱世武人的梦想与原罪 | 387

李存孝。后世京剧中的《飞虎山》一折戏，正是以此故事蓝本改编而成。在另一出元明之际的杂剧《李存孝活挟孟绝海》（亦称《压关楼迭挂午时牌》）中，李存孝作为沙陀军先锋征讨黄巢，他立下军令状，要在午时三刻前活捉黄巢手下的猛将孟绝海，并与主帅以玉带为赌注，最后果然生擒孟绝海而回。后来清代出现的昆剧《雅观楼》一折，就是改编自此。

大名鼎鼎的元代作家关汉卿也曾写过一出《邓夫人苦痛哭存孝》，该剧在存孝之死上完全颠覆了正史叙述，说是李克用受奸人蛊惑，醉酒后误杀了李存孝。李存孝战功赫赫，遭奸人妒忌，李存信和康君立二将假传李克用命令，要李存孝恢复本姓，然后向李克用进谗言，诬陷存孝改姓谋反。只有刘夫人始终相信存孝无辜，亲赴邢州带回存孝，但存信和康君立二人设计支开刘夫人，并趁克用醉酒，故意曲解了他醉话里的"五裂蔑迭"（我醉了也），下令将存孝车裂杀死。等到李克用酒醒后得知真相，痛心不已，处死了李存信和康君立为李存孝申冤。

李存孝的民间声望，在托名罗贯中所著的《残唐五代史演义》中达到了高潮。在这部六十回的历史演义中，以李存孝为中心的篇幅达到十四回之多，成为妥妥的核心人物，其中"安景思牧羊打虎""存孝力服王彦章""存孝活捉邓天王"等回目都对李存孝的威猛极力刻画。书中的李存孝几乎以一己之力帮助义父李克用取得平乱头功，他智取函谷关，生擒孟绝海，大破葛从周的一字长蛇阵，率十八铁骑入长安，如入无人之地，还被唐皇赐予"天下横勇无敌金牌"。书中曾盛赞梁将王彦章武功盖世，连败沙陀军中多位将领，但却在李存孝手底下都走不了一个回合，以王彦章之强凸显存孝的惊人战力。经过小说演绎,李存孝在五代的地位相当于《说唐》中的李元霸,天下无敌,成为唐末五代的天下第一猛将!这应该就是民间"王不过霸,将不过李"之说的由来。

由此可见,历史上民众对这位神勇无敌的李存孝总是充满了深切同情,他从牧羊儿到一代战神的传奇经历也不断被神话。至于他的悲剧结局,在茶楼酒肆的说书人口中,也足以让人慨叹时世多艰,英雄无奈。

葛从周的蝴蝶

梁太祖朱温以武力称霸中原,麾下强将如云,其中有一位大将堪称有勇有谋、有情有义、有始有终,他就是人送外号"山东一条葛"的葛从周。如果排一个五代名将琅琊榜的话,论战力葛从周至少可以排进前十名。但他闻名于史的不仅仅是武功,更有他的智慧与温情。作为一个五代军人,葛从周的一生同样带有那个乱世的时代烙印,但他却又与众不同,在五代武人群体中颇显"另类":他以武功起于乱世,勇猛而不失睿智,战功赫赫却谦虚谨慎,受到后梁两代帝王器重,最后得以善终。

葛从周是山东鄄城人,他的出身史书上没有记载,想来阶层应该不会太高。他从小就显示出不俗的潜质,《旧五代史》说他"少豁达,有智略"。在唐末大乱中,他加入黄巢大军,但很快就做出了人生中最重要的一个选择——改投朱温。884年,当黄巢大军在河南被朱温和李克用联手击败后,葛从周带兵奔降了朱温。在整个晚唐五代，从盗匪摇身一变成为官军的武人不可胜数，这也是那个乱世的时代特色，其实在朱温军中，很大一部分人都出自黄巢所部，也包括朱温自己。

葛从周加入朱温后，很快就获得重用。在他后面近三十年的军旅生涯里，几乎参与了梁军所有的重要战役——统一河南、吞并山东、南攻淮南、围攻凤翔、大战沙陀以及平定河北，葛从周可以说是大杀四方、战功无数，成为朱温麾下最能打也是胜率最高的将领之一。在将星闪耀的朱温帐下，葛从周是如何脱颖而出的呢？从他的几个高光时刻中，我们可以一探端倪。

葛从周军旅生涯里第一个高光时刻，就在他投降朱温的当年。884年夏，朱温与秦宗权激战于河南，在秦宗权大本营蔡州城外的一次战斗中，由于战事不利，朱温所部纷纷撤退。朱温的马突然受惊，一下把他颠下了马，这时敌人从四面八方包围过来。在此危急时刻，葛从周冲过来把朱温扶上了自己的战马，自己步行跟着，一路拼死护着朱温边打边撤。由于敌众我寡，葛从周脸上受伤、腿上中箭，身中数枪而犹自激战，神勇有如三国时的大将典韦。此时幸亏偏将张延寿回马来救，几个人才安全撤退。回到大营后，朱温立刻提拔葛从周和张延寿为大将，而其他先行撤退的将领一律降职处分，"尽黜诸将，独用从周、延寿为大将"。此役中葛从周临危不惧、忠心救主，一战成名，从此奠定了他在朱温心目中的地位。

葛从周第二个高光时刻在896年到来，这一年李克用进攻河北魏博，朱温立刻派兵去救。最初派去的将领与晋军隔河对垒，好几天也不出战，如此保守的战略令朱温很生气，于是他派葛从周去接管军队。葛从周到了前营,明里还是闭营不出,却偷偷在营里做了几个暗门,然后故意引诱晋军来攻,敌人果然中计,葛从周带兵从暗门带兵杀出,大败晋军。就在这次梁、晋之战中,葛从周以步兵骑兵混编的二千人全歼了两千沙陀骑兵,创下唐末战争史的一次奇迹。要知道沙陀骑兵自大破黄巢以来几乎所向披靡,闻名于天下,能被葛从周以同样数量的步骑混合部队全歼,这个战绩足以让葛从周傲视群雄。不仅如此,葛从周还在阵前生俘了沙陀骑兵主将、李克用的大儿子落落。儿子被抓,李克用又气又急,想求和换回儿子,但朱温却把落落送到魏博,任由魏博节度使罗弘信将之处死。李克用悲痛不已,而魏博就此与李克用有了杀子之仇,也被牢牢地绑在了朱温的战车上。

可以说葛从周活捉李克用之子落落这件事,在一定程度上影响甚至是改变了唐末五代政局。它甚至对二十年多年后的后梁命运也产生蝴蝶效应——试想一下,要是落落不死,作为晋王长子,可能就会在李克用死后成为有力的王位竞争者,年幼势单的李存勖未必就能最后胜出,而如果没有李存勖接位,梁、晋争雄到最后鹿死谁手恐怕难以预料。葛从周俘获落落,而落落之死又成就了李存勖上位,可以说葛从周此战之功,或许就此改变了五代史走向。

葛从周第三个高光时刻很快到来。光化元年(898)四月,梁晋双方在河北再次激战。葛从周先在巨鹿击退晋军,然后一路追击,先后攻克洺、邢、磁三州,杀了两个刺史、赶走了一个,五日之内连下三州。《三国演义》里的关羽有过五关、斩六将的传奇,但葛从周此役驱五日、夺三州、斩两将的真实战绩足以让他青史留名。在这次战役中，葛从周所部一共歼灭二万晋军，俘虏敌将一百五十人。过了几个月晋军名将李嗣昭反攻邢州，又被葛从周击败，再次俘敌将校百余人。这些史书记录的战果也许有夸张的成分，但葛从周在与沙陀军的对战中战绩骄人是毋庸置疑的。逢葛必败的晋军还给葛从周起了一个绰号，叫他"分身将"，是说葛从周在战场上飘忽不定、难以捉摸，东西南北一会出现在这儿，一会又在那边激战，战场上到处都有他的身影。这个来自敌人的绰号，既能看出晋军对葛从周的畏惧，也包含着对这位劲敌的敬仰。

葛从周第四个高光时刻是在光化二年（899）的幽州之战。当时幽州节度使刘仁恭率领十万大军南下进犯魏州，葛从周带兵救援。在一次阻击战里，葛从周只有五百骑兵，背靠关口，前有敌军，他对士兵说："大敌在前，何可返顾！"下令关闭了背后的关门，这等于是自断退路、破釜沉舟，此举激发了战士置之死地而后生的决心，最后成功击败了燕军。第二天葛从周趁势进攻，一日之内连破燕军八座营寨，刘仁恭仓皇逃走。第二年葛从周又带兵进攻刘仁恭长子刘守文占据的沧州，刘仁恭很快率军前来救援。这时梁军有将领建议，敌人援兵已至，野战不好打，干脆放他们进城，等他们把粮食消耗光了再围攻不迟。葛从周不同意，说"兵在机，机在上将"，认为机不可失，以主师之名决定出击，最后大破燕军、毙敌三万，俘敌将百余人，光战马就缴获了三千匹。葛从周在河北的一系列大战中打出了威名，当时的河北流行着一句话，"山东一条葛，无事莫撩拨"，可以想见其威名。

当然不是说葛从周没打过败仗，他毕竟也是人，不是神。在

897 年的清口之战中，葛从周作为西线主帅进攻淮南霸主杨行密控制下的寿州。因为梁军东线主帅庞师古骄兵轻进，最后全军覆灭，独木难支的葛从周只好撤军。在撤退过程中，他遭到淮南军队追击，过淮河的时候损失惨重，剩下的几千人一路饥寒交迫，连续四天都没吃上饭，好不容易才逃回了河南。这是葛从周一生中为数不多的败绩。但客观地说这次失败葛从周的责任不大，他的西线部队本来就非主力，而东线庞师古的迅速败亡让葛从周已成孤军，面临敌人的双线夹击，他能带领余部逃归已属不易，失利实属非战之罪。

葛从周除了能征善战外，还是个有情有义的山东汉子。901 年朱温派葛从周去收复兖州，兖州本来是葛从周的大本营，他在这里为官多年，一家老小都安置在那儿。但在他带兵随朱温西征凤翔的当口，兖州被山东军阀王师范的手下大将刘鄩攻占，葛从周的家人都成了俘虏。刘鄩也是当时的名将，他不但没有杀害葛从周的家人，还亲自去拜见葛的老母亲，并下令保护葛家老小的安全。葛从周听到消息，马上回师兖州，就在他攻城之时，刘鄩让人抬着葛从周的老母亲登上城头，葛老太太对儿子说：刘将军待我就如同我亲儿子一样，全家都没受委屈，你们俩现在对敌，也只是各为其主而已。葛从周是个大孝子，听了母亲的话"嘘唏而退"，此时他忠孝两难，只好暂时围而不攻。直到两年以后王师范被迫投降朱温，刘鄩也只好以兖州出降。葛从周对刘鄩很感激，不但没有为难他，还给他准备了行装和马匹，送他去开封见朱温，还向朱温大力推荐，最后刘鄩果然受到朱温重用。葛从周和刘鄩惺惺相惜，演出了一幕英雄重英雄的千古佳话。

五代笔记《玉堂闲话》里有一个故事也体现了葛从周的仁义与情怀。葛从周有一爱姬，长得国色天香，十分受宠。有一次葛从周手下一军官前来奏事，看到这个小妾的美貌，不觉得呆立当场，连葛从周跟他说话都没听见，显得十分无礼。葛从周虽然不太高兴，但也没有说什么，还低头装作没看见，"公但俯首而已"。后来有人把当时情形告诉了这个军官，他非常害怕，提心吊胆了好长时间，可一直没等来葛从周的责罚。后来有一次葛从周带兵与敌人对决，战事胶着之时，葛从周就问这个军官，敢不敢带兵冲锋。此人就回答了一个字"诺"，带了几十个骑兵冲入敌阵，"揽辔超乘，与数十骑驰赴敌军，斩首数十级"，勇猛无比，葛从周随其后带大军掩杀，大破敌军。此役之后，葛周对爱妾说：我的手下立下大功，我应该重赏他，就请你做他的妻子吧。这位小妾一听泪如雨下，"泣涕辞命"，葛从周劝她说："为人之妻，可不愈于为人之妾耶？"古时妻与妾地位悬殊，能与人做正室妻子在葛从周看来也算是一个好归宿。葛从周还给她准备了很多嫁妆，又把那个军官请来说：你立了大功，我知道你没成亲，现在我把此女送给你做妻子。这军官见是长官爱妾，哪敢答应，但在葛从周的坚持下，二人终于成婚，"公坚与之，乃受"。

这个故事在历史上也有一个类似版本，即"楚庄王绝缨"。春秋时期楚庄王有一次大宴群臣，让宫中美人倒酒，忽然风吹烛灭，有人趁机摸了美人的手，这个美人在黑暗中扯断了此人的帽缨，拿着去找楚庄王哭诉，而楚庄王却命令在座的将领都摘下冠缨，然后才让人重新燃起蜡烛，这就相当于放了那位"咸猪手"的将领一马。后来在战场上，楚庄王受困，多亏麾下一将领拼死相救，正是当年被美人揪了帽缨的揩油将军。后世有人还为此事写过一首诗：

> 美人空自绝冠缨，岂为蛾眉失虎臣？
> 莫怪荆襄多霸气，骊山戏火是何人？

"葛从周让妾"与"楚庄王绝缨"两事，虽然主角身份地位不同，但都显示了宽容和大度，都在传统历史叙事中获得肯定。对比大多数五代武人的贪婪与残暴，葛从周的确是一个很有人情味的"另类"武人。当然这个故事在今天也可以有其他解读。从现代女性视角来看，不能不说这是一个非常具有传统男权色彩的行为：葛从周凭什么把一个女人当成奖励说送就送给别人了，而且这个女人还是他自己的小妾，跟他的手下素不相识、毫无关系，这女孩到底怎么想的他考虑过么？这个女人除了顺从外，难道还有自己的选择和自由么？小妾的"泣涕辞命"抵不过葛从周的"坚与之"，传统历史文本凸显葛从周情义的同时，也无形中消弭了那位小妾的主体性。

葛从周征战一生，身体不太好，早在围攻凤翔的时候就病了。朱温对自己的救命恩人也很关照，授予葛从周"上将军"的头衔，特旨准许他不用上朝，还在洛阳附近修了别墅让葛从周养病，这种对武将的礼遇在整个后梁时期都不多见。梁末帝即位后，葛从周依然受到朝廷优待，末帝还派人持着旌节去他家中封其为郡王。几年以后，一代名将葛从周病逝于家中。

史书对葛从周的评价很高，《旧五代史》写道：

从周以骁武之才，事雄猜之主，而能取功名于马上，启手足于牖下，静而言之，斯为贤矣。

五代乱世中虽然名将辈出，但能够效忠一朝并且安然终老的，实属不多，而能被史书以"贤"称之的，恐怕就只有一个葛从周了。

王宗涤的红楼梦

后人在提及五代名将时，往往聚焦于中原武人，而南方诸国的将领却大多不为人所知。其实唐末五代乱世中南方大地也是名将辈出，他们的勇武也成就了南方军阀们的霸业。但同为乱世中人，时代留给南方武人的选择余地一样不大，他们以武功赢得功名利禄的同时，也一样要面对同僚忌恨和恩主猜疑，往往难有善终。前蜀大将王宗涤作为王建手下的第一战将，他的悲剧命运与李克用的假子、号称天下第一的李存孝有着惊人的相似。

王宗涤本名华洪，河南颍川（今许昌）人，也算是王建的河南同乡。限于史料，我们无法确定他加入王建军队的确切时间。有史书说王宗涤曾在长安做过神策军小校，那应该是在王建率忠武八都迎驾僖宗并随之入长安后，所以很有可能他在河南老家时就加入忠武军，后一路追随王建入关中勤王，又辗转进入四川。早期的王宗涤在忠武军中默默无闻，但在随王建入川后，他开始迅速崛起，在战场上大放异彩，很快成为王建麾下最耀眼的战星，没有之一。

在王宗涤随王建入川的一系列战役中，有一场战斗值得一提：起初王建大军久攻成都不下，只好让众将各率其军四处攻击成都平原上的其他州府。此时敌人强援突然来袭，以围魏救赵的策略直扑成都城郊，使得王建大营腹背受敌，危险万分。于是王建急招王宗涤回援，很快宗涤带数百骑兵疾驰而至。此时后军尚未到达，敌众我寡，但宗涤仍然率军接近敌人营寨，趁天色未明，命令士兵竖满旗帜、擂响战鼓，一时间敌人心惊肉跳，也不清楚对方有多少兵，最后不战而逃。王宗涤在这次回援救主中表现出来的胆识与谋略，肯定让王建对他刮目相看。乱世武人多不缺勇猛之辈，但智勇双全的武将并不多见，这恐怕是王建看好王宗涤的重要原因。

就在王建占领成都的891年，王宗涤以军功升任威信都指挥使，在后面几年里又多次被王建委以重任，成为王建进攻东川的主将。897年，王建正式收他为假子，改其名为王宗涤，以这种五代军阀常用的假父假子模式，正式宣告了对王宗涤能力的认可。

几个月以后，东川最后一座城池终于被攻破，从此王建正式兼有两川，将整个成都平原都占为己有。在兼并东川之战和随后的山南战役中，王宗涤以功居于王建帐下五十三指挥使之首。这绝对是一个值得骄傲的功名，要知道王建手下猛将如云，他认下的上百个干儿子个个骁勇无比，其中还有一些他的宗族之子和许州故人，而王宗涤一个刚刚被收录的干儿子，竟然一跃排在所有人之上，可见王建对其军事才华的认可和看重。

但木秀于林，风必摧之，隐患与危机也跟着荣耀一起而来。

打下了东川，王建直接任命王宗涤为首任东川留后，很快获得了朝廷认可。就这样，王宗涤于众多武将中脱颖而出，成为第一个升任节度使的王建假子。但他应该也能感受到四处汹涌而来的妒忌，让他更担心的恐怕还是义父王建的心思。王宗涤是聪明人，当然明白功高镇主的道理，于是上书王建，说"东川封疆五千里，文移往还，动淹时日"，以东川辖地过大不易监管为由，主动请求划出五个州交与他人。看到王宗涤居功不傲，还主动让权，这简直就是模范假子，王建自然一口答应。

就这样过了几年，但王宗涤紧绷的神经一直没有放松。901年他又连续上书告病，希望交出东川节度使大权，回成都养病。王建先是不许，估计也是试探，后来就顺水推舟让另一个干儿子取代了王宗涤接管东川。能看得出来王建对这个能力最强的假子是既器重又担心，王宗涤也是心如明镜，一直在努力自保。此时王建正与凤翔李茂贞争夺汉中要地，用人之际，还需依仗王宗涤的军事才华，毕竟仗还没打完，飞鸟还在，还没到藏弓的时候。

902年，王建派出两个最倚重的假子去攻打兴元，一个是他最早收的干儿子王宗佶，另一个就是王宗涤。很快王宗涤就率军占领兴元，山南西道从此归入王建之手，此役标志着王建正式统一了剑南三川，独占西南，终成一方霸业。在整个过程中，王宗涤厥功至伟。打下兴元后，王宗涤顺理成章被任命为山南西道节度使，达到他人生的巅峰时刻。

但此时他的悲剧大幕正徐徐拉开。

王建这个人善于识人用人，但性格缺陷也很明显，史书用"雄机多猜"来形容他，可谓精辟。前文提过王建在荆南大将许存来投后，虽然也将其收为假子，更其名为王宗播，却疑心重重、屡屡试探，一度想杀掉他，幸亏王宗播处处小心谨慎才得以终老。但作为众将之首、全军楷模的王宗涤就没那么幸运了。史书说王宗涤"有勇略，得将士心"，而这正是他的"罪过"。作为武将你可以有本事，但要是你深孚众望，全军上下都支持你，那就麻烦了，统帅会怎么想呢？王建心中对这个干儿子的忌惮可想而知，"颇内忌之"。

与此同时，王宗涤也面临来自同侪的巨大压力。作为一个入川后才成为王建假子的"新人"，却频频立下大功，位次竟然排到一众大哥前面去了，大哥们会怎么想呢？其他碌碌无为的小弟们又会怎么想呢？

上有义父猜疑，下有兄弟妒忌，种种合力叠加在一起，王宗涤的悲剧命运已经难以逆转。但最终引发王建杀心的，却是一栋红色的门楼。

902年发生了很多事。这一年王宗涤达到其军旅生涯的巅峰，在山南之战取得大胜后，他率军留驻汉中，出任山南西道节度使。在千里之外的成都，统一三川后的王建也意气风发，不但新修了府邸，还在外面建了一座大门楼，描红漆金，雕梁画栋，风光十足。这座美轮美奂的红门楼成为当时成都一景，城中百姓顺口叫它"画红楼"。

说者无心，听者有意。"画红楼"的名字很快就传到王建耳中，却让他浮想联翩，颇为不爽。为什么呢？要知道王宗涤本名华洪，"画红楼"听着怎么这么像"华洪楼"呢？明明是王建起的楼怎么就成了他华洪的了呢？这时候其他几个干儿子尤其是老大王宗佶也添油加醋，趁机在王建面前中伤王宗涤。于是王建大怒，招王宗涤回成都问罪。

王宗涤应该早就预见到了这一天的到来，他也清楚此时任何辩解都于事无补，索性直抒胸臆，对王建说："三蜀略平，大王听谗，杀功臣可矣。"此时王建已经容不下他了，当天晚上就命人灌醉了宗涤，用绳子缢死。这位蜀军中最优秀的将领，就这样死在恩主义父的猜忌之下。

王宗涤被冤杀的消息传来，蜀中震动，成都百姓为之罢市，军中士兵"连营涕泣，如丧亲戚"。其实王建也知道王宗涤死得无辜，也曾试图平复成都军民的不满。几年以后，在王建登基称帝之始，所发布的第一道诏书中，就特意提到了王宗涤，宣布恢复王宗涤一切官衔，还夸他"累著勋勤，征行不惮于风尘，陈敌常先于士卒，论其实效，可谓劳臣"。但王建当然不可能承认自己错了，诏书中对杀王宗涤做了一番解释："无何以富贵生骄，灾殃自掇，不守初终之节，遂萌悖慢之心。"说王宗涤居功自傲、背叛初心、国法难容，杀他也是不得已，而现在念在故人之情，为之平反，以告慰英灵。

王宗涤之死在唐末五代具有典型意义，从中我们可以看出乱世军阀对于武人的依赖与防范。

王建一代枭雄，是不可能容忍任何人威胁到他对军队的绝对控制权的。王宗涤本就不在王建信任的核心圈，又功高镇主，得到士卒爱戴，他的下场可想而知。王建广收假子，史书上说"假子百二十人皆功臣"，其中他最信任的是那些从许州老家就一直跟随他左右的干儿子，比如王宗侃和王宗弼，有几个还是他的亲戚，比如宗族之子王宗鐬、王宗寿，外甥王宗翰等。如果你有本事也行，但绝对不能太聪明，比如前面提过的大将王宗瑶，此人有勇无谋，却得王建喜欢。恐怕在王建眼里，这样的粗人没有野心，容易掌控，对比之下，王宗涤实在是显得太"聪明"了。

从王建的视角看，野心与权谋，只能是他一个人的特权。如果手下哪个武将暴露哪怕是一点苗头，也会被当成莫大的威胁，宁可错杀不可放过，即使这个人是他的同乡和曾经的亲信，也注定难逃一死。

王宗佶就是一个好例子。王宗佶本姓甘，江西洪州人，是在王建参加忠武军之初收的养子。当时王建还没有亲生子嗣，宗佶常在帐下，有如己出。作为王建第一个干儿子，王宗佶一度是王建最信任的假子，开国之初便出任宰相，位高权重。有一次王建在阅兵时，忽发感慨，说要是给我一个韩信这样的大将，我就可以平定中原了。一听此话，王宗佶马上跪下说自己可以，但他的自荐却引起了王建的猜疑。后来在王建确立继承人的犹豫过程中，尚不自知的王宗佶自恃功高年长，上书表达意见，更是自荐要统帅六军，谋求大司马之职。但这就等于触碰了王建的底线，加上王建宠臣的一旁挑拨，王建忍无可忍，在一次朝见中当庭命卫士将之击杀。

所以说做王建的假子实在不容易，该表现的时候要表现，但更要懂得进退。王建另一个假子王宗弁就是如此：他很早跟随王建入川，以功获封蜀州刺史，但他很快就告病回家休息。起初王建以为宗弁不满官职低，就升了他的官，但没想到王宗弁"固辞不受"，说："廉者足而不忧，贪者忧而不足，吾小人，致位至此,足矣,岂可求进不已乎!"不管是真心还是谋略,王宗弁的表现让王建很欣赏,不但嘉奖了他,还准他辞官回成都休养。史书说宗弁最后"竟获善终",一个"竟"字意味深远,能有此结局实属不易。

其实王宗涤并非没有看到伴君如伴虎的风险,只可惜他太过优秀,功勋卓著,一次次不可避免地被置于聚光灯下,赢得上下赞誉。从默默无闻到众星捧月,或许他内心深处也享受着这种自我实现的美妙感觉,等到他想藏拙后撤的时候,一切都已太晚,最后无可避免地走向悲剧终点。

杨师厚的碑

后梁大将杨师厚是乱世武人际遇的又一个极好注脚,他见证和参与了后梁政权从建立到兴盛的全过程,而他的死也成为后梁败亡的一个诱因。

在梁、晋争雄后期,后梁彻底失去了对河北的控制,这成为梁晋战局的一个关键转折。导致后梁丢掉河北的关键原因是魏博兵变,而魏博兵变的起因则是梁末帝朱友贞在915年试图分割魏博。那么梁末帝为什么要在这一年分割魏博呢?这就不得不说到死于这一年的魏博节度使杨师厚。

杨师厚是颍州人,在今天的安徽阜阳,也在淮河以北,离朱温的老家砀山不远。《旧五代史》说他"以猛决闻,尤善骑射",有这样一身本领的武人在唐末乱世不愁没有出路。最初他在河南军阀河阳节度使李罕之手下当部将,888年李罕之兵败后投奔了山西李克用，还选出麾下上百劲卒送给李克用当见面礼，其中就有杨师厚。但杨师厚在李克用帐下并不受重用，"无所知名"，后来犯事，就索性逃出山西，转投了李克用的死敌朱温。不得不说在识人用人上，朱温的确强过李克用，在朱温帐下，杨师厚很快就打出了声望，被授为曹州刺史。

在十世纪初期朱温发动的一系列战役中，杨师厚都有上佳表现。903年，朱温讨伐山东青州节度使王师范，杨师厚担任主攻，不但击退了淮南杨行密的援兵，还多次击败青州兵，俘获王师范手下八十多个武将，逼得王师范"不复敢战"，很快投降。正是凭借这次战绩，杨师厚升任徐州节度使。905年梁军南下攻入湖北，又是杨师厚担任先锋、渡过汉水，不出十天就连续击败襄阳的赵匡凝和荆州的赵匡明兄弟，成功将朱温的势力拓展到江汉一带。随后杨师厚因功被任命为山南东道节度使，作为一个比较晚才投入朱温帐下的降将，杨师厚的升迁速度是惊人的。总之，杨师厚在朱温手下干得风生水起，《旧五代史》说"师厚纯谨敏干，深为太祖知遇"。

朱温称帝后，杨师厚继续获得重用，不断在战场上表现惊艳。909年，后梁大将刘知俊在陕西反叛，占据长安城，朱温派兵讨伐，但长安易守难攻，其他将领打了好久都没打下来。最后还是杨师厚出马，出奇兵沿终南山麓急行军，迂回绕到长安西侧，出其不意出现在长安西门，轻松收复长安。当时晋军为呼应刘知俊，派出名将周德威围攻晋州（今山西临汾），又是杨师厚带兵救援，很快逼退了晋军。

911年，梁、晋之间在河北柏乡爆发大战。最后梁军惨败，

乱世武人的梦想与原罪 | 403

大军如潮水般败退，幸亏杨师厚带兵在魏博一带稳住阵脚，击退了追击的晋军。第二年春天，朱温亲领大军进入河北攻成德军，命杨师厚围攻枣强（今河北衡水枣强），结果连攻几天也没打下来，朱温大怒，亲自前来督战，杨师厚也急了，日夜围攻，最后攻下了这座小城，为报复下令屠城，"无问老幼尽杀之，流血盈城"。但很快梁军又被晋军击败，朱温又气又病，回到河南后很快就被儿子朱友珪弑杀。此时杨师厚作为梁军前线主帅，率大军驻扎魏州，一夜之间成为决定后梁政局的关键人物，从此开始了与后梁末代君主之间的博弈。

朱友珪篡位时，杨师厚并没有表示反对，他知道自己手握重兵在外，不管谁当皇帝都会有求于他，只要坐等加官晋爵就好。此时的魏博节度使虽然名义上还是罗绍威之子罗周翰，但原来的魏博牙兵早已覆灭，罗氏根本无力与梁军对抗。《资治通鉴》说杨师厚早就对魏博感兴趣，"久欲图之，惮太祖威严，不敢发"。如今朱温已死，杨师厚终于等到了机会，他收到密报，有魏博将领想发动叛乱，杨师厚迅速捕杀了谋反者，带兵进入魏州牙城，成为魏博真正的话事人。很快罗周翰就被赶走，无奈之下朱友珪只好任命杨师厚为魏博节度使。

杨师厚此时要兵有兵、要地盘有地盘，不仅兼着都招讨使，可以调动各镇兵马，还占着战略要地魏博，肯定是意气风发。史书上说他"矜功恃众，擅割财赋"，不仅控制着魏博一镇的赋税，还开始组建自己的亲信武装，"选军中骁勇，置银枪效节都数千人，给赐优厚，欲以复故时牙兵之盛"。这支杨师厚的亲兵部队，就是五代史上大名鼎鼎的"银枪效节都"，有八千人之多，待遇优厚，战力极强，颇有当年魏博牙兵的影子。《新五代史》用了四个字评价此时的杨师厚，说他"矜倨难制"，《资治通鉴》说得更明白，"威势甚重，心轻郢王友珪，遇事往往专行不顾，友珪患之"。

在刚刚上位的朱友珪眼里，杨师厚已经是心腹大患，必欲除之而后快。他下诏招杨师厚来洛阳觐见，说"有北边军机，欲与卿面谈"。对于这场危机四伏的鸿门宴，手下都劝杨师厚别去，而杨师厚却霸气地说："吾二十年不负朱家，今若不行，则见疑而生事，然吾知上为人，虽往，无如我何也。"好一句"无如我何"，杨师厚早已看穿朱友珪，早有准备。最后他果然如约前来，不过不是单刀赴会，他身后跟着魏博的两万精兵。到了洛阳，杨师厚把大军驻扎在城外，自己带着十几个亲兵入城面圣。在此形势下，朱友珪当然不敢有什么想法，只能好言劝勉、重金赏赐，最后放虎归山。

913年，朱温的三儿子朱友贞成功发动政变，杀死二哥朱友珪，夺权上位。皇权虽然发生变更，但杨师厚的重要性依然不变。其实杨师厚的支持也是朱友贞成功上位的一个关键因素。政变前朱友贞与姐夫赵岩密谋，赵岩认为要取得成功必须寻求手握魏博精兵的杨师厚的支持，说"此事成败，在招讨杨公尔，得其一言谕禁军，吾事立办"。于是朱友贞派使者去河北，向杨师厚许以重金和官位。本来杨师厚还有些犹豫，手下人劝他，这算是诛杀弑君者的正义行为，现在不参加，等那边政变成功了，你就不好做人了啊。杨师厚"大悟"，跟着胜利者走，肯定不吃亏啊，于是他派出亲信去洛阳参与谋划，又向河南方向派出一支军队以为呼应。有了杨师厚这个强力外援，朱友贞才敢下定决心动手，成功上位。

杨师厚拥戴新皇有功，不仅受封为邺王，还享有"下诏不名，以官呼之"的荣宠，就是皇帝给他的诏书都不直接写他的名字，只称官职，以示尊崇。末帝执政之初，大小事务都与杨师厚商量，杨师厚的地位声望达到了顶点。但可想而知，朱友贞对杨师厚的恩宠归根到底出自对其军权的顾忌甚至是畏惧，跟他哥朱友珪当年的心情应该是一样的，史书说"帝岁外加尊礼，内实忌之"。

杨师厚无疑享受着这种云端般的感觉，从普通一卒到当朝权贵，一人之下、万人之上，心态已经不是膨胀可以形容的了。《旧五代史》中有一句话精当地刻画了杨师厚此时的行止："师厚颇亦骄诞"，骄奢淫逸到了荒诞的程度。他命令魏州城家家户户在门口立起高高的竹竿，挂着红灯笼，一到晚上全城灯火辉煌，还打造彩船，夜夜与歌妓在河上纵酒放歌。杨师厚又让地方进贡巨石，打算给自己立碑记述功德，但因石头太大，动用了几百头牛拖曳，所过之处，老百姓的"丘墓庐舍皆毁坏"，房子和庄稼被毁无数。所以魏博百姓远远望见巨石过境，都惊叫"碑来""碑来"，心惊胆战，躲闪避让不及。

但讽刺的是，当巨石好不容易运到的时候，杨师厚却突发痈疽而死，于是魏博百姓恍然大悟，"碑来"原来应的是"悲来"啊。他想用巨石为碑，书写权力辉煌，等到的却是死亡之悲，天堂地狱，人生浮沉，杨师厚用一幕讽刺剧结束了自己的一生。

杨师厚在 915 年的突然死去，让末帝终于放下心来。表面上他宣布停朝三天以示哀悼，实际上朱友贞内心应该无比愉悦，心中的石头终于落地，还偷偷摸摸在宫里庆贺了一番。如果杨师厚没有早死的话，朱友贞恐怕也未必就会放过他。五代君臣之间，尤其是皇帝和武将之间相互依存又相互防范的复杂关系，在梁末帝与杨师厚之间展示得淋漓尽致。

然而，杨师厚之死并未给梁末帝带来长治久安，反而引发了更大的动荡，成为后梁崩盘的第一块多米诺骨牌。

杨师厚虽死，魏博军还在，末帝更需要解决的是如何处理杨师厚留下的魏博军。自安史之乱后河朔三镇独立倾向极强，尤其是魏博，屡屡对中央政府构成巨大威胁。现在魏博节度使杨师厚一死，正好为解决魏博问题提供了契机。于是有大臣马上进言说：

> 魏博六州，精兵数万，蠹害唐室百有余年……盖以地广兵强，得肆其志，不如分削，使如身使臂，即无不从也。陛下不以此时制之，宁知后之人不为杨师厚耶？

大臣们建议趁机分割魏博，彻底消除隐患。朱友贞听了正中下怀，于是下诏分割魏博为二镇，东边河北部分还是魏博军，西边临河南部分改为昭德军，辖相、澶、卫三州。为了保证计划实施，朱友贞派出六万军队驻扎在魏博边境，对魏博驻军形成威慑。

但可惜朱友贞忽略了一个问题，那就是魏博军人对本土的眷恋。拆分魏博就意味着一半魏博军士要背井离乡更换驻地，于是魏博军群情激愤，议论纷纷：

> 况我六州，历代藩府，军门父子，姻族相连，未尝远出河门，离亲去族，一旦迁于外郡，生不如死。

就这样魏博军人闹将起来，半夜放火，还杀光了朝廷新任命的节度使带来的亲兵，逼着他给梁末帝上表请求收回成命。但一连三次的上表都被朱友贞驳回，末帝坚持命令已下无法更改，"制置已定，不可改易"。这就彻底激怒了魏博官兵，大家对着南边大骂，彻底反了，并派人向晋王李存勗求援。李存勗得信当然大喜，很快就带兵进入魏州。第二年梁、晋双方在河北再次大战一场，最后梁军损兵折将、大败而归。从此河北全境落入李存勗之手，晋军可以直接兵临黄河一线，在接下来的数年里，后梁不得不陷入与晋军的夹河苦战。几年以后，正是在魏州城内，李存勗登基称帝，宣布重建大唐。

历史留给后梁的时间已经不多了。

对于魏博与梁晋消长之关系，《新五代史》如是总结："梁失河北自此始。"可见魏博事件是梁晋战事中一个关键转折点，而杨师厚之死则是触发这一多米诺骨牌效应的原动力之一。

杨师厚的个人命运就这样奇妙地影响着中原政局的走向：在他的支持下，朱友贞成功上位；他如不死，朱友贞恐怕会提心吊胆、寝食难安；而他一死却引发连锁反应最终导致河北变天，加速了后梁的灭亡。对于梁末帝朱友贞来说，真是成也杨师厚、败也杨师厚。

当然，这不仅仅是杨师厚一个人的问题。我们可以假设一下，如果朱友贞没有实行分割魏博计划，历史又会怎样？另一个武将也许会执掌魏博，继续演绎着中央与藩镇间的制约与平衡游戏，这丝毫不会改变五代乱局模式。五代政权更迭乱局的本质究竟是什么？不就是武人依仗军力挑战中央权威从而形成分裂么？从五代开始一直到入宋一统，莫不如此。五代军阀以武力登上皇位，但上台后就会寻求抑制手下武人和地方藩镇势力，谋求破局。可以说从五代第一个皇帝后梁太祖朱温，到最后一朝后周的世宗柴荣，都在谋求改变，整个五代史就是一个中央和地方、皇帝与武将之间的复杂博弈，每一代帝王都在进行着中央集权的尝试和努力。虽然五代君主们最后都以种种原因失败了，但他们的努力并非无用功。从后梁到后周经过半个世纪的历史演进，终于在宋太祖赵匡胤的手里开花结果。赵匡胤作为禁军将领一样依赖军力上演陈桥兵变、黄袍加身，然后高明地来了一个杯酒释兵权，五代乱局终于在其樽前杯中迎来破局。

最后，杨师厚创立的银枪效节军的命运也值得一提。魏博事变中，这支精兵也随魏博军投向晋王李存勖。见到银枪军兵强马壮，李存勖大喜过望，以这支部队为亲兵。银枪效节军在李存勖麾下屡屡建功，尤其在918年的胡柳陂之战中，李存勖亲率银枪军"杀入梁军阵中，斩击十余里"，大败梁军。如果说夺取河北是李存勖扭转战局的关键，银枪军以及魏博士卒的加盟也是他最终获胜的一个重要因子。所以《新五代史》说，"唐能破梁而得天下者，以先得魏而尽有河北兵也"。

至此，关于魏博银枪军的故事还没完。926年，魏博军士再

乱世武人的梦想与原罪

次兵变，李存勖派义兄李嗣源前去讨伐，结果李嗣源在阵前反被叛军拥戴，返回来攻打洛阳，在兄弟相争中失利的李存勖最后死于兵变，皇权再次易主。第二年，银枪效节军再次兵变，但这一次遭到新皇李嗣源的铁血镇压，派大军一举屠杀银枪军卒及其家属万余人，"永济渠为之变赤"。自唐代宗广德元年（763）起就叱咤河北一百余年的魏博牙兵，从此成为绝唱，永久地退出了历史舞台。

王彦章的豹皮

五代兴亡以兵，唐末五代的大动荡为太多武人提供了出人头地的机遇。大江南北，名将辈出，战星璀璨。如果只论战力值，沙陀大将李存孝也许是最能打的，在后世演义里被推为"天下第一"。然而自宋以后，李存孝的名气却远远不如另一位五代名将，那就是人称"王铁枪"的王彦章。这是为什么呢？

王彦章，山东郓州人，天生身高力大，很早就投入朱温军中。《五代史补》中记载了王彦章入伍之初的故事，彰显了他的骁勇和霸气：他一入伍就自荐当队长，众人不服，王彦章说我能赤脚在布满荆针的地里走几圈，你们能么？说完就"跣足履棘行百步"，立时震撼一众新兵，"众皆失色，无敢效之者"。善于识才的朱温听说了，"以为神人"，马上提拔了他。很快王彦章就在名将如云的朱温麾下出人头地，屡立战功。

正史中对王彦章的威猛也不吝笔墨，极尽描摹，尤其对他的招牌式兵器铁枪着力刻画。《旧五代史》说他"常持铁枪冲坚陷阵","临阵对敌,奋不顾身";《新五代史》如此描述战场上的王彦章:"亲持一铁枪,骑而驰突,奋疾如飞,而佗人莫能举也";《资治通鉴》则说他用两杆铁枪,"骁勇绝伦,每战用二铁枪,皆重百斤,一置鞍中,一在手,所向无前"。无论是一杆铁枪还是两杆,王彦章手持百斤大铁枪冲锋陷阵,如此天生神力和勇猛霸气,读来恍若金庸笔下之人物。很快"王铁枪"的绰号就传遍军中,名动天下。

在朱温麾下,王彦章虽然"以骁勇闻",深受朱温信任,曾出任后梁禁军精锐左龙骧军使,但史书并未具体言及他在这一时期参与过的战事。在军事天才李存勖继位晋王后,曾多次击败梁军,让朱温和很多后梁将领都有点畏惧李存勖,朱温还曾经发出"生子当如李亚子"的慨叹。但只有王彦章对李存勖不屑一顾,在他眼里,李存勖无非"斗鸡小儿耳,何足惧哉"!但两个人的正面交锋在朱温死后才真正到来,王彦章的战事经历在史书中也开始浓墨重彩起来。

梁末帝朱友贞上位后,在915年试图分割魏博,派王彦章带五百骑兵屯驻邺城(今河北临漳)以防不测。但很快魏博军乱,投靠了李存勖,王彦章麾下兵少不得已南撤,而他留在河北的家眷都被晋军俘虏。李存勖把王彦章的家眷送回太原,照顾有加,想以此要挟,引诱王彦章投靠。但王彦章不为所动,还杀掉了李存勖的使者以示决心。李存勖爱才心切,"必欲招致之",对其家眷反而更加照顾,希望有朝一日王彦章能回心转意。

三年之后,在梁、晋胡柳陂大战中,王彦章与李存勖又有过一次交手。这一战晋军先败后胜,虽然老将周德威战死,但李存勖最后还是取得惨胜,"两军所丧士卒各三之二,皆不能振"。此役中王彦章并非梁军主将,从《资治通鉴》的叙述中可知,他当时带领一支骑兵增援,刚刚到达濮阳城,还未赶到东南方向的主战场胡柳陂,前方梁军已败,晋军乘胜追击,"王彦章败卒有走至大梁者……京城大恐"。似乎王彦章还没等正式参战,所部就已经被败军冲垮,可想而知他对李存勖的取胜未必心服。

923年,王彦章与李存勖的正式对决终于来临。此时尽占河北的李存勖刚刚称帝,成功袭占了山东郓州,扼杨刘渡口,与梁军在豫东鲁西一带的黄河下游形成对峙。在河南濮阳附近的德胜渡口,后唐军队用铁锁截断了黄河,架起浮桥,联通了隔河修筑的一南一北两城,号为夹寨,形势对梁军日渐不利。这时后梁宰相敬翔跑去见梁末帝,不惜以死相逼,哭着说"事急矣,非用王彦章为大将,不可救也"。在心忧国运的老臣眼里,此时也就只有王彦章能解危局了。于是当年五月,梁末帝任命王彦章为前方主帅,问他要多久能破敌,王彦章说三天,话一出口,"左右皆失笑",王彦章这是昏了头么?

但三天以后,王彦章就用胜利证明了自己。他纵马疾驰两天到了黄河前线,摆酒会饮众将,实际早已偷偷派船顺河而下,船里藏着六百精兵,手持大斧,带着火具,而他自己也在酒席过半借口离场,带几千精兵直扑唐军德胜夹寨。他派的小船此时已经烧断了锁江的铁索,砍断了浮桥,这边王彦章带兵顺势攻占了后唐的南城夹寨。三天,果然就是三天!

李存勖对王彦章一直心存敬佩,战前他听说了王彦章要来,有点紧张,说了句"彦章骁勇,吾尝避其锋",还特地告诫后唐德胜渡口守将,"王铁枪勇决,乘愤激之气,必来唐突,宜谨备之"。可惜守将还是没上心,结果王彦章不但袭取南城,又连拔唐军数寨,梁军声势大振。

黄河渡口之战关乎战局成败,双方都拼死相争。庄宗李存勖下令暂弃德胜北城,集中兵力守卫下游的杨刘渡口。王彦章也带兵顺流而下,双方在黄河河道上频频交战,《资治通鉴》如此描述战况之惨烈:

> 王彦章亦撤南城屋材浮河而下,各行一岸,每遇湾曲,辄于中流交斗,飞矢雨集,或全舟覆没,一日百战,互有胜负。比及杨刘,殆亡士卒之半。

有一次,唐军逼近梁军一寨,其他梁军被阻隔没法增援,眼看寨子就要失守,危急时刻,王彦章孤身一人手持大铁枪登上小船,单枪冲向敌军,大呼迎战,后唐士兵望见心生恐惧,纷纷退却。在后梁大军昼夜攻击下,后唐所据守的杨刘渡口危在旦夕,李存勖知道此役对己方的重要性,亲自引兵来救,终于逼退了王彦章。

可惜如此勇猛的王彦章,最后却敌不过背后的流言。王彦章早就对小人当道的后梁政局痛心疾首,带兵出战之前曾放话:"俟吾破贼还,诛奸臣以谢天下。"如此一来,宠幸于末帝的几个权臣都很害怕,说"我辈宁死于沙陀,不可为彦章所杀",开始联合起来陷害王彦章,"相与协力倾之"。梁军副帅段凝也一直妒忌王彦章,屡屡在军事上阻挠,"惟恐其有功",更是偷偷向末帝打小报告说王彦章的坏话。在王彦章攻克德胜南城夹寨后，曾上表梁末帝报捷，但他的奏书却被权臣扣下，结果朝廷褒奖了段凝及其他将领，却根本没提王彦章，引得朝中军中议论纷纷。

可想而知，一旦前方战事不利，王彦章面对的就是来自内外敌人的双重打击。当王彦章在杨刘渡口失利后，无法阻止李存勖大军重占德胜，有人立刻诬陷他喝酒轻敌导致失败，随后王彦章就被革职，无能的段凝成了主帅。王彦章无辜被罢，"宿将愤怒，士卒亦不服"，敬翔等大臣也纷纷劝谏末帝，但"梁主皆不听"。王彦章回到开封，面见末帝，激动得拿手里的笏板在地上画图，向末帝陈述战况事实，但他的当庭辩解反被佞臣弹劾为不恭，他被勒令回家。

其实末帝对王彦章的态度，恐怕并非只是偏听奸人谗言这么简单。《资治通鉴》一语道破背后缘由，末帝无非是"犹恐彦章旦夕成功难制"罢了。五代乱世君王与武将之间的信任缺失，又一次尽显无遗。

但对于穷途末路的梁末帝来说，除了王彦章又能有谁帮他应对危机呢？当年八月，梁末帝下令在滑州掘开黄河以阻后唐军队，但收效甚微，面对后唐大军的攻势，梁末帝只好再度起用王彦章，但仍然不信任他，还派出亲信监军。王彦章毫无怨言，匆匆带着刚募来的五百新兵进入山东，希望夺回郓州。但此时的王彦章应该已经预见到了结局。

缺兵少将的王彦章一败再败，退守中都（今山东汶上），而后唐大军在李存勖的带领下十月从杨刘渡河，重兵围攻王彦章。中都之战梁军再败，王彦章和身边仅剩的几十人逃出城外，却碰上后唐大将夏鲁奇。夏鲁奇最初曾在朱温手下为军校，后来叛入晋军，所以跟王彦章是老相识，他远远听到声音就知道是"王铁枪"，追了过来，擒获了王彦章。

至于夏鲁奇是如何击败王彦章的，众说纷纭。《资治通鉴》和《旧五代史·王彦章传》说夏鲁奇用槊刺王彦章，后者重伤之下，坐骑突然摔倒，王彦章跌落被俘，似乎是夏鲁奇偷袭在先，王彦章受伤落马遭擒。而《旧五代史·夏鲁奇传》则明显要突出夏鲁奇的勇武，说他"单马追及，枪拟其颈，彦章顾曰：尔非余故人乎？即擒之以献"。能用枪顶住王彦章的脖子，逼得王铁枪束手就擒，恐怕未免过于夸张，当然也有可能是王彦章清楚已经无路可走，故意让"故人"立功。无论夏鲁奇是如何擒的王彦章，这份战功足以让他名扬天下。先是"庄宗壮之，赏绢千匹"，后来夏鲁奇又被民间神化，在后世的戏曲、评书和演义小说中被渲染为半人半神的"金枪老祖"，还被说成是北宋杨家将先人杨衮的授业恩师。可以说这一切声名都是拜王彦章所赐。

李存勖听说俘获的是王彦章，大喜过望，特地来见他，说你以前总说我是"斗鸡小儿"，现在败在我手里服不服？王彦章虽然被俘却傲气不减，说了一句："天命已去，无足言者。"庄宗"爱其骁勇"，还是一心想得到彦章为己所用，还赐药给王彦章敷伤口，但王彦章的回答掷地有声：

> 臣与陛下血战十余年，今兵败力穷，不死何待？且臣受梁恩，非死不能报，岂有朝事梁而暮事晋，生何面目见天下之人乎！

李存勖还不死心，又派义兄李嗣源去劝王彦章，这时候王彦章重伤之下已经无法起身了。他躺着轻蔑地叫着李嗣源的小名，这不是邈佶烈吗？你们不用再费事了，我是那种苟活的人么。见到劝无可劝，庄宗只好下令杀了王彦章，也算成全了他的忠义之心。一直以来庄宗都非常忌惮王彦章，这回再无顾忌，对部下说："向所患惟王彦章，今已就擒，是天意灭梁也。"于是下令直驱后梁都城开封。就在王彦章被杀后的第四天，他所忠于的后梁王朝被后唐所灭。王彦章虽然是个武人，没什么文化，但他平日总把一句话挂在嘴边："豹死留皮，人死留名。"他以誓死不降证明了这句话，终于青史留名。

五代以后，"童儿牧竖皆知王铁枪之为良将也"，不少地方修了铁枪庙来供奉王彦章。南宋末文人汪梦斗曾在王彦章被俘身死的山东汶上县西门外见到王彦章庙，作诗云：

铁枪战死后梁时，消得金人为荁祠。
近岁江头几符节，过来须也读残碑。

该庙重修于金章宗泰和年间（1201—1208），至清代尚存。熟悉金庸小说的朋友应该记得，在《射雕英雄传》和《神雕侠侣》里面都提到了铁枪庙，认贼作父的杨康就死在嘉兴城外的铁枪庙，想来金庸先生有以王彦章之忠义来反衬的意味在。

王彦章的威名在民间被众口相传，他的武功更是被野史小说着意突显，乃至神话。北宋禅师慧洪所著《智证传》中，把王彦章同三国名将张辽相提并论："魏将张辽、梁将王彦章皆有威名，当时小儿啼不止,其母呼两人者名,而儿啼止。"施耐庵的《水浒传》里有一节,没羽箭的张清仅用飞石就连伤梁山泊十五员大将,军师吴用慨叹道:"我闻五代时大梁王彦章,日不移影,连打唐将三十六员。"《西游记》的作者吴承恩在一首诗中,也把王彦章跟三国的张飞并列:"横飞平寨王彦章,据险当阳张翼德。"

当然让王彦章获得五代"天下第二猛将"头衔的,还是那部明人小说《残唐五代史演义》。相比书中的头号主角、天下第一的李存孝,王彦章首次出场就沦为配角,被用来衬托李存孝的无敌。在第二十二回"存孝力服王彦章"里,王彦章手使一条浑铁篙,重一百二十斤,想与李存孝较量,却被李存孝连人带篙丢入河中,哀叹道:"若存孝在世十年,我十年不出,存孝除非死了,我王彦章才敢出名。"等到李存孝死去,再次出场的王彦章却俨然战神,无人能敌。在第三十六回"晋王起兵伐朱温"和第三十七回"鸡宝山存孝显胜"中,王彦章面对二十七路诸侯围攻,他"左冲右突,无人敢敌",在阵中"枪挑名将一十六员落马"。《残唐五代史演义》中王彦章的死,也惊天动地。在第四十二回"五龙逼死王彦章"里,后唐大军祭出五方五帝阵,在五位后来称帝的大将(李存勖、李嗣源、石敬瑭、刘知远、郭威)的联手围攻之下,"彦章力尽神疲,仰天大叫一声,拔剑自刎"。晚明文人李贽在品评这一回时写道,王彦章"百战百胜,勇冠三军"。可以说自这部小说之后,王彦章也就成了仅次于李存孝的五代第二猛将。

然而,"天下第二"的王彦章最终却名垂千古,声名远远盖过了"天下第一"的李存孝。这一切要归功于宋人欧阳修。

欧阳修的一部《新五代史》，对于五代乱世里忠义不存和武人当道痛心疾首，动不动就"呜呼哀哉"，难抑愤慨之情。在这部私修史书中，欧阳修往往对五代人物尤其是一众武人大加贬斥，但老先生却对王彦章刮目相看，对其临死不屈、尽忠守节推崇备至。在为王彦章作传时，欧阳修曾经因为旧史残略而"感愤叹息"，后来他从王氏后人手中得到王彦章的《家传》，成为他完善王彦章传的重要素材。最后欧阳修将王彦章归入《死节传》，开篇他写道："世乱识忠臣，诚哉！五代之际，不可以为无人，吾得全节之士三人焉，作死节传。"在欧阳修看来，放眼五代，也就只有区区三人值得称作"死节"之士，而在这三人里面，叙述最详、评价最高的就是王彦章。写罢王彦章一生故事，欧阳修总结道："其食人之禄者，必死人之事，如彦章者，可谓得其死哉！"

庆历三年（1043），欧阳修应该已经写完了王彦章传，这一年他出任滑州通判，却再次触发对王彦章的感慨。在滑州欧阳修见到了当地的铁枪庙，意外看到了一幅已流传百余年的王彦章画像。欧阳修怀着崇敬之心，恭敬膜拜，还特地请人修复了画像。感慨之余，他写下一篇《王彦章画像记》，对王彦章的忠义再发议论：

> 公在梁以智勇闻，梁晋之争数百战，其为勇将多矣！而晋人独畏彦章……事势已去。诸将多怀顾望，独公奋然自必，不少屈懈，志虽不就，卒死以忠。公既死，而梁亦亡矣。悲夫！五代终始才五十年，而更十有

三君，五易国而八姓，士之不幸而出乎其时，能不污其身得全其节者鲜矣……一枪之勇，同时岂无？而公独不朽者，岂其忠义之节使然欤？画已百余年矣，完之复可百年，然公之不泯者，不系乎画之存不存也。

五代猛将如云，但又有几人能像王彦章那样尽忠而死呢？当时跟王彦章一样勇武绝伦的武将不在少数，却只有王彦章一人以"忠义之节"堪称"不朽"！能得到一代史家的如此评价，王彦章泉下有知也应该瞑目了。

如是可见，普通百姓津津乐道的是王彦章高绝的武功，而秉持儒家道统的史家看重的则是王彦章的气节。一边是勇武，一边是忠义，大众与文人就这样共同塑造着王彦章的光辉形象。

元代诗人郝经也用一首诗写王彦章，短短八句，道出了王彦章超越时空的历史意义与价值：

不许乾坤属李唐，孤军直与决存亡。
大梁仅得延三日，匹马犹能敌五王。
谁意人间有冯道，幸因身后遇欧阳。
千年豹死留皮在，破冢风云绕铁枪。

附　录

唐末五代初主要割据势力（883—923）

梁（后梁）【汴州】

朱温，宣武军节度使（883），梁王（903），称帝（907）

朱友珪，废帝（912—913）

朱友贞，末帝（913—923）

晋（后唐）【太原】

李克用，河东节度使（883—908），晋王（896）

李存勖，晋王（908—923），称帝（923）

岐（秦岐）【凤翔】

李茂贞，凤翔节度使（887—924），陇西郡王（890），秦王（893），岐王（901）

燕（卢龙军）【幽州】

刘仁恭，幽州节度使（895—907）

刘守光，节度使（907），燕王（909），称帝（911）

义武军【定州】

　　王处存，义武军节度使（879—895）

　　王郜，节度使（895—900）

　　王处直，节度使（900—921），北平王（907）

　　王都，节度使（921—929）

赵（成德军）【镇州】

　　王镕，成德军节度使（883—921），赵王（907）

　　张文礼，节度留后（921）

魏博（天雄军）【魏州】

　　罗弘信，天雄军节度使（888—898）

　　罗绍威，节度使（898—910），邺王（904）

　　罗周翰，节度使（910—912）

天平军【郓州】

　　朱瑄，天平军节度使（882—897）

泰宁军【兖州】

　　朱瑾，泰宁军节度使（886—897）

平卢军【青州】

　　王师范，平卢军节度使（889—905）

昭义军【邢州】

　　孟方立，昭义军节度使（881—889）

镇国军【华州】

　　韩建，镇国军节度使（887—901）

感化军【徐州】

　　时溥，感化军节度使（882—893），钜鹿郡王（884）

定难军（夏绥）【夏州】

　　李思恭，夏绥节度使（881—891）

　　李思谏，节度使（891—896）

　　李承庆，节度使（896—906）

　　李彝昌，节度使（908—909）

　　李仁福，节度使（909—933），陇西郡王（913），朔方王（924）

朔方军（灵武）【灵州】

　　韩巡，朔方军节度使（887—890）

　　韩遵，节度使（891—899）

　　韩逊，节度使（899—914）

　　韩洙，节度使（914—928）

楚（湖南）【潭州】

　　马殷，武安军节度使（896），楚王（907）

　　荆南（南平，北楚）【荆州】

　　成汭，荆南节度使（888—903）

　　赵匡明，节度使（903—905）

　　高季兴，节度使（907—929），南平王（924）

闽【福州】

　　王潮，威武军节度使（896—897）

　　王审知，节度使（897—925），闽王（909）

南汉【广州】

　　刘隐，清海军节度使（905—911），南海王（911）

　　刘䶮，节度使（911—917），称帝（917）

附　录 | 423

吴【扬州】

杨行密，淮南节度使（892—902），吴王（902）

杨渥，吴王（902—908）

杨隆演，吴王（908—919），吴国王（919—920）

杨溥，吴国王（920—927），称帝（927）

吴越【杭州】

钱镠，镇海军节度使（893），吴越王（907），吴越国王（923）

前蜀【成都】

王建，西川节度使（891），蜀王（903），称帝（907）

王衍，前蜀后主（918—925）

山南东道（忠义军）【襄州】

赵德湮，节度使（885—892）

赵匡凝，节度使（892—905）

镇南军【洪州】

钟传，镇南军节度使（882—906）

钟匡时，节度使（906）

武昌军【鄂州】

杜洪，武昌军节度使（886—904）

武贞军【朗州】

雷满，武贞军节度使（898—901）

雷彦威，节度使（901—903）

雷彦恭，节度使（903—908）

百胜军【虔州】

卢光稠，虔州刺史（885—910）镇南军留后（911）

谭全播，百胜军防御使（912—918）

江西抚州

危全讽，抚州刺史（882—909）

归义军（西汉金山国）【沙洲】

张淮深，归义军节度使（867—892）

张淮鼎，节度使（890—892）

索勋，节度使（892—894）

张承奉，节度使（894—906），称帝（906—914）

曹议金，节度使（914—935）

* * *

契丹（辽）【上京】

耶律阿保机，契丹首领，统一契丹（907），称帝（916）

云南大长和国【羊苴咩城】

郑买嗣，南诏清平官，灭南诏（902），称帝（902—909）

郑仁旻，郑买嗣之子，继位（909—926）

晚唐至五代初大事年表（859—923）

宣宗大中十三年（859）宣宗薨，懿宗即位；浙江裘甫之乱

懿宗咸通元年（860）裘甫兵败被杀

咸通九年（868）庞勋之乱

咸通十年（869）庞勋兵败被杀

咸通十四年（873）懿宗薨，僖宗即位

僖宗乾符元年（874）王仙芝于长垣起兵

乾符二年（875）黄巢于冤句起兵，响应王仙芝

乾符五年（878）王仙芝战死，黄巢称"冲天大将军"；李克用占据云州，杀大同防御使段文楚；浙江临安董昌、钱镠等以杭州八都兵讨贼

乾符六年（879）黄巢南下，攻陷广州

广明元年（880）僖宗以"击球赌三川"方式，授陈敬瑄西川节度使；黄巢攻陷洛阳；僖宗与宦官田令孜奔蜀；黄巢入长安称帝，建号大齐；秦宗权占据蔡州

中和元年（881）宦官杨复光带忠武八都入关中讨贼；雷满据朗州

中和二年（882）钟传据洪州；危全讽据抚州；四川邛州阡能之乱；朱温降唐，僖宗赐名朱全忠；李克用封雁门节度使

中和三年（883）杨行密据庐州；朱温封宣武军节度使；黄巢退出长安；李克用封河东节度使；王镕封成德军节度使；朱瑄

封天平军节度使

中和四年（884）朱温于汴州上源驿谋杀李克用未遂；黄巢兵败死于山东狼虎谷

光启元年（885）僖宗返回长安；蔡州秦宗权称帝；李克用进兵关中，僖宗逃往凤翔；卢光稠、谭全播据虔州

光启二年（886）朱玫、李昌符之乱，僖宗奔兴元；杜洪据鄂州；王潮任泉州刺史；王建出为利州刺史；朱瑾拜泰宁军节度使

光启三年（887）钱镠拜杭州刺史；李茂贞拜凤翔节度使；淮南大乱，杨行密入扬州；"蔡贼"孙儒南下淮南

昭宗文德元年（888）僖宗薨，昭宗即位；孙儒占扬州；王建攻成都；成汭拜荆南节度使；罗弘信拜魏博节度使

龙纪元年（889）秦宗权败亡；朱温封东平王；王师范被推为青州平卢军留后

大顺元年（890）昭宗讨伐李克用失败；朱温兼宣武、宣义节度使

大顺二年（891）王建占成都，授西川节度使

景福元年（892）杨行密击败孙儒，授淮南节度使；李存孝据邢州叛晋

景福二年（893）王建杀田令孜于蜀；昭宗讨李茂贞失败；钱镠授镇海军节度使，筑杭州罗城；王潮、王审知兄弟占据福建

乾宁元年（894）李克用杀假子李存孝

乾宁二年（895）董昌称帝越州，建大越罗平国；河中王珂王珙争位，王行瑜、李茂贞、韩建三镇犯阙，李克用进兵关中，

昭宗逃至石门；李克用封晋王；刘仁恭封幽州节度使；

乾宁三年（896）李茂贞进犯长安，昭宗出逃华州；马殷入主长沙；王潮授威武军节度使

乾宁四年（897）天平军节度使朱瑄败亡，兖州朱瑾南投杨行密；王建兼并东川；马殷拜湖南节度使；清口之战中淮南杨行密大败朱温军队，庞师古战死；王建派王宗播击南诏，杀三蛮王

光化元年（898）福建王潮死，弟王审知继位；昭宗还长安；魏博罗弘信死，子罗绍威继位

光化二年（899）幽州刘仁恭攻魏博，屠贝州

光化三年（900）王处直被推为义武军留后，附朱温；宦官刘季述囚禁昭宗

天复元年（901）昭宗复位；李茂贞封岐王；朱温汴军围攻晋阳；朱温领宣武、宣义、天平、护国四镇节度使；宰相崔胤请诛宦官，宦官韩全诲劫昭宗奔凤翔；朱温围攻凤翔；朗州雷满死，子匡威继位

天复二年（902）梁军攻入河东；杨行密封吴王；钱镠封越王；郑买嗣建大长和国，南诏亡；王建杀假子王宗涤

天复三年（903）李茂贞向朱温求和，尽杀宦官，交出唐昭宗；朱温封梁王；王建封蜀王；杨行密攻鄂州杜洪；荆南成汭败亡；青州平卢节度使王师范请降于朱温；赵匡明入主荆南；杨行密杀朱延寿，平定田頵之乱

天祐元年（904）朱温杀崔胤，迫昭宗迁都洛阳，弑昭宗，立唐哀帝

天祐二年（905）鄂州杜洪败亡；刘隐拜清海军节度使；朱

温杀朝臣于白马驿；梁军攻占襄阳、荆南，赵匡凝赵匡明兄弟逃亡；淮南杨行密卒，子杨渥立

天祐三年（906）朱温助罗绍威杀魏博牙兵；高季兴入主荆南

后梁开平元年（907）淮南徐温、张颢控制杨吴政权；刘守光囚刘仁恭，自称幽州留后；朱温称帝，建后梁；马殷封楚王；钱镠封吴越王；王建称帝，建前蜀

开平二年（908）李克用死，子李存勖继位，在三垂冈之战中击败梁军；淮南张颢弑杨渥，杨隆演继位，徐温杀张颢独揽杨吴大权；朗州雷彦恭败亡；朱温遣使入蜀，国书称王建为"皇帝八兄"

开平三年（909）王审知封闽王；刘隐封南平王；刘知俊叛梁；刘守光封燕王；抚州危全讽败亡

开平四年（910）魏博罗绍威卒；吴越钱镠筑捍海石塘，扩杭州城；梁晋柏乡大战

乾化元年（911）晋军大败梁军于柏乡；虔州卢光稠卒；岭南刘隐死，弟刘䶮立；幽州刘守光称帝

乾化二年（912）朱友珪弑朱温即位；杨师厚入主魏博；谭全播主虔州

乾化三年，凤历元年（913）朱友贞杀朱友珪即位；晋军克幽州俘刘守光；杨吴与吴越大战于无锡，吴胜

乾化四年（914）李存勖杀刘仁恭刘守光父子；云南大长和寇蜀，王建败之

贞明元年（915）杨师厚死，李存勖得魏博；前蜀皇宫大火

贞明二年（916）李存勖尽得河北；阿保机称帝，建立大契丹国

贞明三年（917）契丹围幽州，晋军败之；岭南刘䶮称帝，建立南汉

贞明四年（918）前蜀王建病死，子王衍立；淮南朱瑾杀徐知训后自杀；杨吴攻占虔州，俘谭全播；梁晋胡柳陂大战，周德威战死；朝鲜王建建国号高丽

贞明五年（919）吴王杨隆演称吴国王；吴越、杨吴狼山江大战

贞明六年（920）南汉开贡举；吴国杨隆演死，弟杨溥立；河南陈州毋乙起义

龙德元年（921）王镕被部下张文礼所杀；义武军王处直被养子王都所囚

龙德二年（922）义武军王处直忧愤而死；李存勖击退契丹

龙德三年，后唐同光元年（923）钱镠封吴越国王；李存勖魏州称帝，建后唐；李存勖杀梁将王彦章；梁末帝朱友贞死，后梁灭亡；李存勖都洛阳；荆南高季兴入朝

相关古迹文博信息

黄　巢
　　○山东菏泽黄巢点将台
　　○山东莱芜黄巢屯兵寨
　　○山东莱芜黄巢落马处
　　○山东泰安黄巢陵
　　○江苏阜宁巢城遗址

朱　温
　　○河南洛阳伊川宣陵（朱温墓）

李克用
　　○山西代县建极陵（李克用墓）
　　○山西太原李存孝墓

王　镕
　　○河北正定文庙大成殿

王处直
　　○河北保定曲阳王处直墓
　　○河北省博物馆

刘仁恭、刘守光
　　○北京房山黑龙关关城遗址
　　○北京房山长操村刘仁恭练兵处

耶律阿保机
　　○内蒙古赤峰辽太祖陵（阿保机墓）
　　○内蒙古赤峰辽上京遗址
　　○内蒙古赤峰辽中京遗址
　　○内蒙古赤峰博物馆

李茂贞
　　○陕西宝鸡大唐秦王陵（李茂贞墓）
　　○陕西宝鸡法门寺

王　建
　　○四川成都永陵博物馆（王建墓）
　　○四川成都大慈寺
　　○四川博物馆

荆南三主
　　○湖北荆州八岭山古墓群（高季兴墓）
　　○湖北荆州古城墙
　　○湖北荆州博物馆

杨行密
- 安徽长丰兴陵（杨行密墓）
- 江苏扬州铁佛寺（杨行密故宅）

长江中游割据者
- 江西九江真如禅寺
- 江西抚州疏山寺
- 江西赣州寿量寺
- 江西赣州城墙
- 福建光泽危全讽纪念馆

马　殷
- 湖南长沙开福寺
- 湖南长沙马楚文化园
- 湖南湘西溪州铜柱
- 湖南博物院

钱　镠
- 浙江杭州钱镠墓
- 浙江杭州钱王祠
- 浙江临安钱宽与水邱氏夫妇墓
- 浙江杭州吴越郊坛遗址
- 浙江杭州捍海石塘遗址
- 浙江临安博物馆

王审知
　　○福建福州忠懿闽王祠
　　○福建泉州王潮墓
　　○河南固始王审知故居遗址
　　○固始根亲博物馆
　　○福建博物院

刘　龑
　　○广东番禺德陵（刘隐墓）
　　○广东番禺康陵（刘龑墓）
　　○广东广州药洲遗址
　　○广东广州南汉王宫遗址
　　○广东番禺南汉二王陵博物馆

后记：历史里的人

据说，疫情的一个后遗症是失忆。我经常不记得过去三年里发生的事，就好像生命轨迹里突然出现了一段空白，毫无印象而又莫名伤感。直到看到本书清样，才长出了一口气。

我一直认为研究历史和表述历史是两回事。作为历史学人而言，大都经过相似的专业训练并掌握了范式化的现代史学方法，习惯于所谓"标准"的学术书写，但这种学术性的历史写作却往往与社会大众相隔甚远。二十世纪西方兴起的"大众史学"（亦称"公众史学"，public history）无疑极大地推动了史家与大众的沟通，让普通人更容易走近历史，甚至"人人都是自己的历史学家"（Everyman His Own Historian）。说出此语的历史学家卡尔·贝克（Carl Becker）还有一句名言："死气沉沉无人阅读的历史作品，对世界不会产生任何作用。"走出象牙塔，向更多的读者介绍五代史，无疑是我写这本小书的一个原因。

当然，触发这个念头的更直接诱因则是一次聚会。疫情前的一个夏天，我在深圳遇到一位久未谋面的老同学，已经是成功企业家的他请我吃大餐，觥筹交错之间，他问我能否用通俗的话让他这个门外汉理解我的历史研究。我沉默半晌，竟无言以对。太多历史学人往往不愿屈或不屑面向大众去讲述和书写历史，其实我相信很多时候也是力不能及——要做到清晰而生动、简洁而不失深度地讲述历史绝对不是一件容易的事情。因为那次席间的刺激，我决定有所尝试，于是当天就上网即兴讲述晚唐五代史，一不留神半年匆匆而过，期间收到数千位读者热情洋溢的留言和私信，让我深藏的虚荣心获得小小满足。后来在小胡同学的盛情邀请下，我开始了漫漫《晚唐五代风云》一整套讲座音频的录制，兴之所至，从晚唐裘甫起义一路讲到宋太宗征北汉，一共近一百四十节课还意犹未尽。疫情期间的闲暇，也让我有机会将这套讲座的第一部分形成文字，是为此书。

有人说历史即时间，也有人说历史即事件，我认为历史即人物。历史永远是人的历史，历史事件的核心永远是人，历史围绕人物——活生生的人——而展开，具体的人在具体的政治、经济、社会和文化环境下做出判断和行动，并承受着自己与他人的意志和行为带来的种种具体影响。正是这些具体的历史人物的具体人生相互交错关联，映射着时代变迁的同时也集体推动着时代变迁。从这个意义上说，个人的历史既是微观史，也是大历史。这也是我在本书中选择以人物为中心，勾勒唐末至五代初期这段动荡历史的主旨所在。与传统传记不同，本书不寻求还原某个人物的"全部历史经历"（total historical experience），而是通过选取一群相互关联之人物的相关经历，将个体选择与群体命运置于当时的社会背景之下，希冀既看到同一时代下的群体共性，又能窥视每个人与众不同的个体特征。在我看来，正是朱温、王建、杨行密这样一众人物的个人经历，形成共振，集体书写了从晚唐到五代这一乱世的传奇。

诚然，本书选取的人物多为唐末五代之时代枭雄，虽然大多出身卑微却终成霸业，我们再难以历史"小人物"视之，这样的主角选择在新史学看来未免不够"自下而上"与"微观"。如此遗憾既有五代史料匮乏的原因，也有我希望以点带面讲清唐末如何走向五代的主动选择。毕竟在晚唐五代乱世，更多的小人物都转瞬而逝，难觅所终，而历史更多地将光环给予了那些抓住机遇而改变了命运的"无赖"们。这些唐末五代的历史"主角"，与美国历史学者大卫·贝尔（David A. Bell）在其新著《马背上的英雄》（*Men on Horseback*）一书里所刻画的那些大革命时代的领导者一样，都具有"强大的个人魅力"，需要更多的历史学人向大众揭示他们"与其社会和时代之间的互动"。

在此，我想感谢一些人。戴师对欧史的精妙翻译总让我每读必叹，至今我还记得二十年前我们第一次交流的情景，两个人在奇贵无比的越洋电话里兴致勃勃聊了一个小时《伶官传》！他用近乎完美的台北国语腔抑扬顿挫地诵出"呜呼！盛衰之理，虽曰天命，岂非人事哉"，就此开启了我的五代史研究之路。师兄罗汉（N. Harry Rothschild）生前与我多次秉烛夜谈的情景历历在心，可惜天妒奇才！老同学张兵纵横商海之余不忘学习的追求让我钦佩；疫情前参加人大暑期叙事史讨论班的同学们也对我打开思路贡献良多；胡娜、冯亮、史俊芳、王子君等同学对我五代风云音频录制帮助极大，非常感激；还有太多不知道名字的网友们，在某种意义上，我们一直在"共同创作"着这部五代史。最后，还要感谢四川人民出版社的赵静女士，多次沟通中让我对其睿智、热诚与高效只有仰视。

    本书完稿之时，三年大疫终于落幕，再一次体会到个人命运与时代风云是如此关联。此时的我只想到成都的街头走一走，直到所有的灯都熄灭了也不停留。

王宏杰
二〇二三年五月
写于美东萨凡纳河畔